y-knot

私たちの
日本経済

宮本弘曉 著

Musubu

有斐閣

デザイン　高野美緒子

はしがき

　これから，この国の経済はどうなっていくのでしょうか？

　過去30年，日本経済は「低成長」「低物価」「低賃金」に悩まされ，多くの人々が将来への不安を抱いてきました。また，政府の借金は膨大な額に膨れ上がり，財政の持続可能性が問われています。

　しかし，ここにきて，日本経済には変化の兆しが見えはじめています。2022年春ごろから，物価が約40年ぶりに上昇し，賃上げ交渉（春闘）では30数年ぶりの大幅な賃金引き上げが実現されました。さらに，2024年2月には，日経平均株価が1989年以来の最高値を更新し，日本経済の復活が期待される局面に入っています。果たして，この変化の波は一過性のものなのでしょうか？ それとも日本が再び成長の軌道に乗る始まりなのでしょうか？ 今こそ，私たちは新たな未来を見据えた行動を起こす時ともいわれています。

　とはいえ，日本経済が抱える構造的な問題は未解決のままです。世界における日本経済の地位も相対的に低下しつつあります。日本の名目GDPは，2023年にドイツに追い越され世界第4位に後退しました。そして，2024年にはインドに追い抜かれ，5位に転落する見通しです。1990年代には世界トップクラスだった国民1人当たりの所得も，2023年には32位にまで下落しました。また，他の先進国では賃金が1.2倍から1.5倍に上昇するなか，日本の賃金は過去約25年間ほぼ横ばいで推移し，まさに「一人負け」ともいえる状況が続いています。

　さらに，日本経済は高齢化を伴う人口減少，生成AIなどの技術

進歩，そして気候変動といった，経済と社会に大きな影響を与える「メガトレンド」の変化に直面しています。とくに，少子高齢化・人口減少は大きな課題となっています。今後約30年で，総人口は1億人を切り，約2500万人がこの国から姿を消すと予想されています。この減少幅は，オーストラリアや台湾の人口と同等の規模であり，その影響は計り知れません。

こうしたなか，日本の将来に不安を感じ，現状に希望を持てない人も増えているといわれています。男女間や正規・非正規雇用間などのさまざまな格差は，人々の可能性を封じ，活力を生かさず，夢も奪ってきました。

今，日本に真に求められていることは，経済の凋落を止め，再び成長を取り戻し，国民が豊かで安心できる国をつくることにほかなりません。メガトレンドが変化するなかで，人々が希望を持てる日本にするためには，次の数十年を見越した経済のグランドデザインが必要です。

そのためには，私たち1人ひとりが日本経済の現状を知り，正しく理解し，将来へのビジョンを共有することが欠かせません。本書は，データを通じて日本経済の課題とその背景を明らかにし，今後の展望を探るための手助けをするものです。

経済は私たちの日常生活と密接に結びついており，すべての人々に大きな影響を与えます。だからこそ，日本経済の課題を「自分ごと」として捉え，問題意識を持つことが重要です。

本書は，日本経済を学ぶ大学生向けの教科書ですが，それにとどまらず，ビジネスパーソンや高校生，さらには次世代を担う子どもたちを育てる親世代にも役立つ内容となっています。この本が，日本経済に対する理解を深め，未来を切り開くヒントを提供し，皆さんが希望を持てる社会を築く一助となれば，これに勝る喜びはありません。

本書は2部構成になっています。第Ⅰ部では，私たちの生活はこれからどうなるのかということを念頭に，物価，労働，格差，財政などのテーマに焦点を当て，統計データを用いて日本経済が抱える課題を明らかにしていきます。また，人類が直面する最大課題である気候変動問題についても考えていきます。第Ⅱ部では，少子化問題，労働市場改革，財政赤字，教育改革など，長期的な視点で解決すべき重要な課題を取り上げ，解決への道筋を議論します。

　最後に，本書の執筆に多大なご協力をいただいた皆様に心から感謝を申し上げます。とくに，恩師である島田晴雄先生（慶應義塾大学名誉教授）との日本経済に関する議論は本書の執筆に大いに貢献しました。また，有斐閣の渡部一樹氏には，本書の企画，編集から出版に至るまでご尽力を賜りました。この場を借りて，心より感謝申し上げます。

　そして，本書の執筆を常に支えてくれた家族に心から感謝を捧げます。2人の息子たちの世代が，今以上に豊かで安心して暮らせる希望に満ちた未来を築けることを心から願い，本書を彼らに捧げます。

　2024年10月

宮本　弘曉

著者紹介

宮本 弘曉（みやもと　ひろあき）
財務省財務総合政策研究所 総括主任研究官

＊本書で意見にわたる部分は著者の個人的見解であり，著者の所属する組織の見解ではありません。

2000 年，慶應義塾大学経済学部卒業，2002 年，慶應義塾大学大学院経済学研究科修士課程修了。2009 年，ウィスコンシン大学マディソン校経済学部博士課程修了，Ph.D.（経済学）。国際大学大学院国際関係学研究科教授，東京大学公共政策大学院特任准教授，国際通貨基金（IMF）エコノミスト，東京都立大学経済経営学部教授，一橋大学経済研究所教授などを経て現職。

専門は，マクロ経済学，労働経済学，日本経済論。日本経済に関する見解は，Wall Street Journal, Bloomberg，日本経済新聞，NHK 等メディアでも紹介されている。

主な著作に，"Employment and Hours over the Business Cycle in a Model with Search Frictions," *Review of Economic Dynamics* 31, pp. 436-461, 2019 年（共著），"Productivity Growth, On-the-Job Search, and Unemployment," *Journal of Monetary Economics* 58 (6-8), pp. 666-680, 2011 年（共著），『一人負けニッポンの勝機——世界インフレと日本の未来』（ウェッジ，2023 年），『日本の財政政策効果——高齢化・労働市場・ジェンダー平等』（日本経済新聞出版，2023 年），『101 のデータで読む日本の未来』（PHP 研究所，2022 年），『労働経済学』（新世社，2018 年）などがある。

読者へのメッセージ

このたびは本書をお手に取っていただき，心より感謝申し上げます。日本経済は，私たちの日常生活と切り離せない存在です。決して遠い世界の話ではなく，日々の暮らしや未来，そして次世代にも深く関わって

います。

　私が日本経済に強い関心を抱くようになったのは，大学1年生のとき
に受講した日本経済の講義がきっかけでした。日本や世界の経済が自分
たちの生活にどれほど大きな影響を与えているのかを知り，その衝撃は
今でも鮮明に覚えています。

　本書では，日本経済を「自分ごと」として捉え，問題意識を持って考
えることの大切さをお伝えしたいと思っています。それによって，皆さ
んの視野が広がり，生き方や未来への考え方が大きく変わると信じてい
ます。

　このささやかな一冊が，皆さんにとって日本経済の現状や課題を深く
理解する手助けとなり，日本の明るい未来を築くのに少しでも役立てば，
これに勝るよろこびはありません。

目　　次

はしがき ·· i

著者紹介 ·· iv

第 I 部　何が問題?

第 1 章　衰退途上国 ·· 3
親より良い生活はできない!?

Introduction（4）

1　3つの「低」と1つの「高」 ·························· 5
低成長（5）　低賃金（8）　低物価（12）　高債務（15）

2　メガトレンドの変化 ·································· 16
人口構造の変化（17）　テクノロジーの進歩（20）　グリーン化（22）

3　まとめと本書の構成 ································ 24

第 2 章　安いニッポン ·· 27
物価と金融政策

Introduction（28）

1　物　　価 ·· 29
インフレとデフレ（29）　物価を測る指標（29）　物価動向（30）　インフレはなぜ起こるのか?（32）

vi

2 デフレに苦しんできた日本 ···································· 36

3 夢か幻か ··· 39
　バブル経済

　バブル経済の崩壊（39）　バブル経済がなぜ発生したのか?（41）

4 金融政策 ··· 42
　金融政策とは?（43）　日本の金融政策（45）

5 安いニッポン ··· 48
　物価が停滞する日本（48）　実質実効為替レートで見る円の実力
　（52）

第3章　働き方が問題だ ······································· 55
　労働市場

　Introduction（56）

1 上がらない賃金 ··· 57
　2種類の賃金──名目賃金と実質賃金（57）　賃金の動きを見る統計
　（57）　長年低迷を続ける賃金（59）　世界で「一人負け」の日本の賃
　金（61）

2 人手不足が問題だ ··· 63

3 世界から称賛を浴びた日本的雇用慣行 ·················· 66
　日本的雇用慣行とは?（66）　日本的雇用慣行はなぜ生まれたのか?
　（69）　機能不全に陥った日本的雇用慣行（70）　雇用は生産の派生
　需要（72）

4 非正規雇用の増加 ··· 74
　増加の原因は?（75）　正規・非正規間の格差問題（76）

5 女性労働の現状と課題 ·· 77

6 高齢者雇用問題 ··· 81

7 日本人は働きすぎなのか? ······································ 83
　長時間労働

目次　**vii**

第4章 日本の借金は世界一!? ……………………… 87
財政政策

Introduction (88)

1 日本政府の台所事情 ……………………………… 89

予算の成立とそのプロセス (89)　歳出と歳入の実態 (90)

2 増え続ける日本の借金 …………………………… 94

3 国 債 発 行 ………………………………………… 97

国債の価格と利回りの関係 (98)　国債の格付け (100)　日本はどれくらい国債を発行しているのか? (102)　国債の負担 (103)

4 財政危機とは? 財政危機は起こるのか? ……… 105

5 財政政策の有効性 ……………………………… 107

日本の財政政策を振り返る (108)　財政乗数 (109)

第5章 格差拡大の真実 ……………………………… 113
所得格差と貧困問題

Introduction (114)

1 格差の世界へようこそ ………………………… 115

2 所得格差はどう測る? ………………………… 116

所得分布 (116)　ジニ係数 (118)　所得占有率 (120)

3 何が格差の原因なのか? ……………………… 122

技術進歩 (122)　グローバル化 (123)　制度・政策 (123)　教育 (123)　トップ層への富の集中はどう説明する? (124)

4 格差がもたらすもの。格差は問題なのか? …… 124

5 日本の所得格差 ………………………………… 126

なぜ日本で所得格差が拡大したのか? (126)　共同貧困 (128)

6 日本の貧困問題 ………………………………… 129

絶対的貧困と相対的貧困（130）　子どもの貧困問題（132）　貧困者
増加の理由（133）

第6章　国民生活は安心なのか？ ……………………………… 135
社 会 保 障

Introduction (136)

1　急増する社会保障給付費 …………………………………… 137

2　年　　金 ……………………………………………………… 139
公的年金制度の概要（140）　日本の年金は賦課方式（142）　2004
年度の年金改革（143）

3　医　　療 ……………………………………………………… 145
日本の公的医療保険制度（146）　増え続ける医療費（147）　医療の
効率性（149）　医療サービスの特殊性（151）

4　介　　護 ……………………………………………………… 152
介護保険制度とは？（152）　介護保険制度の課題（153）　増える介護
費用（154）　介護労働者の不足問題（155）　介護離職（156）

第7章　日本企業はどこへ？ ……………………………… 159
国内投資と競争力

Introduction (160)

1　企業とは？ …………………………………………………… 161
大企業と中小企業（162）　スタートアップ企業（164）

2　企業の参入・退出と新陳代謝 ……………………………… 165
開業率と廃業率（165）　新陳代謝とゾンビ企業（167）

3　企業行動の動向 ……………………………………………… 168

4　変化するビジネスのかたち ………………………………… 174
産業構造の変化とIT化

目　次　ix

産業構造の変化（174）　IT革命と経済の変化（176）　日本のIT活用（177）

5　グローバル化 ··· 180
日本の企業の海外進出（180）　国際収支（182）

6　補論：企業会計 ·· 184
貸借対照表（バランスシート）（184）　損益計算書の読み方（185）

第**8**章　地球が直面する問題 ····························· 189
気候変動とエネルギー問題

Introduction（190）

1　地球温暖化問題 ·· 191
今後，地球の気温はどうなるのか？（193）　地球温暖化の影響（194）

2　気候変動問題への取り組み ······························ 195

3　日本の脱炭素化とその課題 ······························ 198
GXの取り組み（198）　再生可能エネルギーの拡大（200）　原子力の活用（202）　カーボンプライシング（203）　日本の脱炭素化をどう進めるのか？（204）

第**II**部　解決できる？

第**9**章　誰もが希望を持てる日本へ ··················· 209
少子化対策

Introduction（210）

1　人口構造の変化についてのファクト ····················· 211
人口減少（211）　出生率の低下（212）　人口構造の変化（215）

2 人口構造の変化が経済・社会に与える影響 ················· 217

3 なぜ少子化が進んでいるのか？ ····················· 219

未婚化と晩婚化（219）　結婚率の低下要因（221）　子どもを持つコストの上昇（222）

4 これまでの少子化対策 ···························· 223

エンゼルプランから全世代型社会保障改革（223）　対策の成果と課題（225）　少子化対策の規模（226）

5 何が求められているのか？ ························· 228

現金給付の限界と質の向上（228）　保育支援と育児休業制度の拡充（229）　男性の家事・育児参加（229）　社会の意識改革（230）　求められるグランドデザイン（230）

第10章　人々の可能性と活力を生かす社会へ ··········· 233
労働市場改革

Introduction（234）

1 生産性向上がカギ ······························· 234

生産性とは？（234）　日本の労働生産性（235）

2 どうやって生産性を上げるのか？ ················· 237

3 変わりつつある日本の雇用 ······················· 239

雇用は生産の派生需要（239）　長寿化と日本人のライフコース（240）

4 硬直的な日本の労働市場 ························· 244

5 労働市場を流動的にするには？ ··················· 245

労働移動を妨げない制度・政策（246）　流動的な労働市場での人材マネジメント（248）　人的投資（250）

6 外国人労働者問題 ······························· 251

第 11 章　将来にわたっての安心を ···················· 255
財政健全化

Introduction（256）

1 財政の持続可能性とは? ·································· 257

2 政府債務のダイナミクス ······························· 259

債務比率はどのように決まるのか?（259）　経済成長率と金利の関係
（260）　プライマリーバランスの現状（262）

3 日本の財政は持続可能か? ···························· 263

財政規律派の見解（264）　積極財政派の見解（265）　政府債務のシ
ミュレーション分析（267）　楽観視できない日本の財政（269）

第 12 章　人々の可能性を引き出す ···················· 273
教 育 改 革

Introduction（274）

1 日本の教育の現状と課題 ····························· 275

義務教育の評価（275）　義務教育の課題（276）　高等教育の評価
（278）　大学が直面する課題（280）

2 テクノロジーの進歩と教育 ·························· 281

さらば黒板とチョーク!?（281）　世界で進むエドテック（282）　日本
でのエドテックの状況（283）　技術進歩と教育の未来（284）

3 グローバル化と教育 ································· 286

日本人の海外留学の現状（287）　国際機関での日本人の活躍（289）

4 これからの教育 ····································· 290

ブックガイド ··· 293

索　　引 ··· 300

xii

Column 一覧

- *1* 国民年金保険料の学生納付特例制度 (141)
- *2* コーポレートガバナンス (178)
- *3* グリーンフレーション (199)
- *4* 日本財政の長期展望 (270)

✎ ウェブサポートページ ✎
各章の補論などを提供しています。ぜひご活用ください。

https://www.yuhikaku.co.jp/yuhikaku_pr/y-knot/list/20013p/

Part

I

第 部

何が問題?

Chapter

1 衰退途上国

2 安いニッポン

3 働き方が問題だ

4 日本の借金は世界一!?

5 格差拡大の真実

6 国民生活は安心なのか?

7 日本企業はどこへ?

8 地球が直面する問題

衰退途上国

親より良い生活はできない!?

第 **1** 章 Chapter

Quiz クイズ

豊かさの目安となる 1 人当たりの名目国内総生産（GDP）。日本の 1 人当たり名目 GDP は現在，世界で第何位でしょうか？

- a. トップ 5
- b. 6〜10 位
- c. 11〜20 位
- d. 21〜30 位
- e. 31 位以下

(©iStock / Torsten Asmus)

Chapter structure 本章の構成

1	3つの「低」と1つの「高」	----	低成長・低賃金・低物価＋高債務
2	メガトレンドの変化	----	人口構造の変化　テクノロジーの進歩　グリーン化
3	まとめと本書の構成		

Answer クイズの答え

e. 2023 年は 32 位。

Introduction はじめに

　日本経済の潮目が変わりつつあるといわれます。過去 30 年間，日本経済は，「低成長」「低物価」「低賃金」という 3 つの「低」に苦しんできました。これに加えて，日本政府の借金は膨大な額に膨れ上がり，「高債務」という厳しい状況が続いています。この「3 低 1 高」は「日本病」や「日本現象」とも呼ばれ，私たちの日常生活にさまざまな影響を及ぼしてきました。

　しかし，2022 年春を境に，状況は変わりはじめました。日本の物価は約 40 年ぶりに上昇し，賃金上昇率も 30 数年ぶりの高い水準に達しました。さらに，2024 年 2 月には日経平均株価が 1989 年以来の最高値を更新し，その後，史上初めて 4 万円台に突入しました。

　これらの変化は，私たちの日常生活に影響を与えるものです。物価や賃金の変化は私たちの財布や将来の計画に直結します。株価の高騰は，資産の価値を引き上げる一方で，新たな投資のリスクも伴います。これらの変化は一時的なものなのでしょうか，それとも，日本経済は本格的に復活したのでしょうか？「日本病」は治ったのでしょうか？ そして，今後，日本に本当の夜明けが訪れるのでしょうか？

　これらの問いは，私たち個人に深く関わるテーマです。なぜなら，経済の変動は私たちの日常生活や将来の安定に直接影響を及ぼすからです。たとえば，賃金が上がれば，生活は豊かになり，夢や希望が現実のものとなります。経済の変化を理解し，適切に対応することは，私たちがより安定した豊かな生活を送るためのカギとなるのです。

　今，私たちは人口構造の変化，テクノロジーの進歩，そして地球

温暖化対策によるグリーン化という3つのメガトレンドの変化に直面しています。これらのトレンドは，日本経済と社会全体に大きな影響を及ぼしています。あなたの生活や将来にも大きな影響を与えるでしょう。本章では，日本経済の現状とその中で起きている大きな変化について，一緒に見ていきましょう。

　日本経済が多くの問題を抱えているのは事実です。しかし，これらの問題を解決すれば，日本の経済は希望に満ちたものになりえます。その一歩は，経済の現状をよく知ることです。今こそ，経済について深く考え，行動する時です。未来を明るく照らすために，ともによりよい未来を築くために，一緒に日本経済を考えていきましょう。

1　3つの「低」と1つの「高」

▷　低　成　長

　経済の規模や状態を把握するのに用いられるのが**国内総生産**（**GDP**：Gross Domestic Product）です。GDP とは，一定期間内に国内で新しく生産された財・サービスの付加価値の総額を指します。

　さっそく，日本の GDP について見ていきましょう。図 1-1 をご覧ください。これは，世界の上位5カ国の名目 GDP の推移を示したものです。

　2023 年の日本の GDP は約 4.2 兆ドルで，アメリカの約 27 兆ドル，中国の約 18 兆ドル，ドイツの約 4.5 兆ドルに次ぐ世界第4位となっています。日本の順位はかつてアメリカに次ぐ第2位でしたが，2010 年に中国に，23 年にはドイツに追い抜かされました。

　1990 年の GDP を 100 とすると，2023 年の日本の数字は 132 と，この 33 年間で名目 GDP は約 1.3 倍になったことがわかります。一

図 1-1 名目 GDP の推移

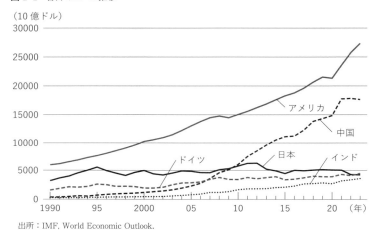

出所：IMF, World Economic Outlook.

方，アメリカは 456，中国は 4453 と，それぞれ 1990 年の数字の約 4.6 倍と約 44 倍になっています。

「日本は成熟国だから，経済は成長しなくても当然」という意見もあるかもしれませんが，ドイツの GDP はこの 30 年間で約 2.8 倍に増えています。つまり，諸外国では成熟国であっても経済は成長しています。この 30 年間，日本の経済成長がいかに低かったがわかると思います。

日本の GDP が世界経済に占める割合を見てみましょう。2000 年には 14.6％ でした。当時，アメリカのシェアは 30％ で，日本とアメリカで世界全体の約 45％ を占めていました。しかし，2023 年に日本のシェアは 4％ にまで低下，かつての 3 分の 1 以下になっています。アメリカの GDP が世界経済に占める割合も，中国の成長により 2023 年には 26％ にまで低下していますが，日本ほど大きな低下ではありません。ちなみに，中国のシェアは 2000 年にはわずか

3.5% でしたが，23 年には 17%
まで上昇しています。

　「日本の GDP 総額の世界シェ
アが低下し，その順位も落ちたと
はいえ，まだ世界第 4 位の経済大
国ではないか」というご指摘もあ
るでしょう。実際，数ある国の中
で，世界第 4 位という経済規模は
誇るべきものです。しかし，
GDP は人口の大きさに大きく依
存しています。一国の GDP 総額
は，1 人当たり GDP×人口なの
で，人口が大きければ GDP 総額
も大きくなります。そこで，次に
1 人当たり名目 GDP を見てみま
しょう。

　表 1-1 は 2023 年の 1 人当たり
名目 GDP を示しています。日本
は 3 万 3806 ドルで世界 32 位です。
1 位はルクセンブルクで，12 万
9810 ドルとなっており，次いで，
アイルランド，スイスと 10 万ド
ルを超える国が続きます。主要 7
カ国（G7）で一番順位が高いのは

表 1-1 1 人当たり名目 GDP
（2023 年，単位：ドル）

順位	国名	1 人当たり名目 GDP
1	ルクセンブルク	129,810
2	アイルランド	104,272
3	スイス	100,413
4	ノルウェー	87,739
5	シンガポール	84,734
6	アメリカ	81,632
7	アイスランド	79,998
8	カタール	78,696
9	デンマーク	68,300
10	オーストラリア	65,434
⋮	⋮	⋮
18	カナダ	53,548
19	ドイツ	52,727
21	イギリス	49,099
23	フランス	46,001
26	イタリア	38,326
32	**日本**	**33,806**

出所：IMF, World Economic Outlook.

アメリカで 8 万 1632 ドル，順位は 6 位です。アメリカの数字は日
本の約 2.4 倍です。アジアのトップは世界 5 位のシンガポールで，
1 人当たり名目 GDP は 8 万 4734 ドル，こちらも日本の約 2.5 倍で
す。

第 1 節　3 つの「低」と 1 つの「高」　　**7**

図 1-2 日本の 1 人当たり名目 GDP の世界ランキングの推移

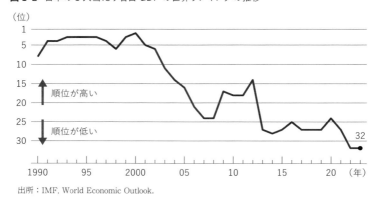

出所：IMF, World Economic Outlook.

　さて，ここで衝撃的な図を見ていただきましょう。図 1-2 は日本の 1 人当たり名目 GDP の世界ランキングの変遷を示したものです。1990 年代はほとんどの年でトップ 5 に入っていましたが，2000 年代に入ると順位が低下し，23 年には 32 位まで落ち込んでいます。

　日本の国際的な地位が低下していることは，他の指標からも見て取れます。図 1-3 はスイスのビジネススクール IMD が毎年発表する「世界競争力ランキング」における日本の順位です。経済状況やビジネス，政府の効率などをもとに順位が決められるものですが，日本はランキングが発表された 1989 年から 92 年まで 4 年間にわたり 1 位を維持していました。しかし，その後，下落傾向が続き，2023 年は過去最低の 35 位となっています。これはマレーシアやタイより低い順位です。このように，日本は「衰退途上国」ともいえる状況にあります。

▷ 低 賃 金

　こうした過去 30 年間の日本経済の凋落の象徴ともいえるのが，

図 1-3　世界競争力ランキングの推移

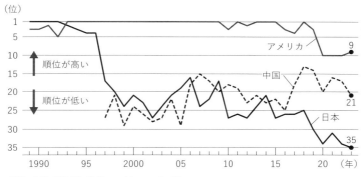

出所：IMD, IMD World Competitiveness Ranking.

日本の低賃金です。2024 年の春季労使交渉（第 3 章参照）では，賃上げ率が平均 5.33％ と 1991 年以来の 5％ 台を記録するなど変化の兆が見られました。しかし，長期的に見ると日本の賃金は低迷してします。「日本人の給料は上がっていない」「日本人の給料はどこその国よりも低い」という報道を目にする機会が増えていますが，実際，日本の賃金は「世界で一人負け」といえるような状況です。この不都合な真実をデータで確認しておきましょう。

　表 1-2 をご覧ください。これは OECD（経済協力開発機構）が公表している加盟国の 2023 年の平均賃金を比較したものです（購買力平価ベース）。日本の賃金は，4 万 2118 ドルで，OECD 平均の 5 万 5420 ドルを大きく下回っています。また，日本の順位はデータが入手可能な OECD 加盟国 33 カ国中 24 位となっています。

　日本の順位は G7 の中では最下位です。G7 の中で平均賃金が最も高いのはアメリカで日本の 1.8 倍です。また，お隣の韓国の賃金は 4 万 7715 ドルで，33 カ国中 21 位となっており，日本の順位は韓国よりも 3 ランク下となっています。

第 1 節　3 つの「低」と 1 つの「高」　**9**

表 1-2 平均年間賃金の国際比較（2023 年，単位：ドル）

順位	国・地域名	年間賃金	順位	国・地域名	年間賃金
1	ルクセンブルク	85,526	18	アイルランド	53,384
2	アイスランド	81,378	19	スロベニア	53,296
3	スイス	79,204	20	スペイン	47,772
4	アメリカ	77,226	21	韓国	47,715
5	ベルギー	69,874	22	リトアニア	46,818
6	オーストリア	67,431	23	イタリア	45,987
7	ノルウェー	67,210	**24**	**日本**	**42,118**
8	オランダ	65,640	25	ポーランド	39,300
9	デンマーク	65,612	26	ラトビア	36,925
10	オーストラリア	63,926	27	ポルトガル	35,677
11	カナダ	63,398	28	チェコ	35,576
12	ドイツ	62,473	29	エストニア	34,525
13	ニュージーランド	55,974	30	ハンガリー	30,216
14	フランス	55,680	31	スロバキア	29,838
15	イギリス	55,173	32	ギリシャ	28,727
16	フィンランド	55,048	33	メキシコ	20,090
17	スウェーデン	55,041		**OECD 平均**	**55,420**

出所：OECD, OECD. Stat.

　同じく OECD のデータから，過去 25 年間の賃金の推移を見てみましょう。第 3 章で詳しく説明しますが，日本の賃金は 1997 年をピークに減少傾向にあります。そこで，図 1-4 には，1997 年の平均年間賃金を 100 として，G7 および韓国の賃金の推移を示しています。

図 1-4　平均年間賃金の推移（1997 年＝100）

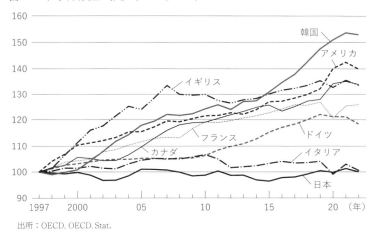

出所：OECD, OECD. Stat.

　図から，日本の賃金が過去 25 年間ほとんど上がっていないことがわかります。2022 年の日本の数字は 100 となっています。一方，他の先進諸国では賃金が大きく上昇しています。アメリカやイギリスは約 1.4 倍に，カナダやフランスも約 1.3 倍に大きく増加しています。韓国に至っては，この 25 年間で賃金が 53％ も伸びています。このように，他の先進諸国ではこの 25 年間に賃金は 2 割から 5 割上昇しているのに対し，日本だけが「一人負け」といっても過言ではないほど賃金が上がっていないのです。

　賃金が上がらなければ，人々の生活水準は上がりません。親世代が達成してきた生活水準を子世代が超えることも難しくなります。家計をやりくりするなかで，「以前はもっと余裕があったのに」と感じることが増えたという話を耳にしたことがあるかもしれません。実際に，日本の平均所得金額は 2018 年に 552 万円と，30 年前の1998 年の 655 万円から 100 万円以上もダウンしています（厚生労働

図1-5 日本とアメリカにおける所得変化

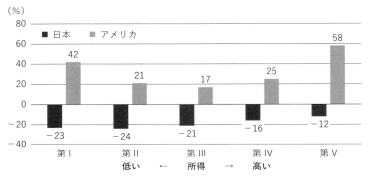

注：1世帯当たり平均所得。日本は1995年と2018年，アメリカは1995年と2019年の比較。
出所：厚生労働省「国民生活基礎調査」，FRB, Survey of Consumer Finances.

省「国民生活基礎調査」）。

　図1-5はこの30年間の所得の伸びを日本とアメリカで比較したものです。人口を家計の所得によって5つの層に分け，それぞれの層で1世帯当たりの平均所得額の変化を示しています。これを見るとアメリカではすべての層で15％以上，所得が増加していることがわかります。これに対して，日本はどうかというと，すべての層で所得は10〜20％以上減少しています。日本は国民全員が貧しくなる「共同貧困」といえる状況に陥っているのです。

低物価

　「低い」のは経済成長と賃金だけではありません。日本では物価も低く，「安いニッポン」といわれています。しかし，半世紀ぶりに世界で同時インフレが進むなか，長年にわたり物価が上がらないデフレが続いてきた日本でも，2022年春以降，物価が上昇しはじめ，身近な商品の値上がりが実感されるようになりました。

図 1-6 インフレ率の推移

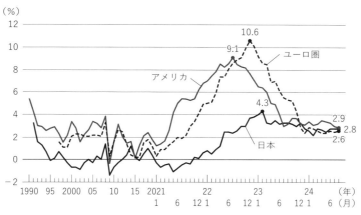

出所：総務省統計局「消費者物価指数」，Eurostat, U.S. Bureau of Labor Statistics.

　なお，物価やインフレ（デフレ）については第2章で詳しく解説しますが，物価は世の中の商品やサービスの価格を総合的に表したもので，インフレ（デフレ）は物価が持続的に上がる（下がる）ことを意味します。

　図1-6には，過去30年間の日本，アメリカ，ユーロ圏の物価上昇率の推移が示されています。アメリカやユーロ圏の物価上昇率は2000年から20年に平均2%程度で安定的に推移していましたが，21年からインフレが加速しました。その主要因は新型コロナウイルスによるパンデミックです。パンデミックが需要と供給の両サイドから物価上昇の波を引き起こしたのです。

　日本でも物価が上昇，家庭で消費するモノやサービスの値動きを見る消費者物価指数（第2章参照）は，2022年に前の年より2.5%上昇しました。2.5%の上昇率（消費税率調整後）は1991年以来31年ぶりの水準です。

第1節　3つの「低」と1つの「高」　　13

日本の物価上昇率の推移を見ると，1990年代初頭には3%程度だったのが，その後低下し，95年以降はほとんどの年で前年並みあるいはマイナスとなっています。このように日本では長期にわたりデフレが続いてましたが，これは世界でも異例のことです。第2次世界大戦後，世界でデフレに陥った先進国は日本だけです。

　日本が長期デフレで物価が停滞していた一方で，他の先進国では毎年平均2%近く物価が上昇していました。2000年とコロナ禍直前の19年の物価水準を比較すると，日本の物価が20年間でわずか3%しか上昇していないのに対して，アメリカでは1.5倍になっていることがわかります。こうした長年にわたる日本と海外の物価上昇率の差が，日本の物価が諸外国よりも安いという「安いニッポン」をもたらしているのです。

　日本と海外の価格を比較する際によく使用されるのが，マクドナルドの人気商品ビッグマックです。ビッグマックはどこの国でもほぼ同じ品質で製造されているので，各国のビッグマックの価格を比較することで，それぞれの国の購買力を比較できます。

　2024年7月時点で，日本ではビッグマックは480円で販売されていましたが，アメリカでは5.69ドルでした。当時の為替レート（1ドル＝150.46円）で換算すると，アメリカのビッグマックは日本円で856円となり，日本の価格の約1.8倍です。

　世界で一番ビッグマックが高いのはスイスで，日本円でなんと1214円と，日本の2.5倍以上となっています。多くの日本人は「高い」と感じるのではないでしょうか。しかし，現地のスイスの人にとっては，それが「日常の」ビッグマックの価格なので，高いとは感じないのです。言い換えれば，それだけ日本は世界の中で安い国であるということです。

▷ 高債務

　ここまで，低成長，低賃金，低物価と「低い」ことばかりを見て
きましたが，何か「高い」ものはないのでしょうか？ 実はありま
す。それが，「高債務」です。日本政府の抱える借金が膨大な額に
膨れ上がっているのです。

　「日本は借金大国だ」「日本の財政は危ない」ということを耳にす
る機会が多くなりました。ここでは，日本の借金について考えてい
きましょう。日本の借金とは，政府の借金のことです。政府の借金
とは，ざっくりいうと政府が発行する国債を購入する人々や機関か
ら借り入れている金額のことです。

　日本の借金総額は 2023 年に GDP の約 2.5 倍に達しています。こ
の比率は，世界でも突出して高い水準となっており，主要先進国の
中では一番の借金大国となっています。なぜ，日本政府の借金はこ
んなにも大きく膨れ上がってしまったのでしょうか？

　図 1-7 をご覧ください。これは政府の歳出と歳入の推移を示した
ものです。1990 年度ごろから歳出は増え続ける一方で，税収が伸
び悩み，その差が大きく開いたことがわかります。

　歳出が増加し続けた理由は，高齢化が進み社会保障費が増大した
ためです。また，税収が減少したのには，バブル経済崩壊後，経済
が長期にわたり停滞したためです。さらに，最近では，新型コロナ
ウイルス感染症への対応のため，歳出が大きく増加しました。

　税収以上に歳出しているというのは，その分を借金して穴埋めを
しているということです。つまり，長年にわたり身の丈以上の生活
をしてきたことが，国の借金を大きく増やしたのです。

　こうしたなか，日本の財政の持続可能性の問題が指摘されていま
す。国が借金を返せなくなる「財政危機」を危惧する声もあります。
幸い，財政危機は起こっていませんが，政府が巨額の債務を抱えて
いること自体はすでに大きな問題です。現在，日本の国家予算の約

第 1 節　3 つの「低」と 1 つの「高」　**15**

図 1-7 歳出と歳入の推移

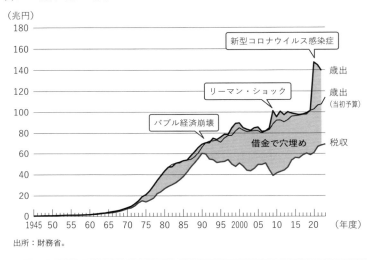

出所：財務省。

4割が借金，つまり国債発行によるもので，歳出の約4分の1が過去の借金の返済と利息（国債費），約3分の1が医療，年金，介護などの費用（社会保障費）となっています。

高齢化が進む日本では，今後，社会保障費がさらに増えることが予想されます。そうしたなか，国の借金が増え続けると，国債費はますます増加し，教育や公共投資など将来の国家発展につながる分野にお金を回すことが難しくなります。これは将来世代にとって大きなマイナスとなります。

2　メガトレンドの変化

ここまで，日本経済は低成長，低賃金，低物価，そして高債務の

状況にあることを見てきました。では，日本経済の現在と未来を考えるためには，どのような視点が必要なのでしょうか？　それは，日本が直面している**メガトレンド**をしっかりと把握することです。

メガトレンドとは，社会全体に影響を与える大きな潮流のことで，社会のあり方を形成する力を持った動きです。メガトレンドの変化は，人々の暮らしや働き方，企業戦略，ビジネスモデル，さらには政府や公共政策の役割など，あらゆる面に大きく影響します。

日本経済が直面するメガトレンドの変化には，以下の3つがあります。

1. 人口構造の変化
2. テクノロジーの進歩
3. 地球温暖化対策であるグリーン化

それでは，それぞれのメガトレンドについて詳しく見ていきましょう。

▭▷　人口構造の変化

まずは，人口構造の変化についてです。日本では，高齢化を伴う人口減少が進行中です。

日本の総人口は，2008年の約1億2800万人をピークに減少し続け，23年には約1億2435万人となりました。

人口は，出生数と死亡数の差，および流入数と流出数の差によって決まります。日本で人口が減っているのは，死亡数が出生数を上回っているからです。2023年の出生数は約72.7万人と初めて80万人を割った22年からさらに減少し，過去最低を更新しました。これに対して，死亡数は約157.6万人となっており，その差は84.9万人となっています。しかし，外国人の流入があるため，総人口は前年よりも約59.5万人の減少となっています。これは鳥取県より多くの人口が1年で消失したことを意味しています。

図1-8　総人口の推移

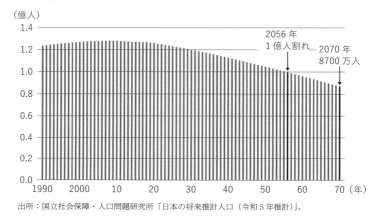

出所：国立社会保障・人口問題研究所「日本の将来推計人口（令和5年推計）」。

　今後も，日本の人口減少は進むと予想されていますが，30〜40年でどのくらい人口が減少すると思われますか？　なんと，台湾やオーストラリア，カナダ一国分に相当する人口が減少すると予想されています。

　国立社会保障・人口問題研究所による「日本の将来推計人口」によると，出生中位とされる基本シナリオでは，2056年に日本の総人口は1億人を割り，70年には約8700万人になると予想されています（図1-8）。つまり，今後30年強で約2400万人，40数年で約3800万人の人口が日本からいなくなることになります。2400万というのは台湾やオーストラリア，3800万人というのはカナダ一国分の人口に相当します。

　人口が減少するだけでなく，その構成も大きく変わると予想されています。

　まず，高齢者（65歳以上）の割合が増加することがあげられます。2023年に総人口のうち，65歳以上が占める割合は29.1％で，国民

18　第1章　衰退途上国

図 1-9　人口構成の推移（出生中位〔死亡中位〕推計）

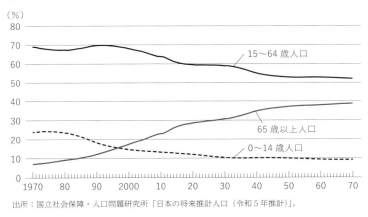

出所：国立社会保障・人口問題研究所「日本の将来推計人口（令和5年推計）」。

の約 3.4 人に 1 人が高齢者という状況です。高齢者の人口シェアは日本が世界で一番高く，日本は世界一の高齢国家ですが，今後，この数字はさらに上昇し，2070 年には 38.7% になると予想されています（図 1-9）。

　一方，15 歳未満の若年人口は大きく減少し，2050 年には 1041 万人と 23 年の 1435 万人より約 28% 減少し，人口に占める割合も 1 割を切ると予想されています。これは，そう遠くない未来に，日本は見渡すかぎり高齢者ばかりの国になるということです。

　人口の減少や人口構成の変化は，日本の経済・社会に大きな影響を及ぼすと考えられます。人口減少により働き手が減ることで，労働力不足が懸念されます。また，経済活動はその担い手である労働者数に左右されますが，労働者が減少すれば，経済規模が縮小する可能性もあります。これらは人口構造の変化が，経済の供給サイドに与える影響ですが，人口減少は消費者の減少も意味するので，経済の需要サイドにも大きな影響を与えると考えられます。とくに地

方では，消費市場の縮小が経済規模の縮小につながり，その結果，社会生活サービスが低下，人口が流出，地域社会がさらに縮小するという負の連鎖が起こることも考えられます。さらに，若者や働き手が減少する一方で高齢者が増えるため，社会保障の財政基盤の悪化や財政の健全化にも影響を及ぼすと考えられます。

テクノロジーの進歩

次にテクノロジーの進歩について見ていきましょう。テクノロジーの進歩には目を見張るものがあります。アメリカのオープンAIが開発した，文章や詩を作り，まるで人と話しているかのような自然な応答をする対話型人工知能（AI），「ChatGPT」は世界に大きな衝撃を与えています。このようなAI技術と，ビッグデータやIoT（Internet of Things：モノのインターネット）の活用によって，**第4次産業革命**が進行中といわれています。この革命は，私たちの生活様式，働き方，さらには経済社会の全体像を大きく変えると考えられています。

テクノロジーの進歩はこれまでも私たちの生活を大きく変えてきました。スマートフォンの登場が身近な例でしょう。スマートフォンは単に通話をするだけでなく，インターネットを介して情報を検索したり，メールやチャット，SNSでコミュニケーションを取ったり，オンラインで商品やサービスを購入・販売したりと，日常生活のあらゆる側面に浸透しています。それは今や私たちの生活と仕事にとって欠かせない存在となっています。

驚くべきことに，スマートフォンが誕生したのはわずか20年前，2000年代前半なのです。このことからも，現在進行形で私たちの世界を塗り替えている第4次産業革命が，世界の未来像をどれほど変容させる可能性があるのかが想像できます。まさに，産業の構造そのものを再定義する，全世界規模の大変動が現在進行中なのです。

ここで，第4次産業革命とは何かを簡単に説明しておきましょう。その名前からわかるように，これは4度目の産業革命です。第1次産業革命は，18世紀末から始まり，水力や蒸気機関による工場の機械化を実現しました。続く，第2次産業革命は，19世紀後半から20世紀初頭にかけて，電気や石油を用いた大量生産方式を導入しました。そして，1970年初頭から始まった第3次産業革命では，電子工学や情報技術を用いたオートメーション化が進みました。これらに続き，AI，IoT，ビッグデータなどを活用し，社会や経済の仕組みそのものを変えてしまうような変革が第4次産業革命です。

　AI，ビッグデータ，IoTといったテクノロジーが生み出す具体的な事例として，自動運転があげられます。カメラやセンサーを搭載しIoT化された車が，収集した情報をAIやITにより分析，処理し，ブレーキやハンドルを自動的に操作します。自動運転技術は，米ウェイモをはじめ，国内ではトヨタ自動車やホンダなどが開発を進めており，すでに海外では公道で運行されているところもあります。

　自動運転は，政府によりレベル1からレベル5まで5段階に分類されています。レベル1から2は人間が運転を主導し，システムはあくまでも運転の補助や支援にとどまります。しかし，レベル3になると，システムが運転の主体に変わり，人間はその補佐となります。つまり，本格的な自動運転はレベル3以上となります。そして，レベル5は，システムが運転のすべてを担う，完全自動運転です。現在，市販の自家用車で実用段階に入っている機能はレベル3までで，特定の条件下でシステムが運転するものとなっています。

　自動運転が一般的になると，生活や仕事の様式が劇的に変化する可能性があります。ドライバーが不要となるレベル5の自動運転が実現されれば，バスやタクシー，トラックなどの運転手の雇用が失われる可能性があります。実際，これまでもテクノロジーの進歩に

伴い，タイピストや電話交換手などの仕事が不要となりました。

一方，バスやタクシーの自動運転は，地方の高齢者などの交通弱者にとっては利便性を高める可能性も秘めています。現在，地方では公共交通機関が衰退してしまい，高齢者の足が奪われています。自動運転のロボットタクシーは，運転ができない人や自動車を持っていない人の足として活躍することが期待されます。

未来を正確に予測することは不可能であり，以上はあくまで1つのシナリオにすぎません。それでも，第4次産業革命が経済社会の構造や働き方，生活スタイルに根本的な変化をもたらす可能性があることがわかるかと思います。

▷ グリーン化

私たちが直面している最大の課題は，地球温暖化による気候変動です。人間の行為によって二酸化炭素（CO_2）などの温室効果ガスが大気中にあふれ，地球の気温を徐々に上昇させているといわれています。

気象庁によれば，2023年の日本の平均気温は平年値（1991〜2020の平均）を1.29℃上回り，1898年の統計開始以降で最も高い値となりました。日本の平均気温は長期的には100年あたり1.35℃の割合で上昇しています。地球全体では，産業革命前の19世紀後半から現在までに約1.1℃の温度上昇が見られ，今後も気温上昇が続くことが予想されています。

地球温暖化が進行することで，地球の気象パターンが混乱をきたし，熱波や強烈な台風，集中豪雨といった異常気象による災害や，干ばつによる食糧危機などが引き起こされると考えられています。また，海面上昇によって人々の居住地が奪われる恐れもあります。

実際，温暖化の影響は私たちの日常にまで及んでいます。近年の台風や集中豪雨による災害，熱波による熱中症のリスクなどは，私

たちの身近な問題となっています。

こうしたなか，世界では温室効果ガスの排出量をネットゼロにする**カーボンニュートラル**への取り組みが進んでいます。ネットゼロとは，温室効果ガスの排出量から吸収量を差し引いた合計がゼロとなるということです。

日本は，2020年10月に50年までに温室効果ガスの排出をネットゼロにする方針を掲げました。そして，2021年4月に開催された気候変動サミットにおいて，30年度までに13年度比で26%減としていた目標を46%減に引き上げるという野心的な新たな削減目標を表明しました。さらに，2023年には35年の温室効果ガス排出量を19年比で60%削減するというさらに厳しい目標を設定しました。日本を含め，2021年に120を超える国と地域が50年までのカーボンニュートラル実現を表明し，気候変動対策に取り組んでいます。

グリーン化という地球温暖化対策は，経済や社会構造の地図を一新する可能性があります。脱炭素化の動きのなかで，新たに成長する産業が出てくる一方で，別の産業が退場を余儀なくされる場面も出てくると考えられます。

たとえば，自動車産業は脱炭素化の流れのなかで大きな影響を受けています。世界が脱炭素化社会の実現に向けて舵を切るなかで，自動車産業もこれまでのガソリン車からCO_2を排出しない電気自動車にその生産をシフトしています。

電気自動車はガソリン車と比較して部品点数が少なく，また，使用される部品も異なります。ガソリン車から電気自動車へのシフトは，ガソリン車の部品の製造者には大きな打撃を与えますが，一方で，電気自動車の核心部分を担う電池やモーターなどを供給する企業を新たに誕生させるなど，産業構造を大きく変えます。また，それに伴い，既存の雇用が失われる一方で，新たな雇用が生み出され

るなど，グリーン化は雇用にも影響します。

　また，グリーン化は企業や消費者の価値観を変えることで，経済・社会に大きなインパクトを与える可能性もあります。人々が環境に配慮するようになれば，それに対応した商品・サービスへの需要が高まり，企業行動も変化すると考えられます。

3　まとめと本書の構成

　本章では，日本経済が直面している大きな課題を概観しました。低成長，低物価，低賃金といった「3つの低」と，高債務の問題です。これらの課題を解決し，再び活力に満ちた日本経済に生まれ変わらせることが求められています。

　また，人口構造の変化，テクノロジーの進歩，グリーン化という大きな流れ，いわば「メガトレンド」についても頭に入れておく必要があります。これらは，経済の土台となる大きな環境が変わるということです。そして，その変化に対応しながら，誰もが安心して生活できる経済社会をつくっていくための大きな設計図を描くこと（グランドデザイン）が求められています。

　問題は多岐にわたりますが，その解決への第一歩は，現状を正しく理解することです。第Ⅰ部では，日本経済の現状を詳細に分析し，物価と金融政策，働き方，格差，社会保障，日本企業の競争力，そして気候変動とエネルギーという観点から課題を深掘りしていきます。そして，第Ⅱ部では，これらの問題に対する具体的な対策を検討し，メガトレンドの変化に対応した未来の経済社会を考えていきます。

Summary　まとめ

☐　日本経済は長年，「低成長」「低物価」「低賃金」「高債務」に苦しんできました。

☐　日本経済は，人口構造の変化，テクノロジーの進歩，グリーン化というメガトレンドの変化に直面しています。

☐　メガトレンドの変化に対応しながら，「日本病」を解決し，日本経済を再び成長軌道にのせることが求められています。

Exercise　演習問題

1.1　日本経済が抱える問題は何かを整理したうえで，今後，どのような国を目指すべきなのか，あなたの考えを論じてください。

1.2　メガトレンドの変化は今後，あなたの人生にどのような影響を与えると考えますか？　具体的な例をあげて述べてください。

1.3　人口構造の変化，テクノロジーの進歩，グリーン化の3つのメガトレンドは相互にどのように影響し合うか，論じてください。

安いニッポン

物価と金融政策

第 2 章 Chapter

Quiz クイズ

世界中のマクドナルドで販売されているビッグマック。その価格を用いた経済指標に「ビッグマック指数」があります。このビッグマック指数に基づき、ビッグマックが日本より高い国を以下からすべて答えてください。

a. 中国
b. 韓国
c. マレーシア
d. スイス
e. アメリカ

ビッグマック
(日本マクドナルド提供, © 時事)

Chapter structure 本章の構成

1	物　　価	インフレとデフレ　物価を測る指標　物価動向　インフレはなぜ起こるのか？
2	デフレに苦しんできた日本	ディスインフレーション　デフレ期待
3	夢か幻か——バブル経済	バブル経済の崩壊　バブル経済がなぜ発生したのか？
4	金融政策	金融政策とは？　日本の金融政策
5	安いニッポン	物価が停滞する日本　実質実効為替レートで見る円の実力

Answer クイズの答え

c. d. e. (2024 年 7 月時点。表 2-1 参照)

Introduction はじめに

　2021 年，世界経済に大きな変化が訪れました。物価が上昇しはじめ，約半世紀ぶりに世界中で同時にインフレが発生したのです。アメリカでは，インフレ率が 2022 年 6 月には 9.1% に達し，約 40 年ぶりの高水準を記録しました。ユーロ圏でも同様に，2022 年 10 月にインフレ率が 10.6% にまで上昇しました。欧米の中央銀行は金融政策を用いてこのインフレに対抗しました。その結果，インフレは徐々に沈静化しつつあります。

　こうした世界的なインフレの波は，長年，物価が上がらないデフレに苦しんできた日本にも押し寄せてきました。食料品や電気料金など日常生活に不可欠な商品やサービスの価格が上昇し，私たちの生活に直接的な影響を及ぼしています。たとえば，大手ファーストフードチェーンの日本マクドナルドでは，2022 年春から 23 年春にかけて，ハンバーガーの価格を 3 回改定し，22 年 3 月の 110 円から 23 年 1 月には 170 円に上昇しました。

　しかし，海外と比較すると，日本の物価水準はまだ低い状況が続いており，実は日本は「安い国」となっています。再びマクドナルドを例にあげると，看板商品であるビッグマックの価格（2024 年 7 月時点）は日本では 480 円ですが，スイスでは約 1214 円，アメリカでも約 856 円と，日本の価格を大きく上回っています。

　物価の動きは私たちの生活に直接大きな影響を与えます。では，物価はどのように決まるのでしょうか？ また，物価とも深い関係にある金融政策とは何なのでしょうか？ さらに，日本はこれまでどのような金融政策を実施してきたのでしょうか？ これらを理解することは，現在の経済状況を理解するうえで非常に重要です。本

28　第 2 章　安いニッポン

章では，これらの問いに対する答えを皆さんと一緒に考えていきます。まずは，物価がどのように決まるのかについて考えることから始めましょう。

1 物　　価

インフレとデフレ

インフレとは，インフレーションの略で，物価が持続的に上がることを意味します。逆に，物価が持続的に下がることはデフレーション，または**デフレ**と呼ばれます。また，物価は上昇しているものの，その上昇率は低下しているが，デフレになっていない「物価が上がりにくい状態」のことを**ディスインフレーション**といいます。

では，**物価**とは何でしょうか？　物価とは，世の中の商品やサービスの価格を総合的に表したもので，特定の商品やサービスの価格を指すわけではありません。世の中にさまざまな商品やサービスが存在していますから，特定の商品の価格だけを見ても，全体的な物価の動向を把握することはできません。たとえば，ガソリンの値段が1リットル当たり30円上がったり，コーヒーの値段が2倍になったとしても，それだけでは全体の物価が上がったとはいえません。ガソリンやコーヒーの価格は，無数に存在する商品やサービスの中の一部にすぎず，それらが上がったとしても，物価には大きな影響を及ぼさないからです。

物価を測る指標

物価の動きを把握するには，さまざまな商品やサービスの価格を調査し，その平均的な変化を把握する必要があります。物価を測る代表的な指標としては，**消費者物価指数（CPI）**，**企業物価指数**

(CGPI)，そして **GDP デフレーター**があります。

消費者物価指数は，消費者が商品やサービスを購入する段階の物価を捉えたもので，私たちが日常的に購入する商品やサービスの価格を把握するための指標です。食料品，衣料品，住宅費，医療費，教育費など，私たちの日常生活を構成する多くの項目がこの指数に含まれています。これに対して，企業物価指数は，企業間で取引される財の価格をもとに算出される指数で，生産材料や資本設備などの価格変動を反映しています。

また，GDP デフレーターは，GDP 統計で示される価格に関する指数です。GDP デフレーターは，GDP に含まれるすべての財やサービスを対象としているので，消費者物価指数や企業物価指数よりも包括的な物価指数ですが，国内生産品のみを対象としています。これに対して，他の 2 つの物価指数は輸入品の価格も含みます。

これらの指標は，それぞれ異なる観点から物価の動きを捉えようとするものです。各指標がどのような情報を提供し，どのような用途に適しているかを理解することで，経済状況の把握や予測に活用することができます。

これらの中で，最も広く使われているのは消費者物価指数です。この指標は，私たちの日常生活に必要な商品やサービスの価格から計算されるため，これを見ることで，消費者が直面している物価の動きを知ることができます。なお，日本銀行は 2013 年 1 月に「物価安定の目標」を消費者物価の前年比上昇率 2% に設定し，消費者物価指数の動向を注視しています。

▷ **物 価 動 向**

それでは，実際に日本のインフレの動きを見てみましょう。図 2-1 は 1990 年以降の消費者物価指数の上昇率の推移を示したものです。

図 2-1　インフレ率の推移（月次）

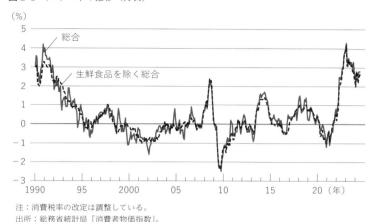

注：消費税率の改定は調整している。
出所：総務省統計局「消費者物価指数」。

　1990年代初頭には，物価上昇率，すなわちインフレ率は3％程度だったのですが，その後は下降傾向にあり，90年代半ばにはマイナスに転じています。つまり，デフレの状態になったということです。

　2013年の春に，再びインフレ率はプラスに転じます。しかし，その後，物価の上昇率はわずかなプラスか，あるいは小幅なマイナスという状態が続きました。この間，日本銀行はデフレからの脱却を目指して数々の金融緩和策を打ち出しましたが，それでも物価は本格的には上がりませんでした（日本の金融政策については後ほど詳しく説明します）。

　しかし，世界で半世紀ぶりに同時多発的なインフレが進むなか，2022年春ごろから，日本でもついに物価が上昇するようになりました。2022年度の消費者物価指数（生鮮食品を除く総合指数）の上昇率は3.0％に達しました。これは，第2次オイル・ショックの影響が尾を引いていた1981年度の4.0％以来，実に41年ぶりの高水準

でした。インフレ率は 2023 年 1 月に 4.3% まで上昇しましたが，その後は徐々に低下して，24 年秋ごろには 2.5% となっています。

▷ インフレはなぜ起こるのか？

次に，物価がどのように決まるのかを考えてみましょう。

物価は，商品やサービスの需要と供給のバランスによって決まるというのが経済学の基本です。需要が供給を上回ると価格は上がり，逆に，供給が需要を上回ると価格は下がります。

たとえば，みんなが欲しがるリンゴが，限られた数しかないとき，普段よりも高い価格でも手に入れようとする人が現れ，価格が上昇します。逆に，リンゴが山と積まれていて，人々がすべてを買いつくすことができないとき，リンゴの価格は下がります。

さて，物価は世の中の商品やサービスの価格を総合的に評価したものでした。つまり，物価は，経済全体の需要と供給のバランスで決まります。この経済全体の需要と供給のことをそれぞれ，**総需要**と**総供給**といいます。

個々の商品やサービスの価格の場合と同様に，総需要が総供給を上回れば，物価が上昇し，インフレが発生します。逆に，総供給が総需要を上回れば，物価は下がります。

これを理解するために，グラフを用いて説明しましょう（図 2-2）。横軸に商品やサービスの量（GDP）を，縦軸に物価をとったグラフを考えましょう。このグラフでは，総需要を右下がりの曲線で，総供給を右上がりの曲線で描きます。

右下がりの総需要曲線は，物価が低いときには需要が多く，物価が高いときには需要が少なくなることを示しています。逆に，右上がりの総供給曲線は，物価が低いときには供給が少なく，物価が高いときには供給が多くなることを示しています。

総需要曲線と総供給曲線が交わる点は，**均衡点**と呼ばれ，ここで，

図 2-2 総需要曲線と総供給曲線

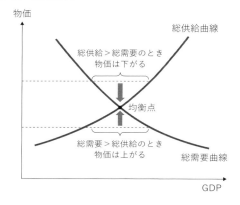

物価と商品やサービスの量（GDP）が決まります。

　物価がこの均衡点よりも高くなったとしましょう。このとき，供給される商品やサービスは需要よりも多くなります。あふれるほど商品やサービスがあるけど，それを欲しがる人が足りない状態ということです。そうなると，物価は下がり，需要と供給がバランスするまで調整されます。逆に，物価が均衡点の物価よりも低ければ，商品やサービスへの需要量が供給量を超えてしまいます。そうなると，物価は上昇します。

　次に，この総需要・総供給曲線を使って，「なぜインフレが起こるのか？」を理解しましょう。

　インフレが発生するのは大きく分けて 2 つのパターンがあります。1 つ目は，総需要曲線が右にシフトする場合，つまり需要量が増えるときです。2 つ目は，総供給曲線が左にシフトする場合，つまり供給量が減るときです。

　まず，1 つ目のケースを考えてみましょう。図 2-3 をご覧ください。総需要曲線が右にシフトすると，均衡点も右上に移動します。

図2-3 ディマンドプル・インフレーションとコストプッシュ・インフレーション

(a) ディマンドプル・インフレーション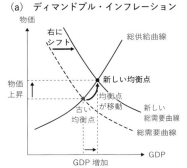

(b) コストプッシュ・インフレーション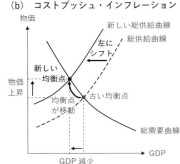

これは，物価が上がり，商品やサービスの取引量も増えることを意味します。このように，需要が増えることで起こるインフレを**ディマンドプル・インフレーション**と呼びます。

　ディマンドプル・インフレーションは，さまざまな要因によって生じます。例として，景気がよくなることがあげられます。経済が活発になると，より多くの商品やサービスが求められるため，総需要が拡大します。それに伴い物価が上昇し，インフレが進行します。

　インフレはもう1つのシナリオ，つまり総供給曲線が左に移動することでも発生します。図2-3に示されているように，均衡点は左上に移動します。これは，物価が上がり，一方で，商品やサービスの取引量が減るという意味になります。このような現象を**コストプッシュ・インフレーション**と呼びます。名前からわかるように，これは物価の上昇が，供給コストの上昇によって引き起こされるというものです。

　では，何が総供給曲線を左にシフトさせるのでしょうか？　その答えは，企業が商品やサービスを生産する際に必要なコストの上昇です。たとえば，原材料の価格が高騰したり，労働者の賃金が上が

ったりすると，企業は同じ量の商品やサービスを供給するのが難し
くなり，結果として供給量が減少します。これがコストプッシュ・
インフレーションが起こる仕組みです。

　ディマンドプル・インフレーションとコストプッシュ・インフレ
ーションは，どちらもインフレを引き起こしますが，その原因は異
なります。ディマンドプル・インフレーションは需要の増加による
もので，取引量が増えます。一方，コストプッシュ・インフレーシ
ョンは供給の減少によるもので，取引量が減ります。

　また，経済全体のお金の量（貨幣供給量）もインフレと密接に関
連します。経済学には**貨幣数量説**という理論があり，貨幣供給量が
実質 GDP の成長率を超えて増加すると，インフレが発生するとさ
れています。つまり，商品やサービスを生み出す能力（生産能力）
を超えてお金が増えると，その結果として物価が上昇し，インフレ
が生じるということです。

　さらに，物価に影響を与える要素として**インフレ期待**も重要です。
インフレ期待とは，人々や企業が将来の物価に対して抱く予想のこ
とを指します。

　将来に対する期待は，経済行動や意思決定に影響を及ぼします。
たとえば，ある銀行が倒産する可能性があるとの予想が広まり，そ
れが預金者たちの間で恐怖となった場合，彼らはいっせいにお金を
引き出しはじめるかもしれません。それが結果として銀行の破綻を
引き起こす可能性があります。同じように，もし人々がインフレが
近い将来に起こると予想すれば，その予想自体が実際のインフレを
引き起こす可能性があります。期待インフレは，実際の物価や景気
に影響を与えると考えられているため，世界の中央銀行の多くは金
融政策の方向性を決定する際に，期待インフレ率の動向に注目して
います。

2 デフレに苦しんできた日本

　日本は1990年代後半から長期間にわたりデフレを経験しました。これをよく理解するために，消費者物価指数（生鮮食品除く総合）の動きを確認しておきましょう。1999年から2005年までの期間，日本のインフレ率はマイナスとなっており，日本がデフレであったことがわかります。一時的に2006年から08年にはプラスに転じたものの，09年から12年にかけて再びマイナスに戻りました。

　この時期，他の先進国でもインフレ率は低く，いわゆるディスインフレーションの状況が続いていましたが，本格的にデフレを経験したのは日本だけでした。

　図2-4は1995年から2012年にかけてのインフレ率を国際比較したものです。日本だけがマイナスのインフレ率を記録していることが一目瞭然です。戦後，先進国の中で本格的なデフレを経験したのは日本だけという事実は驚くべきものです。

図2-4 インフレ率の国際比較（1995～2012年平均）

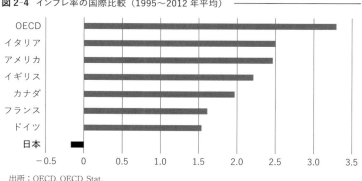

出所：OECD, OECD. Stat.

日本のデフレには，2つの特徴があります。1つは，そのペースがゆるやかであったこと，もう1つは，そのデフレが長期間にわたったことです。たとえば，先進国のデフレの事例として有名な，大恐慌時代（1920年代末から30年代前半）のアメリカでは，物価の下落率は年率7～8％と急激でしたが，それは約3年間という短期間で終わりました。これに対し，日本では，物価の下落率は最大でも2％，平均で1％弱とゆるやかなものでしたが，このデフレは1990年代後半から長期間にわたり続きました。

　では，デフレはなぜ起こるのでしょうか？　先ほど説明したインフレ要因は，その向きが逆になるとデフレの要因になりえます。たとえば，総需要が長期にわたり減少すれば，総需要曲線が左にシフトし，物価が下落，GDPも減少します。また，総供給曲線のシフトもデフレを引き起こします。賃金など，生産コストが減少すると，総供給曲線が右にシフトしますが，この場合も物価が下落します。これらの現象は，図2-5に示されています。

　また，貨幣供給量が生産能力の拡大に追いついていない場合もデフレになります。さらに，**デフレ期待**，つまり人々が将来の物価下落を予想すると，それ自体がデフレを引き起こす可能性があります。

図2-5 デフレの発生理由

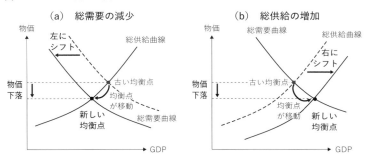

具体的には，将来物価が下がると予想すると，人々は商品の購入を先延ばしにし，その結果，商品が売れず価格が下がるという現象が起こります。つまり，デフレが実際に発生します。

デフレは何が問題なのでしょうか？　一見，「物価が下がるからお財布にやさしい，それっていいことじゃないの？」と思われるかもしれません。しかし，デフレは経済の衰退を招く病といえるものです。

デフレの問題点は主に3つあります。

まず1つ目は，**実質金利**の上昇です。金利には名目金利と実質金利があります。**名目金利**とは，預金金利や債券の表面金利などの私たちがよく目にする金利であり，物価の変動を考慮しない金利です。実質金利は，インフレ率を考慮した金利で，名目金利から予想されるインフレ率（期待インフレ率）を差し引いたものです。

名目金利だけを見ても実際の経済的な負担感はわかりません。たとえば，名目金利が2%で，物価も2%上昇している場合，物価上昇により実質的な利子負担はゼロになります。デフレの状況では，インフレ率がマイナスになるので，実質金利が上昇します。これにより，企業の設備投資や個人の住宅投資などが減少し，経済全体の活力が削がれてしまうことになります。

2つ目は，デフレが消費を抑制し，結果としてデフレ自体を深刻化する可能性があることです。デフレ状況では，商品やサービスの価格が下がり続けます。これは一見，消費者にとっては喜ばしいことに見えますが，実際にはそうではありません。商品やサービスの価格が将来さらに下がると予想されると，人々は購入を先延ばしにします。なぜなら，少し待つだけでより安い価格で商品やサービスが手に入ると考えるからです。消費の減少は，需要の低下を招き，結果としてデフレが悪化します。

3つ目は，デフレが予想外に進行した場合，名目資産の価格が物

価水準と連動しないかぎり，金融資産と金融負債の実質価値が上昇します。その結果，債権者（お金を貸している人）は有利となり，一方で債務者（お金を借りている人）が不利になります。借り手の負債負担が増大し，最悪の場合，破産に至ることもあります。

3 夢 か 幻 か
バブル経済

▷ バブル経済の崩壊

日本経済の大きな節目として，1990年代初頭のバブル経済崩壊があげられます。1980年代後半，日本経済はバブル景気と呼ばれる異常なまでの好景気に沸きましたが，その後，**バブル経済**は崩壊。日本は「失われた30年」といわれる長期的な経済停滞に陥りました。

現在の大学生や若い世代の皆さんは，バブル経済を直接経験していないため，「バブル経済って何だったのか？」「なぜそのようなことが起きたのか？」と疑問に思うかもしれません。そこで，ここではバブル経済とは何か，そしてその過程で何が起こったのかを探っていきましょう。

まず，「バブル」という言葉は，英語で「泡」を意味します。日本では1980年代後半から90年ごろまで，銀行や企業の巨額の資金が土地や株の購入に流れ，それによって地価や株価がまるで泡が膨らむかのように急速に上昇しました。これがバブル経済です。

当時，地価が急騰し，資産運用（いわゆる「財テク」）によって潤った企業は，気前よく社員に対するボーナスを増やし，交際費を贅沢に使いました。日本はバブル消費に踊ったのです。「山手線内側の土地価格で，アメリカ全土が買える」といわれるほど，日本は空前の好景気に沸いていたのです。

第3節 夢か幻か　**39**

図 2-6 日経平均と地価の推移

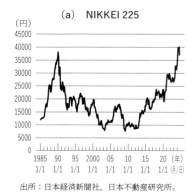
(a) NIKKEI 225

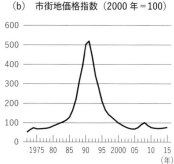
(b) 市街地価格指数（2000年＝100）

出所：日本経済新聞社，日本不動産研究所。

　しかし，泡は永遠に膨らみ続けることはありません。いつかは必ずはじけます。そして，まさにそのように，急激に上昇した株価や地価はその後，急落しました。これがバブル経済の崩壊です。

　図 2-6 は株価と地価の推移を示したものです。1985 年に 1 万 2700 円だった日経平均株価はその後急騰し，89 年末には 3 倍以上の 3 万 8915 円を記録しました。また，地価を示す市街地価格指数（2000 年＝100 と基準化）も，1985 年の 92.6 から 91 年には 285.3 へと驚異的に 3 倍以上に跳ね上がりました。

　しかし，1990 年に入ると，風向きが変わります。年初早々に株価が下落に転じ，地価も総じて沈静化しました。そして，その後は株価・地価は大幅な下落を続けることとなりました。

　ちなみに，「マエストロ（名指揮者）」と称され，金融政策の巧みな舵取りで知られたアラン・グリーンスパン元アメリカ連邦準備制度理事会（FRB）議長は，「バブルかどうかははじけてみるまでわからない」と述べています。歴史を振り返ると，バブルは繰り返し発生し，そのたびに人々は「今度こそ違う」と期待しながら，株価

や地価が上昇するのを追い続けてきました。

▷ バブル経済がなぜ発生したのか？

　では，日本ではバブル経済がなぜ発生したのか見てみましょう。バブルの発生には国内外さまざまな要因が絡んでいますが，そのきっかけは1985年の**プラザ合意**とされています。1985年9月，ニューヨークのプラザホテルに，日本，アメリカ，ドイツ，イギリス，フランスの蔵相と中央銀行総裁が一堂に会し，当時のドル高を是正するための政策協調が合意されました。

　この合意により為替が調整され，1985年9月には1ドル＝240円だった為替レートが，翌年1月には200円を切り，さらに2年後には120円まで急速に円高が進行しました。円高が進むということは，日本円の価値が相対的に上がり，米ドルに対して円の価値が高くなることを意味します。

　この急激な円高は，日本の輸出産業に大きな打撃を与えました。輸出製品の価格が円高によって上がり，日本製品の競争力が低下したのです。これにより，輸出企業の収益が減少し，日本経済は一時的に**円高不況**と呼ばれる状況に陥りました。

　この不況に対処するため，政府と日本銀行は金融緩和策を進めました。後ほど詳しく説明しますが，金融緩和とは，金利を引き下げて企業や個人がより借りやすくすることで，お金の流れを活性化させ，経済を刺激する政策です。日本銀行が金利を大幅に引き下げた結果，経済全体に大量のお金が供給されることになりました。このようにして生まれた過剰な資金が，株式や土地などに流れ込み，これらの価格を急上昇させたのです。

　資産価格の上昇は，実体経済の好景気をもたらしました。金融資産の価値が上がることで，家計の財布が厚くなり，消費が活性化しました。これを**資産効果**と呼びます。また，企業は値上がりした資

第3節　夢か幻か　　**41**

産を担保にして銀行からの資金調達が容易になり，その資金を使ってさらに投資を拡大しました。このようにして，資産価格の上昇が経済全体の景気拡大を引き起こしたのです。

しかし，この舞い上がりも束の間，1990年代初頭には，株価や地価はピークを迎え，その後，急激に下落しました。なぜ，資産価格は下落したのでしょうか？　その理由は，1980年代後半の低金利が資産価格を押し上げたのとは逆に，89年からの金利上昇がその流れを断ち切り，資産価格にマイナスの影響を与えたからです。

日本銀行は，資産価格の急騰が物価インフレにつながることを懸念し，1989年5月から金利を上げ始めました。その結果，2.5%だった公定歩合（当時の基準金利）は，5回の引き上げを経て，90年8月には6%へと跳ね上がりました。このような金融政策の転換がまず株価の下落を引き起こし，その後，地価も下落しました。また，不動産市場に対する規制強化も地価下落の要因としてあげられます。1990年3月，大蔵省（当時）は銀行に対し不動産融資の総量規制を通達したのです。

地価の下落は経済の流れを逆転させました。資産価値の減少に伴い，家計は消費を抑え，企業は担保価値の下落により投資資金の調達が困難になりました。これにより総需要も低下し，経済は後退局面に突入したのです。

4　金融政策

次に，金融政策について見ていきましょう。まず，金融政策とは何か，そして日本の金融政策がどのように行われてきたのかを振り返ります。

金融政策とは？

　金融政策とは，中央銀行が物価や経済の安定，雇用の最大化を達成するために，金利や貨幣供給量などを調整する政策です。日本銀行法では，「物価の安定を図ることを通じて国民経済の健全な発展に資すること」（第2条）が日本銀行の目的の1つとされています。また，アメリカの中央銀行（FRB）は，物価の安定および雇用の最大化を目的としています。

　日本における具体的な金融政策の決定は，日本銀行の総裁，副総裁，そして審議委員による**金融政策決定会合**で行われます。この会合には政府の代表者も参加可能ですが，議決権はありません。日本銀行法は，金融政策が政府の経済政策の基本方針と整合的になるように，日本銀行は政府と連絡を密にして，十分な意思疎通を図らなくてはいけないとしていますが，同時に，政府からの独立性が保障され，中立的な立場で金融政策を実施しています。

　金融政策の具体的な手段としては，主に**政策金利**（中央銀行が操作する金利のこと）と貨幣供給量の調整があげられます。政策金利を下げたり，貨幣の供給量を増やすことで，物価を押し上げようとする金融政策を**金融緩和策**と呼びます。逆に，政策金利を上げたり，貨幣の供給量を減らしたりして，物価を抑制しようとする金融政策を**金融引き締め政策**と呼びます。

　これは，車の運転にたとえるとわかりやすいと思います。物価を車のスピードだとしましょう。物価の安定，つまり，スピードを安全な速度に保つには，アクセルとブレーキをうまく使う必要があります。スピードを上げたければ，アクセルを踏みますし，逆に，スピードを落としたければ，ブレーキを踏みます。金融政策はこのアクセルとブレーキのようなものです。金融緩和というアクセルによって物価を上げたり，金融引き締めというブレーキで物価を下げたりするのです。

第4節　金融政策　**43**

伝統的な金融政策では，短期金利が中央銀行の政策金利として用いられます。日本の場合，**無担保コール翌日物金利**が用いられます。この金利について解説しておきましょう。

　金融機関がお互いにお金を貸し借りする市場（**インターバンク市場**）の１つに，短期の貸し借りをする**コール市場**があります。その名前は「呼べばすぐ応える」という意味の英語，Call（コール）からきています。その市場の金利をコール金利といいます。コール市場での取引で一番短いのが，担保をとらずに，今日借りて（貸して），明日返す（返してもらう）「無担保コール翌日物」という取引です。その取引の金利が，無担保コール翌日物金利となります。

　日本銀行はコール金利を操作するために，**公開市場操作**という方法を用います。これは，日本銀行が債券などを売買することで，金融市場への資金の供給量を調整するものです。たとえば，日本銀行が金融機関から債券などを買い入れると，その分，資金が市場に供給されます。これを**買いオペ**といいます。オペとは操作を意味するオペレーションの略語です。逆に，日本銀行が金融機関に対して自らが保有する債券などを売却すると，その分のお金が日本銀行に戻ってきます。つまり，資金が吸収されます。これを**売りオペ**といいます。

　中央銀行が買いオペにより金融機関に資金を供給すると，金融機関はそのお金を，長期の融資先を決めるまでの間，コール市場で運用します。コール市場で資金供給量が増えると，その市場でお金を借りる際の値段であるコール金利は低下します。反対に，中央銀行が売りオペを行うと，コール市場から資金が吸い上げられるので，コール金利は上昇します。このように，中央銀行は公開市場操作を通じて，コール金利を操作することができます。

　金融政策が経済に与える影響について考えてみましょう。金融緩和策がとられると，金利が下がります。金利が下がると，お金が借

りやすくなります。これにより，消費者は新しい車を買う，家やマンションなどを購入，またはリフォームするなど消費が増える可能性があります。一方，企業では新しい設備の導入や新規の人材を雇うなど，投資活動が活発になることが期待できます。こうしたことから，金利が下がると，全体として経済活動が活性化し，結果的に物価が上昇することが期待されます。ただし，消費や投資には金利以外の要因も影響を与えるため，現実経済では，金利の低下が必ずしも消費や投資の増加につながるとは限らない点には留意が必要です。

日本の金融政策

　過去 20 年以上，日本の金融政策は試練の連続でした。この間，日本銀行は従来の枠を超え，新しい金融政策のアプローチに踏み出しました。政策金利をゼロにするという前例のない決断から始まり，デフレからの脱却を目指す「量的・質的金融緩和」，さらには，「マイナス金利政策」や「長短金利操作」と呼ばれる政策が次々に展開されました。ここでは，過去 20 年余りの日本の金融政策を振り返ります。

　1997 年 7 月以降，日本銀行は相次いで政策金利を引き下げ，1999 年 2 月にはついにほぼ 0％ にまで低下させました。これがいわゆるゼロ金利政策です。日本は，ゼロ金利政策を先進国で初めて実施しました。その背景には，日本経済の厳しい状況がありました。1998 年度の経済成長率はマイナス 1.5％ にまで落ち込み，デフレスパイラルの懸念が強まっていたのです。

　しかし，金利がゼロになると，それ以上の金利引き下げによる経済刺激は難しくなります。そこで，日本銀行はさらなる金融緩和を図るために，2001 年 3 月から量的緩和政策を始めました。これは，金融調整の操作目標を，金利から日銀当座預金の残高，つまりお金

図 2-7　政策金利の推移

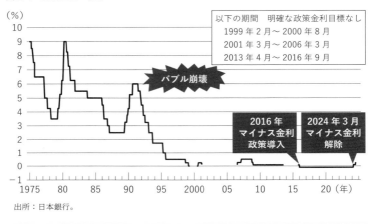

出所：日本銀行。

の「量」に変更するものです。

　ここで，日銀当座預金とは何かというと，民間の金融機関が日本銀行に預けている当座預金のことです。民間の金融機関は顧客から預かった預金総額の一定割合を**法定準備金**として，日銀当座預金に最低限預ける義務があります。日銀当座預金は利息を生まないので，民間の金融機関は最低限必要な額以上を日本銀行に預けようとはしません。ですから，日本銀行が公開市場操作などにより民間金融機関の日銀当座預金を増やすと，金融機関は必要以上に積まれている日銀当座預金を取り崩して，企業への融資を増やすなど，経済にお金を回すことが期待されます。

　さらに，日本銀行は長期国債の購入を増やし，商品化証券のようなリスク資産の購入も始めました。そして，この政策は，インフレ率が安定的に0％以上になるまで続けると宣言されました。

　その後，2006年3月に，日本銀行はゼロ金利政策は継続するものの，金融調整の目標を日銀当座預金残高から政策金利に戻しまし

た。そして，同年7月に政策金利を0.25%に引き上げ，ゼロ金利政策を終了しました。しかし，2008年秋に発生した世界金融危機後，10年10月に日本銀行は「包括的な金融緩和政策」を実施，政策金利を年0〜0.1%に引き下げました。さらに，物価が安定する見通しが立つまで，実質ゼロ金利政策を継続するとしました。そして，国債，コマーシャル・ペーパー（CP），社債，指数連動型上場投資信託（ETF），不動産投資信託（J-REIT）など，さまざまな金融資産を買い入れることを決定しました。

　その後，日本銀行はデフレからの脱却を目指して，さらなる政策変更を進めました。2013年1月には，2%のインフレ率目標，すなわち**インフレターゲット**が導入されました。また，同年4月に黒田東彦総裁（当時）のもとで**量的・質的金融緩和**を開始しました。これは，2年程度で2%のインフレ率を目指すもので，政策目標を金利からマネーの量に切り替え，世の中に供給するお金の「量」（マネタリーベース）を2年間で2倍に拡大するとしました。また，長期国債やETFなど買い入れ資産の「質」も多様化することも決めました。緩和策を総動員し，市中にお金を供給することで，経済の活性化を目指したのです。

　金融緩和策が実施されてからは，円安と株価上昇が進んだものの，インフレ率は日本銀行が目標とする2%にはなかなか到達しませんでした。そこで，日本銀行は2016年1月に「マイナス金利付き量的・質的金融緩和」を導入します。これは，金融機関が日本銀行に預ける当座預金の一部にマイナス0.1%の金利を適用するというもので，民間銀行が大量のお金を日本銀行に預けておくことを抑制し，世の中に出回るお金の量を増やすことを狙っていました。

　しかし，マイナス金利政策には副作用も伴いました。金利が全般的に低下し，短期金利だけでなく長期金利も下がったことで，銀行が貸し出しから利ザヤを稼ぎづらくなるという問題が浮上しました。

第4節　金融政策　**47**

その対策として，日本銀行は 2016 年 9 月に**長短金利操作（イールドカーブ・コントロール）**という新たな政策を導入しました。これは，日本銀行が短期政策金利と長期金利の誘導目標を定め，それを実現するように国債の買い入れを行うというものです。具体的には，短期政策金利はマイナス 0.1％ 程度，長期金利（10 年の長期国債利回り）は 0％ 程度（変動幅 0.25％）に誘導することが目標とされていましたが，2022 年 12 月に長期金利の変動幅を上下 0.5％ ずつに広げました。

　2023 年 4 月には，歴代最長の 10 年にわたって日本銀行総裁を務めた黒田東彦氏が退任し，新たに経済学者で元日銀審議委員の植田和男氏が総裁に就任しました。7 月には「長短金利操作の運用の柔軟化」を決定し，長期金利の変動幅は ±0.5％ を「目途」としつつ，上限を 1％ に引き上げました。さらに，10 月には長期金利の 1％ 上限を「目途」に変更し，2016 年から続いていた長短金利操作をほぼ形骸化しました。

　2024 年 3 月，日本銀行は，賃金の上昇を伴う 2％ の物価安定目標が見通せるようになったとして，マイナス金利政策を解除し，政策金利を 0〜0.1％ に引き上げました。また，長短金利操作や ETF などリスク資産の買い入れを終了し，11 年間続いた異次元緩和策を転換することを決定しました。この政策金利の水準は，リーマン・ショック直後の利下げ局面で政策金利を 0.3％ 前後としていた 2008 年 12 月以来のことです。

5　安いニッポン

▷　物価が停滞する日本

　日本では，2022 年春ごろからインフレが急速に進行しました。

食料品やエネルギー価格など身近な商品やサービスの価格が上昇し，人々の生活に影響を及ぼしました。しかし，他国と比べると，日本はまだ「安い国」であるといえます。

　日本と海外の価格を比較する際に用いられるものに，マクドナルドのビッグマックがあります。このハンバーガーは世界中でほぼ同じ品質で提供されているため，各国のビッグマック価格を比較することで，それぞれの国の物価水準を把握することができます。冒頭のクイズでも見たこのビッグマックを使った物価比較法は，イギリスの経済専門誌『エコノミスト』が1986年に考案したもので，年に2回そのデータが発表されます。

　表2-1には2024年7月時点の世界各国のビッグマックの価格ランキングを示しています。この時点での日本のビッグマックの価格は480円で，54カ国・地域中44位となっています。一方，アメリカではビッグマックの価格は5.69ドルです。当時の為替レート（1ドル＝150.46円）で日本円に換算すると，アメリカのビッグマックはなんと856円となり，日本の価格の約1.8倍になります。

　さらに，ビッグマックの価格が最も高い国はスイスで，日本円に換算すると驚くべき1214円となります。日本で480円で買えるものが，スイスだと倍以上の価格になるのです。私たち日本人にとっては「高い」と感じるかもしれませんが，現地のスイスの人にとっては，それが日常のビッグマックの価格であり，高いとは感じていないのです。

　ちなみに，2000年4月の時点で，ビッグマックの価格は日本で294円，アメリカでは2.24ドルでした。当時の為替レート（1ドル＝106円）でアメリカのビッグマックの価格を日本円に換算すると237円となり，日本よりも安かったのです。当時のランキングを見てみると，日本は28国中5位，アメリカは12位で，約20年前には日本のビッグマックの方がアメリカよりも高かったのです。

第5節　安いニッポン　**49**

表 2-1　ビッグマックの国際比較

順位	国名	価格（円）	順位	国名	価格（円）
1	スイス	1214	41	ルーマニア	531
2	ウルグアイ	1064	41	中国	531
3	ノルウェー	1018	41	ヨルダン	531
4	アルゼンチン	985	44	日本	480
5	ユーロ圏	912	45	ベトナム	453
6	イギリス	887	46	香港	443
7	アメリカ	856	47	ウクライナ	433
8	デンマーク	851	48	マレーシア	431
9	コスタリカ	846	49	フィリピン	430
10	スウェーデン	842	50	南アフリカ	429
…	…	…	51	インド	413
33	韓国	601	52	エジプト	372
…	…	…	53	インドネシア	370
40	モルドバ	538	54	台湾	343

注：2024 年 7 月時点のデータ（1 ドル＝150.46 円）。
出所：The Economist.

　現在の「安いニッポン」の傾向は他の商品でも見られます。たとえば，アマゾンの会員制サービス「アマゾンプライム」の年間費用（2024 年 9 月時点）は，日本では 5900 円ですが，アメリカでは 139 ドル，イギリスでは 95 ポンド，ドイツでは 89.90 ユーロとなっています。為替レートを 1 ドル＝140 円とすると，アメリカの年会費は 1 万 9460 円になり，日本の年会費はアメリカの約 3 割にすぎないのです。

　また，日本のラーメン店チェーン「一風堂」はアメリカでも非常

50　第 2 章　安いニッポン

に人気がありますが，価格には大きな違いがあります。日本ではラーメン1杯が790円ですが，アメリカでの価格は17ドルとなっています。1ドル＝140円で計算すると，アメリカでのラーメン1杯の価格はなんと2380円になります。

　では，これらの価格差，すなわち，アメリカでのビッグマックの価格が日本の1.8倍，アマゾンプライムの価格がアメリカで日本の約3.3倍，一風堂のラーメン価格がアメリカで日本の約3倍となる理由は何でしょうか？

　一見すると，この価格差は為替レートの変動によるものと考えられるかもしれません。たとえば，ビッグマックの価格を考えてみましょう。1ドル＝100円のとき，5.69ドルのビッグマックは569円となります。もし為替レート1ドル＝140円に変動すれば，同じビッグマックの価格は797円に上昇します。このように，為替レートが変動すれば，それが直接価格に影響を与えるのは確かです。

　しかし，ここで考慮すべき点は，「価格差が為替レートの変動だけで生じるわけではない」ということです。実際には，各国の物価の動きも重要な要素となっています。仮に日本と海外のインフレ率が同じであったとすれば，国内の物価が海外物価より安くなったのは円安が主因といえます。

　しかし，現実はそうではありません。日本は長期間デフレによって物価が停滞している一方で，他の先進国では毎年平均2%近く物価が上昇していました（前掲の図2-4参照）。2000年とコロナ禍直前の19年の物価水準を比較すると，この20年間で日本の物価はわずか3%しか上昇していないのに対し，アメリカでは1.5倍にまで膨らんでいます。

　日本が海外に比べて「安い国」になったのは，昨日今日の話ではありません。むしろ，日本は長い期間にわたって安価になってきたのです。それは単なる為替レートの変動だけで説明できるものでは

第5節　安いニッポン　**51**

なく，日本と海外のインフレ率の差が長年にわたって存在してきたことが，「安いニッポン」をもたらしたのです。

▷ 実質実効為替レートで見る円の実力

先ほど，**為替レート**について少し触れましたが，ここで，改めて為替レートについて説明をしておきましょう。為替レートと聞くと，「ちょっと難しいのではないか」と思われるかもしれません。しかし，それは決して難しいものではなく，一国の通貨（たとえば日本円）と他国の通貨（たとえばアメリカドル）の間の交換レートを示しているだけです。為替レートは，通貨を交換する際の「価格」なので，基本的には通貨の需要と供給のバランスで決まります。

「日本円が高くなった」あるいは「安くなった」とよく耳にしますよね。でも，それって具体的にどのようなことなのでしょうか？例を使って説明してみましょう。たとえば，為替レートが1ドル＝100円だとしましょう。この場合，100円出せば1ドルが手に入ります。でも，為替レートが1ドル＝200円になったらどうでしょう？ 同じ1ドルを手に入れるためには，今度は200円必要となるわけです。つまり，同じ100円でも，買えるドルの量が半分になってしまう。これが「円安」，つまり円の価値が下がったという意味になります。

ただし，通貨の価値というのは，それが他の1つの通貨と比較されるだけではなく，他のすべての通貨との比較でも評価されます。たとえば，日本円はドルだけでなく，ユーロやポンド，人民元といった他の通貨とも比較されます。そういった多角的な視点から円の価値を見るために，**実質実効為替レート**という指標が使われます。

この「実質実効為替レート」という長い言葉ですが，その中に「実効」という言葉が含まれていて，これは複数の通貨との間の為替レートを平均化するという意味を持っています。「実質」という

図 2-8 実質実効為替レートの推移（2020 年＝100，月次）

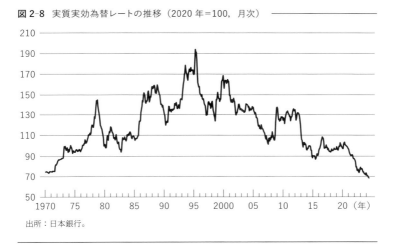

出所：日本銀行。

言葉は，各国の物価水準の影響も考慮に入れるということを表しています。つまり，これらを合わせて実質実効為替レートという指標は，日本円の真の力を示すものなのです。

図 2-8 をご覧いただくと，2020 年を基準とした円の実質実効為替レートの推移が示されています。このレートが高いほど，日本円の価値は高まり，海外からの商品をより安価に手に入れることができます。

2024 年 7 月の実質実効為替レートは 68.3 と，1970 年以降の最低水準にまで下がりました。これは，1 ドル＝360 円だった固定相場制の時代と同じくらいの価値しか日本円は持っていないことを意味します。この数字はピークだった 1995 年 4 月の約 35％ の水準にすぎません。

Summary　まとめ

☐　物価は世の中の商品やサービスの価格を総合的に示すものです。これを測る指標には，消費者物価指数（CPI），企業物価指数（CGPI），そして GDP デフレーターがあります。

☐　物価が持続的に上がる現象をインフレーション（インフレ），逆に下がる現象をデフレーション（デフレ）といいます。日本は長年デフレに悩まされていましたが，2022 年春ごろから世界的なインフレの影響を受け，物価が上昇しています。

☐　中央銀行は，物価や経済の安定，雇用の最大化を目指して金利や貨幣量を調整する金融政策を行います。金融緩和策は，金利を下げたり貨幣供給を増やしたりして経済を刺激するもので，逆に金融引き締め策は金利を上げたり貨幣供給を減らして経済の過熱を抑えるものです。

☐　日本銀行は過去 20 年以上にわたり，ゼロ金利政策や量的・質的金融緩和，マイナス金利政策などを実施し，デフレ脱却を目指してきました。しかし，2022 年からの物価上昇を受けて，2024 年に金融緩和策が転換されました。

☐　海外に比べると，日本の物価は依然として低く，日本は「安い国」となっています。

Exercise　演習問題

2.1　インフレが進行したり，経済がデフレに陥る理由を，総需要と総供給の観点から解説してください。

2.2　世界的なインフレはなぜ発生したのか，また，それがどのように日本に影響を及ぼしたのかを説明してください。

2.3　日本の物価が他国に比べて低いことを示す例をあげたうえで，日本の物価が他国に比べて低い理由を論じてください。

働き方が問題だ

労働市場

第 3 章 Chapter

Quiz クイズ

次の国の中で，日本よりも平均年収が高い国をすべてあげてください。
- a. アメリカ
- b. フィンランド
- c. 韓国
- d. スロベニア
- e. リトアニア

(©iStock / Yusuke Ide)

Chapter structure 本章の構成

1	上がらない賃金	名目賃金と実質賃金　賃金の動きを見る統計　長年低迷を続ける賃金　世界で「一人負け」の日本の賃金
2	人手不足が問題だ	失業率　有効求人倍率
3	世界から称賛を浴びた日本的雇用慣行	日本的雇用慣行　日本的雇用慣行はなぜ生まれたのか？　機能不全に陥った日本的雇用慣行　雇用は生産の派生需要
4	非正規雇用の増加	増加の原因は？　正規・非正規間の格差問題
5	女性労働の現状と課題	M字カーブ　男女間賃金格差
6	高齢者雇用問題	高齢者の労働力率　健康寿命　高年齢者雇用安定法
7	日本人は働きすぎなのか？	長時間労働　法定労働時間　36（サブロク）協定

Answer　クイズの答え

a. 〜 e.（全部）。2023 年の OECD データに基づく。

Introduction　はじめに

　働くこと——それは私たちの人生にとって欠かせない活動の 1 つです。多くの人が働くことで給料を得て生活を営み，自己成長を果たし，社会に貢献しています。しかし，仕事がすべてではありません。今日では，仕事と余暇のバランス，いわゆるワーク・ライフ・バランスが強調されるようになりました。では，現代の日本人の働き方はどうなっているのでしょうか？　賃金や労働市場の現状はどうなっているのでしょうか？

　驚くべきデータがあります。2022 年に経済産業省が発表した「未来人材ビジョン」によれば，日本の大企業の部長職の平均年収は約 1714 万円。これに対して，タイの部長職の平均年収はなんと 2053 万円で，日本よりも高いのです。アメリカやシンガポールと比べると，さらにその差は歴然。OECD のデータでも，日本の平均賃金の順位は 38 カ国中下位で，韓国，スロベニア，リトアニアなどにも抜かれているのが現状です。

　「終身雇用」や「年功賃金」という言葉を聞いたことがありますか？　これらは日本特有の雇用慣行で，かつては世界から称賛されたものでした。しかし，最近では，その限界が指摘され，経済界からも見直しの声があがっています。どうしてこのような変化が起きたのでしょうか？

　本章では，日本の労働の現状とその課題を見ていきたいと思います。日本での給料の実態や他国との違い，日本の雇用動向，日本特有の雇用慣行の成立背景やその今日における限界，さらに女性や高齢者，非正規雇用者といった多様な労働者の実態や課題について，一緒に考えていきましょう。日本での働き方を知ることは，皆さん

56　第 3 章　働き方が問題だ

の働き方やキャリア形成にも重要な視点を与えてくれるはずです。

1 上がらない賃金

▷ 2種類の賃金 ── 名目賃金と実質賃金

はじめに，**賃金**について見てみましょう。賃金という言葉は，私たちの生活の中で頻繁に使われますが，具体的には何を指しているのでしょうか？ 賃金とは，労働者の提供する労働サービスに対して使用者が支払う対価のことです。つまり，給料，手当，ボーナスなど，名称は異なりますが，これらはすべて賃金です。

賃金には，名目賃金と実質賃金の2種類が存在します。これらの違いを理解することは非常に重要です。

- **名目賃金**：これは，文字どおり手にする賃金の額そのものです。たとえば，月給が30万円なら，名目賃金は30万円になります。
- **実質賃金**：これは，名目賃金を物価で調整したものです。労働者が受け取る賃金で実際にどれだけの消費やサービスが購入できるかを示します。

名目賃金だけを見ても，私たちの生活を評価することはできません。たとえば，月給が30万円から30万6000円に増えたとしましょう。この場合，名目賃金の上昇率は2%となりますが，同じ期間に物価が2%上昇していたら，生活水準は変わりません。物価上昇率が2%を超える場合は実質賃金が減少するので，生活は厳しくなります。このように，名目賃金と実質賃金の違いを理解することで，給料の増減が私たちの生活にどう影響するかが明らかになります。

▷ 賃金の動きを見る統計

次に，日本の賃金動向を見ていきましょう。

賃金に関する主要な統計としては，厚生労働省の「賃金構造基本統計調査」と「毎月勤労統計調査」，国税庁の「民間給与実態統計調査」があります。

- **賃金構造基本統計調査**：年に1回実施され，年齢や勤続年数，学歴などから賃金の実態を詳細に調査しています。
- **毎月勤労統計調査**：その名のとおり毎月行われる簡易版で，短期的な賃金動向を素早く把握するために役立ちます。
- **民間給与実態統計調査**：民間事業所の給与所得者の年間の給与実態を調査しています。

ここでは，「賃金構造基本統計調査」から日本の賃金の状況を確認しましょう。「令和5年賃金構造基本統計調査」によれば，2023年の賃金は，男女計で月額31万8300円，年額約382万円となっています。男性は月額35万900円，女性は月額26万2600円で，女性の賃金は男性の約75%です。

賃金は，年齢や学歴，企業規模，雇用形態などによって大きく異なります。具体的に見ていきましょう。

まず，年齢が上がるにつれて賃金も高くなります。20〜24歳の月給が22万4600円であるのに対して，55〜59歳の月給は約38万円と約1.7倍になります。この傾向は男性でとくに強く見られます。

次に，学歴別では，男女計で高校卒の月給が28万1900円，大学卒が36万9400円，大学院卒が47万6700円と，学歴が高いほど賃金も高くなっています。

さらに，企業規模別に賃金を見ると，企業規模が大きいほど賃金も高くなる傾向にあることがわかります。「賃金構造基本統計調査」では，企業規模を常用労働者数で分類しています。具体的には，常用労働者数が1000人以上を「大企業」，100〜999人を「中企業」，10〜99人を「小企業」としています。賃金は，大企業で月額34万6000円，中企業で31万1400円，小企業で29万4000円となって

58　第3章　働き方が問題だ

図 3-1　賃金の推移（1997 年＝100）

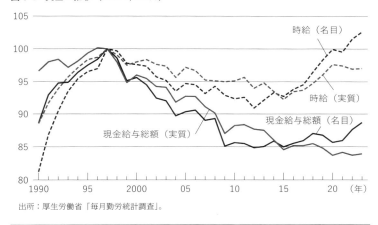

出所：厚生労働省「毎月勤労統計調査」。

おり，大企業の賃金を 100 とすると，中企業の賃金は 90.0，小企業の賃金は 85.0 となっています。

雇用形態による賃金の違いも重要です。正社員・正職員の月額 33 万 6300 円に対して，正社員・正職員以外の月給は 22 万 6600 円と，正社員・正職員の月給よりも 3 割以上低くなっています。

長年低迷を続ける賃金

次に，賃金がどのように推移してきたかを見てみましょう。

図 3-1 をご覧ください。これは月給と時給の両方について，名目賃金と実質賃金の推移を示したものです。

まず，月給（現金給与総額，名目）の動きを見ると，1997 年までは右肩上がりでした。しかし，その後は IT バブルの崩壊や世界金融危機などの影響で，2009 年まで低下しました。IT バブルとは，インターネット関連の企業の株価が急上昇し，その後急落した現象です。2010 年代の景気回復局面には少し回復しましたが，23 年の

数字は，ピーク時の1997年に比べて1割以上も下がっています。実質賃金を見ても，1996年のピークから一貫して低下傾向が続いていることがわかります。

　時給でも賃金の動きを確認しておきましょう。正社員とパートやアルバイトなどの非正社員の賃金を比較する際には，時給が重要です。正社員の多くは月給制であり，労働時間や日数に左右されない基本給が支払われていますが，非正社員は時給制で労働時間に応じた支払いが一般的だからです。

　時給で見ても，日本の賃金は1997年ごろにピークに達し，その後しばらく低下傾向が続いたことがわかります。しかし，名目時給は2012年を底に上昇に転じ，20年には1997年の水準まで回復し，23年には1997年の賃金よりも1.5％ほど上昇しています。実質時給も似たようなパターンをたどっていますが，2023年の時点でピークの水準までは回復していません。

　以上のように，月給と時給，さらに名目と実質の賃金の動向には若干の差がありますが，いずれも過去25年間で賃金はほとんど変わっていないか，むしろ下がっていることがわかります。

　賃金の上昇率も見てみましょう（図3-2）。賃金上昇率は，1990年代初頭には，高い値を示していましたが，その後低下し，90年代後半にはマイナスに転じています。2000年代に入ると，さらに厳しい状況が続きます。ほとんどの年で賃金上昇率はマイナスとなっており，2000年から13年までの平均はマイナス0.7％にまで落ち込みました。しかし，2014年からは名目賃金の上昇率がプラスに回復。コロナ禍前の2019年までの平均上昇率は0.6％にまで上昇しました。しかし，実質賃金を見ると，2000年から13年までの平均はマイナス0.5％，13年から19年までの平均はマイナス0.6％となっています。

　2022年には，名目の賃金上昇率が2.0％に達しました。これはな

図 3-2　賃金上昇率の推移

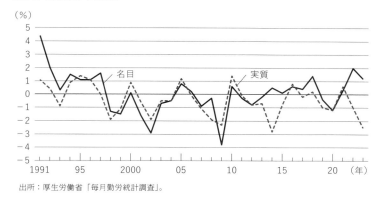

出所：厚生労働省「毎月勤労統計調査」。

んと 1992 年以来，30 年ぶりの高水準です。しかし，物価の上昇があったため，実質の上昇率はマイナス 1.0% となっています。

世界で「一人負け」の日本の賃金

　日本の賃金を他の先進国と比べてみましょう（図 3-3）。日本の賃金は他国と比べて 2 つの大きな特徴があります。それは，賃金の水準が低いことと，その上昇率が低いことです。

　まず，2023 年の OECD 諸国の平均年間賃金を見ると，日本の賃金は 4 万 2118 ドル。OECD 平均の 5 万 5420 ドルよりもはるかに低いことがわかります。日本は OECD 加盟 33 カ国中 24 位に位置しており，主要 7 カ国（G7）の中では最下位です。日本の順位（OECD 加盟 38 カ国中）は，2000 年には 17 位でしたが，10 年には 21 位に，そして 15 年には 24 位へと下がっています。

　ここで驚くべき事実があります。G7 で最も賃金が高いのはアメリカで，その額は 7 万 7226 ドル。これは日本の賃金の約 1.8 倍です。また，お隣の韓国の賃金は 4 万 7715 ドルで，日本は韓国より

第 1 節　上がらない賃金　61

図 3-3 平均年間賃金の国際比較（2023 年）

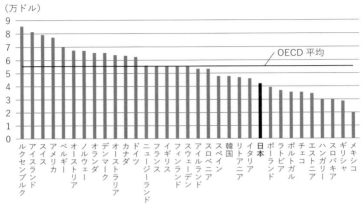

出所：OECD, Average annual wages.

も 3 ランク下に位置しています。

　賃金の推移も比較してみましょう。図 3-4 には，1997 年の平均年間賃金を基準とした，G7 諸国および韓国の賃金の推移が示されています。1997 年を基準としているのは，日本の賃金がその年をピークに減少傾向にあるためです。

　日本の賃金が過去約 25 年間ほとんど上がっていないことがわかります。2023 年における日本の指数は 98。一方，アメリカは 140 で，過去約 25 年間で賃金は約 1.4 倍に増加しています。イギリス，カナダは約 1.3 倍に，フランスとドイツも約 1.2 倍に成長しています。韓国の指数はなんと 145 で，大幅な伸びを見せています。このように，他の先進諸国では，この約 25 年間に賃金が 2 割から 4 割上昇しているのに対して，日本だけが「一人負け」といっても過言でないほど賃金が上がっていません。

　日本の賃金はなぜ上がらないのでしょうか？　また，日本で賃金

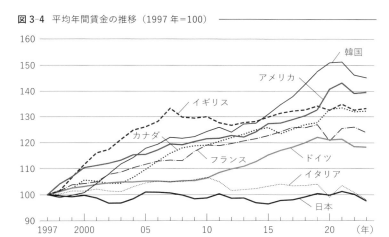

図 3-4 平均年間賃金の推移（1997 年＝100）

出所：OECD, Average annual wages.

が低いことはどう評価すればいいのでしょうか？ 前章で触れたとおり，日本は長年，物価が上がらない状況が続いてきました。そんななか，「賃金が低くても，物価が低いから生活には問題ない」という見方もありますが，本当にそうでしょうか？ これらは単なる経済の問題にとどまらず，私たちの生活と密接に関連しています。もし低賃金が問題だとするならば，どうすれば賃金を引き上げることができるのでしょうか？ これらの疑問については第 10 章で深く考えます。

2　人手不足が問題だ

　178 万人。2023 年の失業者数です。この 178 万人という数は，市区町村レベルの人口ランキングで 4 位の札幌市と 5 位の福岡市の間

に位置するほどの規模です。これだけの人々が仕事を失っていると聞くと，その多さに驚かれるかもしれませんが，実はこの数字は過去 30 年間の失業者数の中では比較的少ない方です。しかし，これは単なる数字ではなく，その背後には，仕事を失った 1 人ひとりの生活が存在します。多くの若者も含まれており，将来を担う彼らが働きたくても，仕事がないという状況は，個人にとっても国にとっても深刻な問題です。

　ここで，**失業者**とは何かを改めて確認しておきましょう。（完全）失業者の正式な定義は，「仕事に就いておらず，仕事があればすぐに就くことができる者で，仕事を探す活動をしていた者」です。そして，**失業率**は労働力人口（就業者と失業者の合計）に占める失業者の割合を示します。つまり，

$$失業率（\%）＝\frac{失業者数}{労働力人口}×100$$

となります。

　図 3-5 には失業者数と失業率の推移が示されています。失業率は 1990 年には 2.1% でしたが，その後上昇し続け，2002 年には 5.4% に達しました。当時の失業者数は過去最高の 359 万人となっています。なお，日本の市区町村で一番人口が多いのが横浜市で約 375 万人なので，この時期の失業者数がいかに多かったかがわかります。その後，失業率は 3% 台まで改善しましたが，世界金融危機の影響で，2009 年には再び 5% を超えました。その後，失業率は低下傾向にあり，2023 年の失業率は 2.6% となっています。

　失業率は労働の供給側から雇用動向を示す指標ですが，需要側から雇用動向を示す指標として**有効求人倍率**があります。有効求人倍率は，求人数を求職者数で割ったもので，求職者 1 人当たりの求人数を表します。この値が 1 を上回れば，求人数が求職者数よりも多いことになります。つまり人手不足を意味します。逆に 1 を下回れ

図 3-5　失業者数と失業率の推移

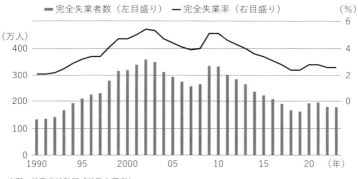

出所：総務省統計局「労働力調査」。

図 3-6　求人倍率の推移

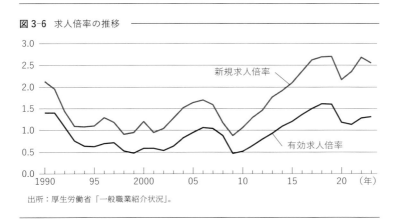

出所：厚生労働省「一般職業紹介状況」。

ば，労働市場で人手が余っていることを示します。

　図 3-6 をご覧ください。有効求人倍率は 1990 年代初頭には 1.4 倍と高水準でしたが，バブル経済崩壊後の不況下でしばらく 1 を下回る時期が続きました。リーマン・ショック後の 2009 年には史上最低を記録しましたが，その後は上昇に転じ，18 年には 1.61 倍と，1973 年以来 45 年ぶりの高水準に達しました。しかし，コロナ禍で

再び低下し，2020 年には 1.18 倍となりましたが，23 年には 1.31 倍と，再び人手不足の状況が見られます。さらに，新規求人倍率は 2023 年に 2.55 倍となり，これは 1980 年代後半のバブル期を上回る高水準です。

3 世界から称賛を浴びた日本的雇用慣行

日本の労働市場には，他の国とは異なるユニークな特徴があります。それは大企業や官庁でよく見られる「終身雇用」や「年功賃金」といった雇用慣行です。

これらの日本特有の雇用慣行（**日本的雇用慣行**）は，かつては日本の経済成長や競争力を支え，世界からも称賛されました。しかし，最近では，日本経済を取り巻く環境が変化するなか，これらの雇用慣行の限界も指摘されるようになっています。「日本的雇用慣行が今後どう変わるのか」は，日本の労働市場を理解するうえで重要なテーマとなっています。

ここでは，日本的雇用慣行とは何か，どうして生まれたのか，そして今，なぜその限界が指摘されているのかについて考えていきましょう。

▷ **日本的雇用慣行とは？**

日本的雇用慣行の特徴は，**終身雇用，年功賃金，企業別労働組合**です。これらの 3 つは，日本の労働者にとって「3 種の神器」ともいわれました。以下，それぞれについて見ていきましょう。

まずは終身雇用です。終身雇用とは長期安定的な雇用関係のことをいいます。「終身雇用」という言葉からは，生涯にわたり雇用が保障される，あるいは採用時から定年退職まで雇用が保障されると

図 3-7 賃金カーブ（各調査年の男女計「20〜24 歳」の平均所定内給与額＝100）

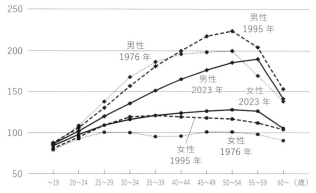

注：1976 年，1995 年，2023 年の各調査年での男女計の「20〜24 歳」の平均所定内賃金額を 100 としたときの各年齢階級の平均所定内給与額を表している。
出所：厚生労働省「賃金構造基本統計調査」。

いう印象を受けますが，実際にはそのような雇用契約やそれを保障するような法律は存在しません。それでも終身雇用が日本の雇用慣行の特徴とされるのは，職業人生の大半を同一企業・企業グループで過ごす人が少なくないからです。

実際に，生涯同じ企業で働くことは一般的なのでしょうか？ 厚生労働省によると，若年期に入職してそのまま同一企業に勤め続ける人，いわゆる「生え抜き社員」は，2016 年に大卒で 5 割程度，高卒で 3 割程度となっています。1995 年にはそれぞれ約 6 割，約 4 割だったので，終身雇用の割合は長期的に低下傾向にあることがわかります。

次は年功賃金です。年功賃金とは，賃金が労働者の年齢や企業での勤続年数の上昇に応じて上がっていく仕組みです。これはグラフで見るとわかりやすいと思います。図 3-7 は**賃金カーブ**を描いたものです。賃金カーブとは年功賃金を評価する際に用いられるもので，

横軸に年齢，縦軸に賃金をとって，両者の関係を表したものです。

年齢が上昇するとともに賃金が上昇していることがわかります。ただし，最近の賃金カーブを以前のものと比べると，その傾きはゆるやかになっています。もっとも，賃金が勤続年数に比例して上がるのは日本だけのことではありません。他の先進国でも賃金と勤続年数の間には正の関係が見られます。しかし，日本の賃金カーブの傾きは他国よりも急であることが知られています。

最後に企業別労働組合です。そもそも**労働組合**とは，労働者が団結して，賃金や労働時間などの労働条件の改善を図るための団体です。日本の労働組合の多くは個々の企業ごとに組織されているのが大きな特徴です。欧米諸国では，労働組合は企業ごとではなく，職種ごと，産業ごとにつくられるのが一般的です。たとえば，日本では各自動車メーカーがそれぞれ労働組合を持っているのに対して，アメリカではゼネラル・モーターズやフォードなどの労働者は全米自動車組合という共通の労働組合（産業別労働組合）に所属します。

日本では企業ごとに労働組合が組織されているので，企業の実態にあった労使交渉ができるというメリットがあります。また，経営側も単一の労働組合と交渉を行えばよいので，労使交渉のコストを最小限に抑えられます。しかし，企業ごとに組織されているため，横のつながりが薄く，強い交渉力を持たないというデメリットもあります。そこで，個々の組合が連携していっせいに行動を起こすことでその弱点を補おうという意図から始まったのが**春闘**です。

春闘とは，労働組合と企業の経営陣が賃金の引き上げなどを交渉することです。企業や官庁は，一般的に新年度が始まる 4 月に従業員の給与水準を見直します。そこで，労働組合は，見直し前に賃上げを要求します。賃上げに関する交渉が本格的に行われるのが例年 2 月から 3 月にかけてなので，「春の闘い」，すなわち春闘と呼ばれます。

開始当初は大きな成果を上げることはありませんでしたが，高度成長期には春闘を通じて毎年賃上げが行われ，春闘は日本の賃金決定に大きな役割を果たしてきました。また，賃金交渉は本来，労使間で行われるものですが，2014年の春闘から政府が経済界に対して賃金の引き上げを要請する**官製春闘**が始まりました。

日本的雇用慣行はなぜ生まれたのか？

　日本的雇用慣行はいつ，どうして始まったのでしょうか？

　終身雇用や年功賃金といった雇用慣行は，昔からある日本独自のものだと思われがちですが，実際にはそうではありません。この慣行が普及し定着したのは戦後の高度成長期だとされています。戦前にも官庁や一部の企業で長期雇用がありましたが，ほとんどの労働者についてはそのような慣行はありませんでした。

　では，どうして高度成長期に普及したのでしょうか？　背景にあったのは，持続的かつ高い経済成長と若い人口構造です。

　戦後の日本経済は年平均10％で成長した時期もあるなど，驚くべき速さで成長しました。企業は成長し，多くの人を雇う必要がありました。企業の課題は，労働力を調達，訓練して定着させることで，雇用整理や人員整理などを考える暇はありませんでした。その結果，労働者は一度入社すると解雇を心配せず，退職するまで安心して働けると思い込むようになったのです。雇用は安泰という観念が生まれ，それが社会的通念として定着し，終身雇用となりました。

　また，所得水準向上に伴う賃上げと企業が提供する訓練によるスキル向上に伴う昇給により，年々賃金は上昇し，勤続年数とともに賃金が上がる年功賃金が日本で普及しました。

　持続的かつ高い経済成長とともに日本的雇用慣行を支えたのが豊富な若年人口です。拡大する労働需要に対応するため，企業は常に新しい労働者を雇用する必要がありましたが，これを満たしたのが

若年労働者です。当時は人口構造が若く，若年労働力の供給が豊富にあったため，企業は卒業を迎えた学生を定期的に大量に雇い入れました。これが今も続く**新卒一括採用**の始まりです。新卒一括採用により，不況の例外期を除けば，多くの学生が卒業後すぐに就職ができるようになり，若年の失業率は低く抑えられ，社会の安定につながりました。

　日本的雇用慣行を支えた重要な要素に**人的資本投資**もあります。人的資本とは，個人が持つ知識やスキルなどで，教育や訓練によってそれらを習得させることが人的資本投資です。長期雇用を前提に，企業は長期的な視点に立って人材育成を行い，その結果，企業特有の能力の蓄積や組織の一体感の醸成に寄与，これがさらに長期安定雇用につながりました。

▷ 機能不全に陥った日本的雇用慣行

　日本経済が右肩上がりで成長し，若者が豊富な人口構造のもとでは，終身雇用や年功賃金といった日本的雇用慣行は経済的に合理的なものでした。これらの慣行は，失業率を低く保ち，良好な労使関係の形成にも大きく貢献し，世界から称賛される日本的経営の強みの１つでした。

　しかし，時代は変わりました。かつて日本の強みだった日本的雇用慣行は，今では時代遅れのものとなっています。なぜでしょうか？　その理由は，前提条件（持続的で高い経済成長と若い人口構造）が変わったからです。以下，詳しく見ていきましょう。

　図 3-8 は日本の経済成長率の推移を示したものです。日本の経済成長率は高度成長期には年率 10% 程度でしたが，1970 年代初頭のオイル・ショック後に鈍化しました。そして，1990 年代初頭のバブル経済崩壊から 2010 年代前半までは，**失われた 20 年**といわれるほど，経済は長期にわたり停滞しました。このように，日本的雇用

図 3-8 日本の経済成長率の推移

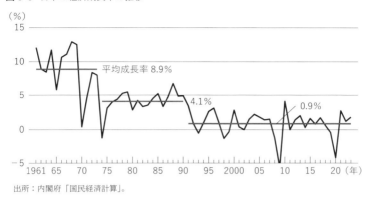

出所：内閣府「国民経済計算」。

慣行の前提の 1 つである持続的かつ高い経済成長が失われたのです。

また，この間に少子高齢化が進み，人口構造も大きく変化しました（図 3-9）。65 歳以上の高齢者人口は，1960 年には 535 万人でしたが，2023 年には 3622 万人にまで増加しています。総人口に占める高齢者の割合は，1960 年の 5.7％ から 2023 年には 29.1％ に上昇しており，今や国民の約 3.4 人に 1 人が高齢者となっています。一方で，15 歳未満の若年人口は減少傾向にあり，1960 年には 2843 万人で総人口に占める割合は 30.2％ でしたが，2023 年には 1417 万人まで減少し，その割合は 11.4％ と過去最低を記録しています。

1990 年代後半からは，高齢者人口が若年人口を上回るようになっており，およそ 25 年前にはすでに，日本的雇用慣行の前提条件である若年人口が豊富であった人口構造は崩れていたことがわかります。

これに加えて，1990 年代からはグローバル化による新興国との競争の激化や，IT などの技術進歩が日本経済に大きな影響を与えてきました。労働市場も変化し，女性の就業が増加し，労働力の多

図 3-9 年齢区分別人口の割合の推移（1950〜2023 年）

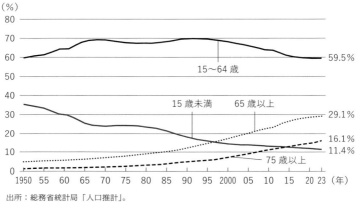

出所：総務省統計局「人口推計」。

様化が進みました。

　家庭内でも変化が起こりました。日本的雇用慣行のもとで標準的であった夫が世帯主として外で働き，妻が専業主婦で家庭を守るという性別役割分担が薄れています。1990 年代半ばまでは，専業主婦世帯数が共働き世帯数を上回っていましたが，その後は共働き世帯数が一貫して専業主婦世帯数を上回る状況が続いています。2023 年の共働き世帯の数は 1278 万と，専業主婦世帯数の 517 万の倍以上となっています。

　このように日本的雇用慣行の前提条件である持続的で高い経済成長と若い世代が多い人口構造が失われ，さらに雇用環境のトレンドが大きく変わったため，日本的雇用慣行の合理性は大きく低下しました。

雇用は生産の派生需要

　雇用を考える際に重要な視点は「**雇用は生産の派生需要である**」

ということです。企業が人を雇うのは，生産やサービスを拡充するためであり，ボランティアで人を雇っているわけではありません。つまり，雇用は生産があって初めて生まれるものなのです。それゆえ，雇用は生産の派生需要といわれます。

雇用が生産の派生需要であるならば，労働は企業の生産構造に左右されます。経済や社会構造が変われば，それに伴って雇用のあり方や労働市場も変わらざるをえません。

日本的雇用慣行は，かつては優れたものでしたが，その前提条件が変化した今日では，経済合理性が低下し，うまく機能しなくなっています。経済環境が変われば雇用や労働市場のあり方はそれに応じて変わる必要があります。しかし，過去の特殊な雇用慣行が維持されているため，労働市場に多くの矛盾やさまざまな問題が生じています。

日本型雇用が想定する労働者は「専業主婦付き男性正社員」です。つまり，高齢者や女性，非正社員は想定されていません。それゆえ，日本的雇用慣行を維持しようとすれば，高齢者の就業が難しいだけでなく，女性が働こうとすると仕事と家庭の両立が難しかったり，正社員と非正社員間で大きな格差が生じるなどの問題が発生しています。正社員も，終身雇用で守られる代わりに，長時間労働や転勤など受け入れざるをえなくなっています。時代遅れの雇用形態に固執することから弊害が出ているのです。

次に，これらの問題をさらに深く理解するために，非正規雇用者の増加やその背景，正規雇用との格差，女性労働の現状と課題，高齢者雇用の問題について詳しく見ていきましょう。

4 非正規雇用の増加

日本の労働市場における雇用形態は，1990年代以降，大きく変化しています。「非正規」と呼ばれる労働者が増加し，現在では雇用者全体の約4割を占めるようになりました。**非正規雇用者**とは，一般に，正社員でない立場で働いている人々のことを指します。

どのように非正規雇用者を定義するかは統計により異なりますが，一般に職場の呼称や労働契約期間，労働時間に基づいています。例として，「労働力調査」では，勤め先での呼称により雇用者を7つのカテゴリーに分類していますが，「正規の職員・従業員」以外の6つをまとめて「非正規の職員・従業員」と定義しています。

図3-10を見ると，この40年間で非正規雇用者数とそのシェアが大きく増加したことがわかります。1984年には，非正規雇用者数

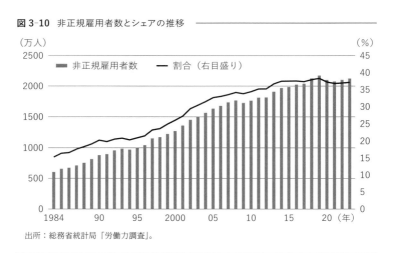

図3-10 非正規雇用者数とシェアの推移

出所：総務省統計局「労働力調査」。

は約 600 万人で全雇用者の 15.4% を占めるにすぎませんでしたが，2023 年にはその数は 2124 万人に増え，そのシェアも 37.1% に上昇しています。かつては雇用者の 7 人に 1 人だった非正規雇用者は，今や 3 人に 1 人となっているのです。

▷ 増加の原因は？

　非正規雇用者が増えた背景には，企業側（労働需要側）の要因と労働者側（労働供給側）の要因，そして制度的な要因が関与しています。

　まず，労働需要側の要因としては，バブル経済崩壊後，日本経済が長期にわたって停滞するなか，企業は増大する不確実性に対応するために，雇用調整のコストが低い非正規雇用者を雇うようになったことがあげられます。これには，正規雇用者は一度雇ってしまうと解雇しにくいという日本の雇用慣行も影響しています（第 10 章参照）。また，製造業のシェアが減少し，柔軟な労働シフトが求められるサービス産業のシェアが拡大したことも，非正規雇用者増加の一因とされています。

　次に，労働供給側の要因としては，仕事よりも生活を重視したり，家事だけでなく仕事もバランスよくしたいなど，働き方の柔軟性を求める労働者が増加したことがあげられます。また，退職後に非正規雇用として働く高齢者も増加しています。

　ライフスタイルや価値観の多様化により，正規雇用ではなく非正規雇用を望む人が増えている一方で，正規雇用を希望しているのに期せずして非正規雇用者として働いている人も少なくありません。2023 年には，約 196 万人が「正規の職員・従業員の仕事がないから」という理由で非正規雇用者として働いています。これは非正規雇用者の約 1 割に当たります。

　さらに，制度的な要因により非正規雇用者が増えたことも指摘さ

第 4 節　非正規雇用の増加　**75**

れています。1990年代以降，有期雇用や人材派遣業務に関する規制が徐々に緩和されたことや，正規雇用者と非正規雇用者の雇用保護に差があることが影響しているとされています。

▷ 正規・非正規間の格差問題

正規雇用者と非正規雇用者との間には，賃金に顕著な差が存在します。「賃金構造基本統計調査」によると，正社員・正職員の月給は約33万円であるのに対して，正社員・正職員以外の月給は約22万円と，正規に対して35％以上も低い水準にあります。

月給での正規・非正規間の賃金格差は明らかですが，正社員はその基本給が労働時間によって大きく変わらないのに対して，非正規社員の賃金は時給ベースで支払われることが多く，労働時間に応じて月給が変わることが一般的です。この性質上，正規と非正規の間の賃金比較をより正確に行うためには，時給に着目することが適切といえるでしょう。

図3-11は正規雇用者と非正規雇用者の時給の推移を示しています。2023年の時給は正社員が2537円なのに対して，非正社員の時給は1539円と，6割程度となっています。

先ほど，日本では長年にわたり賃金が停滞していることを見ました。非正規雇用者の増加はその理由の1つです。相対的に賃金が低い労働者が増えたからです。これは次の例を考えるとわかりやすいでしょう。

正規雇用者しかいない経済を想定してみてください。彼らの時給が2000円ならば，経済全体の平均時給も2000円です。しかし，労働者の半分が非正規雇用になり，その時給が1000円だとすると，経済全体の平均時給は1500円に低下します。このように，正規雇用者に比べて相対的に賃金が低い非正規雇用者が増えることで，経済全体の賃金は押し下げられます。

図 3-11　正規・非正規の時給の推移

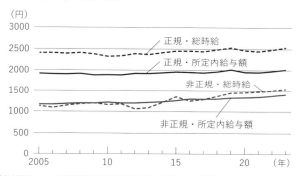

注：所定内給与とは，所定の時間内の労働に対して支給される給与。
出所：厚生労働省「賃金構造基本統計調査」。

　もっとも，正社員と非正社員の賃金格差は少しずつ縮小しています。2005 年から 23 年にかけて，正社員の時給は約 5％ 上昇した一方で，非正社員の時給は約 20％ 上昇しました。その結果，正規の時給に対する賃金ギャップの割合は 39％ から 31％ に縮小しています。それでも，相対的に賃金の低い非正規雇用者の割合が大幅に増えたことで，経済全体の賃金の上昇率が抑制されているのが現実です。

　また，非正規雇用者の低い給料は経済的安定を求める結婚や交際の障壁となっており，人々，とくに若者のライフスタイルや将来設計にも影響を及ぼしています。この点については第 9 章で論じます。

5　女性労働の現状と課題

　世界が取り組むべき大きな課題の 1 つに，女性の**エンパワーメント**があります。女性の社会での活躍機会を広げることは，倫理や公

図 3-12　女性就業者数と就業率の推移

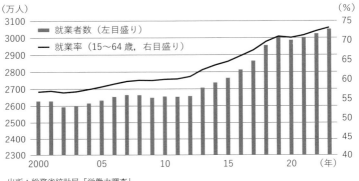

出所：総務省統計局「労働力調査」。

平性の観点からだけでなく，経済成長や社会安定にとってもきわめて重要とされています。では，日本の女性は職場でどれだけ活躍しているのでしょうか？　ここでは，日本における女性労働の現状と課題を考察してみましょう。

　はじめに，日本における女性労働の現状を確認しておきましょう。近年，日本では女性就業者が増加傾向にあります（図3-12）。女性就業者数は，2000年の2629万人から23年には3051万人へとなんと422万人も増加しました。15～64歳の女性就業率（女性就業者数÷15～64歳女性人口）に注目すると，2000年には56.7%でしたが，23年には73.3%へと大幅に上昇しています。海外と比較すると，女性の就業率はOECD加盟国38カ国中12位となっており，OECD平均の63.2%を大きく上回っています。

　男性の就業率と比較してみましょう。15～64歳の男性の就業率は，2000年の81%から23年には84.3%へと若干上昇しています。男女の就業率の差は，2000年には24.3ポイントもありましたが，23年では11ポイントに縮小しています。

図 3-13 女性の年齢階級別労働力率の推移（1983 年，2003 年，2023 年）

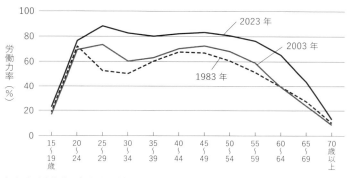

出所：総務省統計局「労働力調査」。

　女性の労働の特徴を表すものに **M 字カーブ**と呼ばれるものがあります。女性の労働力率を年齢階級別にグラフにすると，アルファベットの「M」のような形になる現象を指します。M 字型の労働力率カーブは，20 代後半から 30 代にかけて結婚や出産，育児のために一時的に労働市場を離れ，子育てが一段落すると再び労働市場に参入する女性が多いことを示しています。他方，男性の場合は，逆 U 字型になることが知られています。

　他の先進国でも M 字カーブは観察されていましたが，現在では多くの国で男性と似た逆 U 字型に変わっています。日本においても，M 字カーブの底が徐々に浅くなり，その形状は台形に近づいています（図 3-13）。この変化の背景には，共働き世帯の拡大や企業の離職防止などへの取り組みがあげられます。

　労働力率は上昇していますが，出産や子育てを経た女性たちが，正規雇用の立場で仕事に戻っているわけではありません。女性の正規雇用率は 20 代後半をピークに，年齢が上がるにつれて下がっています。パートや派遣など非正規としての雇用が中心となるからで

図 3-14 男女間賃金格差

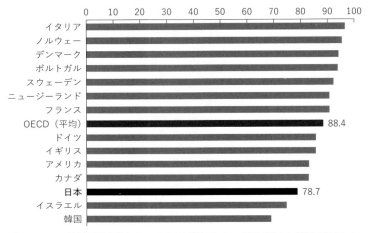

注 1：ここでの男女間賃金格差とは、フルタイム労働者について男性賃金の中央値を 100 とした場合の女性賃金の中央値の水準を割合表示した数値。
注 2：イスラエルは 2021 年、それ以外の国は 2022 年の数字。
出所：OECD, Gender wage gap.

す。もちろん，自分のライフスタイルに合う働き方としてパートや派遣の働き方を選んでいる人もいます。しかし，正社員として働くことを希望しているにもかかわらず，非正規雇用を余儀なくされている女性も無視できない数で存在します。この状況は，女性のキャリアパスにおける重要な問題点となっています。

また，管理職に就く女性はいまだに少ないのが現状で，日本の大きな課題となっています。就業者に占める女性の割合は 2023 年に 45.2% で，国際的にも遜色はありません。しかし，管理職に占める女性の割合は，諸外国ではおおむね 30% 以上となっているなか，日本は 14.6% となっており，低い水準にとどまっています。

さらに，男女間の賃金格差も問題です。1989 年には，女性の給与水準は男性の約 6 割でしたが，2023 年には 74.8% にまで上昇し

ており，長期的には男女間の賃金格差は縮小しています。しかし，男性の賃金に対する女性の賃金の割合は，OECD諸国で，韓国，イスラエルに次ぐ低さとなっており，OECD諸国の平均値88.4%をはるかに下回っているなど，まだまだ改善の余地があります（図3-14）。

6 高齢者雇用問題

　日本では人口減少が進んでおり，労働力の減少が懸念されています。ここで注目されているのが，健康で働く意欲がある高齢者です。

　高齢者の活用は，日本経済の活力を維持・発展させるだけでなく，社会保障制度や国の財政を考えるうえでも重要です。高齢者の労働参加が増えれば，高齢者の所得確保を通じて，消費需要の創出につながります。また，年金，医療などの社会保障給付への依存も緩和され，勤労者の税負担も軽減されます。なにより，長寿化が進むなか，年齢に関係なく，体力や意欲，能力がある労働者が働ける社会を実現することが重要です。しかし，現状は多くの課題が存在します。ここでは，高齢者就業の実態と課題を見ていきましょう。

　まず，高齢者の労働力率の推移について見てみましょう。2000年代後半まで，60歳以上の労働力率は長期的に減少傾向にありました。これは，農業や自営業といった定年がなく，高齢になっても働き続ける傾向が強い就業形態の減少と，年金制度の充実により，引退生活が可能になったことが影響しています。

　しかし，この傾向は2000年代後半から変わりました。高齢者の労働者数は2005年の約500万人から23年には930万人へと増加。労働力率も19.8%から25.7%へと上昇しています（図3-15）。世界と比較しても，日本の高齢者の労働力率は高く，OECD平均の

図 3-15 高齢者の労働者数と労働力率

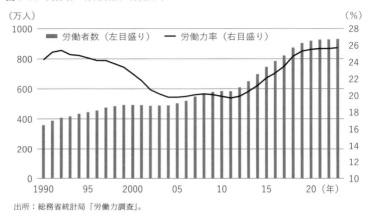

出所：総務省統計局「労働力調査」。

15.9% を大きく上回り，OECD 加盟 38 カ国中第 3 位となっています。なお，1 位は韓国で 37.3%，2 位はアイルランドの 32.6% です。

日本の高齢者は**健康寿命**が長く，就業意欲も高いという特徴があります。健康寿命とは，世界保健機関（WHO）が提唱しているもので，日常生活に制限なく健康に過ごせる期間を指します。2023 年に日本では男性が 72.6 歳，女性が 75.5 歳と世界で最も長くなっています。

また，内閣府の調査結果によると，現在仕事をしている高齢者の約 4 割が「働けるうちはいつまでも」働きたいと回答しています。70 歳くらいまで，もしくはそれ以上との回答と合計すると，その割合は約 8 割となり，その就業意欲の高さがわかります。

しかし，働く意欲のある高齢者がその能力や経験を生かし労働市場で活躍ができているかというと必ずしもそうではありません。就業を続ける高齢者の多くが非正規雇用者で，その賃金は正規雇用者と比べてかなり低くなっています。とくに男性では，60 歳を境に

非正規雇用者の割合が上昇し，65歳以上の7割が非正規となっています。

日本の多くの企業では60歳定年ですが，**高年齢者雇用安定法**は，企業に従業員が65歳になるまでの雇用確保を義務づけています。2021年4月の同改正法の施行で70歳までの就業機会確保も努力義務となり，シニアの雇用延長の後押しとなっています。しかし，日本企業では一般的な年功賃金のもとでは，年齢が上がるにつれて賃金が上昇するので，高齢者は若い労働者に比べてコストが高くなりがちです。そこで，多くの企業では人件費を抑えるために，定年を迎えた労働者に対して一度退職の手続きをして，非正規雇用として再雇用しています。その結果，シニアの給料が下がり，現役時代と比べて権限も小さくなる傾向にあります。

こうしたなか，高齢者の能力や経験を最大限に生かす労働市場の構築が求められています。そのためには，公平な処遇と，高齢者の経験を生かせる人材配置の考慮が不可欠です。この問題は，個々の企業の人事方針だけでなく，社会全体での対応が必要となる大きな課題といえるでしょう。

7 日本人は働きすぎなのか？
長時間労働

日本人が1年間に働く時間はどれくらいでしょうか？

図3-16は**総実労働時間**の推移を示したものです。総実労働時間とは，労働者が実際に働いた時間数のことです。労働時間は長期的に減少傾向にあることがわかります。1970年には2200時間を超えていたのですが，その後，減少。1975年からは15年ほど横ばいでしたが，90年あたりから再び減少し，現在は1700時間ぐらいとなっています。

図 3-16 総実労働時間の推移（年平均）

出所：厚生労働省「毎月勤労統計調査」。

　なぜ，労働時間は長期的に減少しているのでしょうか？　まず，週休 2 日制の普及や休日が増加したことがその理由としてあげられます。また，パートタイム労働者等の短時間労働者の増加も影響しています。

　一般労働者の労働時間は，世界金融危機とコロナ禍で一時的に減少したものの，2000 時間付近でほぼ横ばいですが，パートタイム労働者の労働時間は長期的に減少傾向にあります。また，パートタイムの比率は 1990 年代前半には約 14％ でしたが，2022 年には 32％ まで上昇しました。相対的に労働時間の短いパートタイム労働者の増加が，経済全体の労働時間を抑えているのです。

　日本の労働時間を海外と比べてみましょう。定義の違いなどから厳密な国際比較はできないものの，OECD がまとめた調査によると，日本の 2022 年の年間労働時間は 1607 時間で，世界平均の 1716 時間よりも 100 時間ほど少なくなっています。世界の中での日本の順位は 46 カ国中 19 位でした。最も労働時間が短いのはドイツで，その労働時間は 1341 時間となっており，日本との労働時間

差は 266 時間です。1 日の労働時間を 8 時間だとすると，日本人はドイツ人よりも年間で 33 日分多く働いていることになりますが，アメリカの 1811 時間や韓国の 1929 時間に比べると労働時間が短いことがわかります。

　長時間労働者の割合についても見ておきましょう。週に 49 時間以上働いている人々の割合を見ると，日本では男女計で 15% となっており，労働時間数で日本より長いアメリカやカナダよりもその値は高くなっています。また，労働時間が最も短かったドイツでは 5.9% となっており，日本での長時間労働者の割合はその倍以上となっています。

　長時間労働は，労働者の心身の健康を損ない，ワーク・ライフ・バランスの達成を困難にすることが指摘されています。また，女性のキャリア形成の障害となることがあります。家庭の負担と仕事のバランスをとることが困難になり，女性の職場での活躍を阻害することがあるのです。男性もまた，家庭生活への参加が長時間労働によって制限されることがあります。これにより，家庭内の役割分担や子育てへの参加などが難しくなることがあります。さらに，高齢者にとっても，長時間労働はハードルとなることがあります。健康を維持しながらの就労が難しくなるため，高齢者が活躍する場が限られてしまうことがあります。

　日本では，働くことができる労働時間の上限が法律で決まっています。**労働基準法**では，労働時間は原則として 1 日 8 時間，1 週間で 40 時間以内と定められています。これを，**法定労働時間**といいます。また，毎週少なくとも 1 回の休日（または 4 週間で 4 日以上）をとることも求められています。

　しかし，実際には，日本では長時間労働が多く見られます。なぜでしょうか？　その理由は，労使の合意に基づく所定の手続き，つまり時間外労働を可能にするための労使協定「**36（サブロク）協定**」

を労働者の過半数代表者と使用者が締結して労働基準監督署へ届け出ることで，法定労働時間を超えて働くことや法定休日に働くことが認められているからです。

　以前は，サブロク協定を結べば，法定労働時間を超える時間外労働時間が可能となっており，事実上の労働時間の青天井が許されていました。しかし，2019 年 4 月施行の労働基準法の改正により，時間外労働の上限が原則として月 45 時間，年間 360 時間となり，罰則も設けられました。さらに，特別な事情があっても超えることができない上限が設けられるようになりました。

Summary　まとめ

□　日本の賃金は，年齢や学歴，企業規模，雇用形態などにより異なります。OECD 加盟国中でも低い水準にあり，上昇率も低くなっています。

□　かつて世界から称賛された日本的雇用慣行（終身雇用，年功賃金など）は，その前提条件が崩壊したこと（経済成長の鈍化と少子高齢化）により合理性が低下しています。

□　日本では，女性が仕事と家庭の両立が難しかったり，正社員と非正社員間で大きな格差が生じています。また，働く意欲のある高齢者がその能力や経験を生かして就業するのが難しいという問題もあります。

Exercise　演習問題

3.1　名目賃金と実質賃金の違いを説明してください。

3.2　日本の労働市場が抱える問題点をあげ，それらと日本的雇用慣行の関係について論じてください。

3.3　日本の賃金および労働時間を国際的に比較し，その特徴を説明してください。

日本の借金は世界一!?

財政政策　　　　　　　　　　　　　　第 4 章　Chapter

Quiz クイズ

日本政府の借金は膨大な額に膨れ上がっているといわれています。政府の借金（一般政府の債務残高の対 GDP 比）が日本よりも高い国を以下からすべて答えてください。

- a. ギリシャ
- b. アルゼンチン
- c. イタリア
- d. ポルトガル
- e. シンガポール

Chapter structure 本章の構成

1	日本政府の台所事情	予算の成立とそのプロセス　歳出と歳入の実態
2	増え続ける日本の借金	普通国債残高　一般会計の税収と歳出の推移
3	国債発行	国債の価格と利回りの関係　日本の国債発行の推移　国債の負担
4	財政危機とは？財政危機は起こるのか？	債務不履行（デフォルト）　財政破綻
5	財政政策の有効性	日本の財政政策　財政乗数

Answer　クイズの答え

なし。2023 年の IMF データに基づく。

Introduction　はじめに

　突然の質問ですが，「31 万円」という金額を聞いて，何を連想しますか？

　よくある回答は，「大卒の初任給」や「日本人の平均月給」です。果たして正解なのでしょうか？

　厚生労働省「令和 5 年賃金構造基本統計調査」によれば，2022 年の大卒初任給の月額平均は約 24 万円，一般労働者の平均月給は約 32 万円となっています。なお，これらの金額は「額面」であり，税金や社会保険料などを除いた「手取り」の金額はそれぞれ約 18 万円と約 26 万円となります。したがって，額面で見ても，手取りで見ても，大卒初任給や日本人の平均給料は冒頭の問題の答えではありません。では，正解は何なのでしょうか？

　驚くべきことに，この「31 万円」は 1 秒間に日本政府が国債の利払いに支払う金額なのです。国債とは，簡単にいうと政府の借金のこと。借金ですから利息が発生します。そして，その利息の支払いが 1 秒間で 31 万円という驚愕の金額になるのです。

　どういうことなのでしょうか？ 2024 年度の日本政府の債務利払い費額は約 9.7 兆円となっています。これを 365 日で割り，さらに 24 時間，60 分，60 秒と割り続けると，1 秒間の利払い額が約 31 万円になるのです。これは，日本人の平均月給や大卒の初任給の手取り金額よりも大きな金額です。

　この状況がいかに深刻であるかをイメージするために，年間で所得税を 100 万円納めているケースを考えてみましょう。わずか 4 秒間で，この 100 万円は借金の利払いに消えて終わりです。どういうことかというと，国債の利払い費が 1 秒間に 31 万円もかかるため，

わずか「いち，に，さん，よん」と4秒数える間に，100万円を超える金額が利払いに使われてしまうのです。これは，私たちが納めた血税が，巨額の借金返済に取り込まれていることを示しています。

なぜ，こんなことになっているのでしょうか？ 本章では，日本の財政の現状とその課題について考えていきましょう。

1 日本政府の台所事情

予算の成立とそのプロセス

はじめに，国家予算がどのように決まるのか，また，それが現在どのような状況にあるのかを見ていきましょう。

国の収入と支出は，その年の4月から翌年3月までの期間（**会計年度**）で計算されます。この1年間の収入を**歳入**，支出を**歳出**と呼びます。そして，歳入と歳出の予定を示す計画が**予算**です。

国家予算には，**一般会計予算**，**特別会計予算**，**政府関係機関予算**があります。一般会計予算は，国の基本的な活動を行うのに必要な歳入，歳出を経理するものです。これに対して，特別会計予算は，国が行う特定の事業や資金を運用する等の目的で一般会計と区分して設けられたものです。2024年度においては，経過的なものも含めて13の特別会計が設置されています。政府関係機関予算は，その名のとおり，政府関係機関の予算です。政府関係機関とは，特別の法律により設立された全額政府出資の法人です。

予算は毎年作成され，会計年度の間にその執行が完結されるのが原則です。これを**会計年度独立の原則**といいます。

予算がどのように成立するか，その流れを見ていきましょう（図4-1）。まず，各省庁は8月下旬までに次年度に必要な金額を算出し，それを財務省に提出します。これを**概算要求**といいます。次に，財

第1節　日本政府の台所事情

図 4-1 予算作成のスケジュール

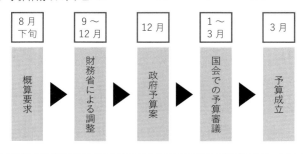

務省は9月から12月までの期間で，提出された金額や内容の妥当性を各省庁からの聴取を通じて検討し，調整を行います。12月下旬には，財務省が全体を調整して予算案を作成します。この段階を経て，内閣は財務省の報告をもとに**政府予算案**を作成，閣議決定後，国会に提出します。1月から3月に，国会では予算案が審議されます。予算案は初めに衆議院で審議され，その後参議院で審議されます。もし参議院が衆議院と異なる議決を下した場合，衆議院の議決が優先されます。国会で可決されると，予算が正式に成立します。

　新年度が始まる前に予算が承認されなかった場合，政府は一時的な**暫定予算**を組みます。これは本予算が承認されるまでの最低限の支出と収入を決めるものです。暫定予算は，本予算が成立すると失効し，本予算に吸収されます。また，政府は年度途中でも予想外の事態，たとえば自然災害や経済状況の悪化などに対応するため，予算を組むことがあります。これは**補正予算**と呼ばれます。

歳出と歳入の実態

　それでは，一般会計予算を見ていきましょう。図4-2をご覧ください。これは2024年度の歳出と歳入を表しています。

　まずは歳出から見ていきましょう。2024年度の歳出総額は約113

図 4-2 一般会計予算（2024 年度，当初予算）

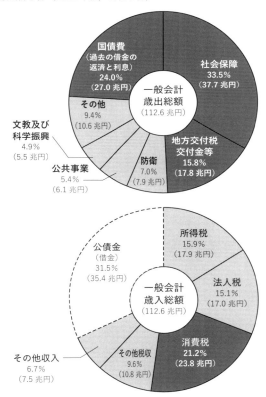

出所：財務省「これからの日本のために財政を考える」。

兆円と，過去最大だった 2023 年度の当初予算は下回ったものの，2 年連続で 110 兆円を超える規模となっています。

　最も大きな比重を占めているのが，医療，年金，介護などの社会保障費です。その額は 37.7 兆円で，歳出全体の約 3 分の 1 を占めています。次に多いのが国債費です。これは過去に発行した国債の償還や利払いに充てるもので，27 兆円となっており，歳出全体の

24% を占めています。この国債費は，国債の発行残高の増加に伴い，過去最大となっています。3番目に多いのが，地方交付税交付金等です。これは中央政府から地方政府への資金配分であり，その額は約 18 兆円で，歳出全体の 16% を占めています。

　これら 3 つの項目の合計は 82.5 兆円となり，歳出全体の約 7 割を占めています。後ほど見るように，この額だけで日本の税収を超えており，他の政策に自由にお金を使える余地が少ない**財政の硬直化**と呼ばれる状況が続いています。

　その他の項目を見ると，道路や住宅などの整備のために使用される公共事業関係費が 6.1 兆円（歳出全体の 5.4%），教育や科学技術の発展のための文教及び科学振興費が 5.5 兆円（同 4.9%），国の防衛のための防衛費が 7.9 兆円（同 7%）となっています。なお，歳出の総額から国債費と地方交付税交付金等を除いたものを**一般歳出**といいます。

　次に歳入を見ると，総額は約 113 兆円であり，そのうち所得税や法人税，消費税などの税収合計（その他収入を含む）は約 77 兆円で，歳入全体の約 69% を占めています。残りの約 36 兆円は公債の発行によって賄われることとなり，これにより公債への依存率が 3 割を超え，歳入が借金に大きく依存していることがわかります。

　国の財政状況はその金額が多く，その用語も複雑なのでイメージしにくいかもしれません。そこで，国の予算を家計にたとえて考えてみましょう。国の支出は，一般歳出，地方交付税交付金等，そして国債費ですが，家計にたとえると，一般歳出は生活費や教育費など，地方交付税交付金等は田舎への仕送り，国債費はローンの元利払いという形になります。

　2024 年度の国の予算を家計の年間の経済活動にたとえると，給与収入は 772 万円で，支出は 1126 万円となります（表 4-1）。支出の内訳を見ると，家計費が 856 万円と，これだけで給与収入を上回

表 4-1　国と家計の財政状況

2024 年度国の財政状況			1 年分の家計にたとえた場合		
内容	収入	支出	内容	収入	支出
税収＋税収以外	77.2 兆円		給与	772 万円	
一般歳出・地方交付税交付金等		85.6 兆円	家計費（生活費や教育費など）		856 万円
国債費		27.0 兆円	ローン返済		270 万円
公債金	**35.4 兆円**		**不足分（借金）**	**354 万円**	
合計	112.6 兆円	112.6 兆円	合計	1126 万円	1126 万円

公債残高　約 1105 兆円　　　　　ローン残高　約 1 億 1050 万円

注：数値は四捨五入により，端数において合計が一致しないものがある。
出所：国税庁「これからの社会と税」。

り，家計は赤字です。さらに，ローン返済がなんと 270 万円もあります。給与だけでは支出が賄いきれないので，新たなに借金をする必要があります。そして，その額は 354 万円にのぼります。しかも，借金をするのは今回が初めてではありません。過去数十年にわたり借金を重ねているので，現在のローン残高は約 1 億 1050 万円に達しています。いかがでしょう。日本財政の厳しい状況が，少しでも身近に感じられたでしょうか？

　もっとも，国と家計は同じではないので注意が必要です。国には徴税権があり，その信用力と将来の税収を担保に借金ができます。また，国が存在し続けるかぎり税収が発生するので，長期間の借り入れが可能です。一方で，家計は，一般的に借金返済の基盤となる収入を稼ぐ期間に限りがあるため，借入期間にも限界があります。

2　増え続ける日本の借金

　日本政府の借金は増え続けています。図4-3をご覧ください。これは日本の普通国債残高の推移を示したものです。この数十年間，日本の国債残高は，累積の一途をたどっていることがわかります。国債残高は2024年度末には1105兆円にのぼると見込まれています。これは税収の約15年分に相当する額です。

　なぜこんなにも借金が増えてしまったのでしょうか？

　歳出が一貫して伸び続ける一方で，税収は伸び悩んでおり，その結果生じた差額を国債の発行で穴埋めしたため，借金が増えたのです（国債については次節で詳しく説明します）。

　図4-4は一般会計の税収と歳出の推移を示しています。税収はバブル経済が崩壊した1990年度を境に低下しました。2010年以降は景気回復の影響もあり，税収が再び増加傾向にありますが，1990

図4-3 普通国債残高の推移

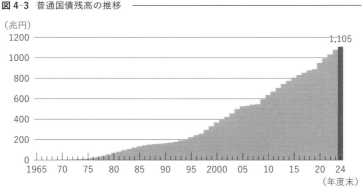

注：2022年度までは実績，23年度は補正後予算，24年度は予算に基づく見込み。
出所：財務省「これからの日本のために財政を考える」。

94　第4章　日本の借金は世界一!?

年度の税収 60.1 兆円を上回ったのは 30 年後の 2020 年度でした。一方で，歳出は一貫して増加しています。高齢化が進み，年金や医療，介護などの社会保障費が増加したことや新型コロナウイルス感染症等のための支出などが歳出増加の大きな要因です。

この税収と歳出の差額の推移は，「ワニの口」と呼ばれることがあります。ワニが口を開けているように見えるからです。このワニの口の拡大により，国債の発行が急激に増えたのです。

ここまで，国が発行する国債に注目してきましたが，国債だけが

図 4-4 一般会計の税収と歳出の推移

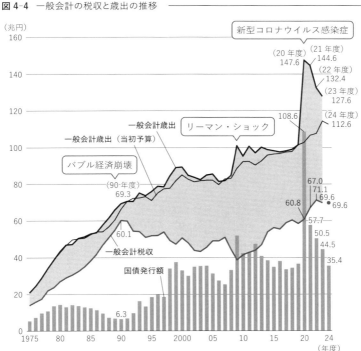

注：2022 年度までは決算，23 年度は補正後予算，24 年度は予算による。
出所：財務省「これからの日本のために財政を考える」。

第 2 節 増え続ける日本の借金　95

図 4-5 一般政府債務残高（対 GDP 比）の国際比較

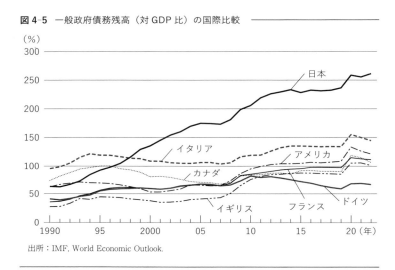

出所：IMF, World Economic Outlook.

国の借金ではありません。地方自治体が発行する地方債も国の借金と考えることができます。中央政府，地方政府，そして社会保障基金を合わせたものは**一般政府の債務**と呼ばれます。

　2023 年の一般政府の債務残高は対 GDP 比で約 252％ と，世界でも突出して高い数字となっています。図 4-5 は一般政府債務残高（対 GDP 比）の推移を国際比較したものですが，1990 年時点での日本の債務残高の対 GDP 比は約 63％ で，G7 諸国の中では中程度でした。しかし，1998 年にはイタリアを抜いて G7 の中で最も債務比率が高い国となりました。

　政府債務には，**総債務（グロス債務）** と **純債務（ネット債務）** があります。グロス債務は政府が抱えるすべての債務を表す一方，ネット債務は政府の保有する金融資産を債務から差し引いたものです。ここまで見てきたのはグロス債務です。しかし，純債務で見ても，2023 年の債務は対 GDP で約 156％ と世界で最も高い水準にありま

す。つまり，ネット債務で見ても，日本政府の借金問題が深刻であるといえます。

3 国 債 発 行

ここでは，**国債**について学びましょう。

国は税金だけではその支出を賄いきれない場合があります。そんなとき，不足分を補うために借金をします。この際に発行されるのが国債という**債券**です。債券とは，企業や国，地方自治体などが銀行などから資金を借り入れるときに発行する借用証書の一種です。国債は，その名のとおり，国が発行する債券で，銀行や証券会社のほか，個人でも購入できます。

国債にはいくつか種類があり，その中でも主なものとして，**建設国債**と**特例国債**があります。

建設国債は，道路や橋などの社会基盤の整備に使われる資金を調達する目的で発行されます。一方，特例国債は，歳入不足を補うために発行される国債で，建設国債を発行してもなお歳入不足が見込まれる場合に，公共事業等以外で使われることを目的に発行されます。この性質から**赤字国債**とも呼ばれます。しかし，これらの区分は政治的な判断によるものであり，政府債務の観点からは実質的な差はありません。金融市場では，これらはすべて「日本国債」として取り扱われます。

日本では，国の歳出は原則として税金で賄うことになっています。法律でも「国の歳出は，公債又は借入金以外の歳入を以て，その財源としなければならない」（財政法4条）と規定されています。ただし，その条文の但し書きで，例外的な状況として，国会の議決を経て公共事業やサービスの資金調達のために建設国債を発行すること

を認めており，建設国債は 1966 年から発行されています。

　一方，赤字国債の発行には制限がかかっています。建設国債と異なり，使用目的が特定されていないため，むやみに発行されないように，その発行には毎年新たな法律をつくる必要があります。しかし，実際にはその発行が常態化しており，1994 年以降，赤字国債は毎年発行され続けています。

▷　国債の価格と利回りの関係

　国債の価格と国債の利回りの関係を見ていきましょう。

　国債は，満期になると元本が返済されるほか，発行時に決められた利率で一定期間ごとに利子が支払われます。発行後は，債券市場で売買することができ，国債価格は需要と供給のバランスによって変動します。この価格変動によって，国債の**利回り**が変動します。

　利回りとは 1 年当たりの運用益をパーセント表示で示したものです。運用益の中には，1 年分の利子収入と償還額面（または売却価格）と購入価格の差額が含まれます。利子収入は発行時から償還時まで変わることはありませんが，購入価格は時価なので，国債相場の状況などにより変わります。つまり，購入価格によって国債の利回りは変わるのです。

　国債の価格と利回りの間には負の関係があります。つまり，国債の価格が下がると利回りは上がり，逆に価格が上がると利回りが下がるということです。

　この関係性を理解するために，単純な例で考えてみましょう。

　国債には満期になるといくらという額面価格があります。満期までの期間が 1 年，額面 100 円，利率が 1% のケースを考えましょう（図 4-6）。発行時にこの国債を 100 円分購入し，満期まで持ち続けると，額面の 100 円と利子 1 円の合計 101 円が得られます。つまり，この国債の購入額に対する利回りは 1% です。

98　第 4 章　日本の借金は世界一!?

図 4-6 国債の価格と利回りの関係

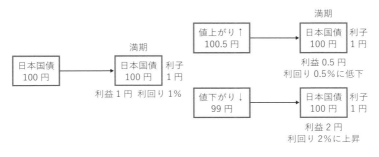

　もしこの国債が市場で売られて値下がり，99円で取引されたとします。1年後には額面金額100円と1円の利子が支払われます。ですから，購入者は2円の利益を得ることになり，利回りは約2％（2円÷99円）になります。つまり，国債の価格が下がると，利回りが上がります。

　逆に，100.5円で購入した場合は，満期時に，額面との差額である100.5円－100円の0.5円の損失が発生しますが，利子が1円つくため，満期まで持ち続けた場合の利回りは，0.5円÷100.5円＝約0.5％となります。このように，国債の価格と利回りは反対の動きを示します。

　国債は元本が返ってくるまでの期間，いわゆる**償還期間**によって分類されます。償還期間は短いものでは数カ月から，長いものでは40年にも及びます。通常，1年以内のものを短期国債，5年以上のものを長期国債といいます。なかでも，10年物の国債の金利は，長期国債金利の代表的な指標とされ，その動向は，住宅ローンの金利などに大きな影響を与えます。

　さて，ここで目を向けていただきたいのが図4-7です。これは10年物国債の利回りの推移を示したもので，近年日本の国債利回

図 4-7　10 年物国債利回りの推移

出所：財務省「国債金利情報」。

りが非常に低い水準にあることがわかります。先ほど触れたように、国債価格と利回りの間には負の関係があるので、低い利回りは国債の市場価格が高いことを示しています。

　しかし、日本政府が巨額の債務を抱えているにもかかわらず、国債の利回りが低いというのは異例なことです。この背後には、日本銀行による国債の大量買い入れがあります。日本銀行は 2013 年から国債を大規模に買い入れる異次元の金融緩和を行っており、2024 年現在、国債保有の半分は日本銀行によるものとなっています（第 2 章も参照のこと）。

国債の格付け

　国債の**格付け**とは、国家が発行する債券、つまり国債の信用度を評価する仕組みです。信用度とは、その国が借りたお金をきちんと返せるかどうかを示す指標です。格付けは、格付け機関と呼ばれる専門の会社が行います。主な格付け機関には、ムーディーズ

図 4-8　主要格付け会社による日本国債格付けの推移

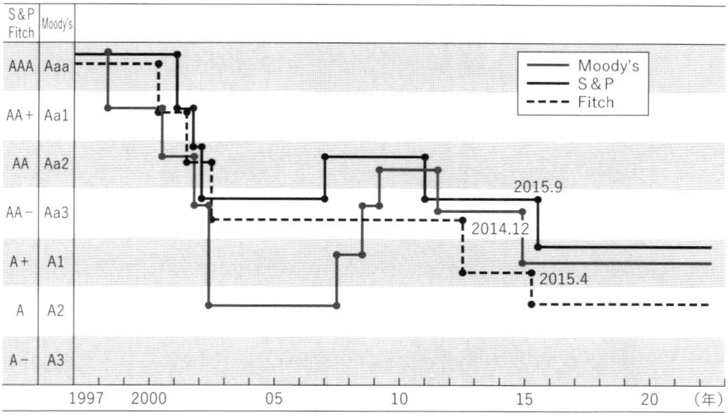

出所：財務省資料等をもとに筆者作成。

(Moody's)，スタンダード＆プアーズ (S&P)，フィッチ（Fitch）などがあります。これらの機関が発行する格付けは，投資家が国債を購入する際の重要な判断材料となります。

　格付けは，アルファベットやプラス・マイナス記号を用いて表記されます。最も高い信頼度を示す「AAA」から，信頼度に応じて「AA」「A」「BBB」と続きます（表記の仕方は格付け会社によって異なります）。格付け機関は，経済状況，政府の財政健全性，政治の安定性などを総合的に評価して国債の格付けを決定します。高い格付けを持つ国債は，投資家にとって安心して購入できる反面，低い格付けの国債はリスクが高いため，その分高い利息を支払う必要があり，国家の財政にも影響を与えます。

　日本国債の格付けは，リーマン・ショック後の経済停滞や消費増税の延期などの影響で，2014 年から 15 年にかけて引き下げられました（図 4-8）。現在はシングル A からシングル A プラスの水準で

第 3 節　国債発行　**101**

維持されています。G7 諸国の中ではイタリアの格付けが最も低く，日本はそれに次ぐ位置にあります。東アジア諸国との比較では，日本は中国と同程度で，韓国や台湾をやや下回る格付けです。

　日本国債の格付けの変更は，日本にある民間企業の格付けにも影響を与えることがあります。たとえば，過去に日本国債が格下げされた際には，日本国債と同じ水準の格付けを持つ民間企業の 4 割から 5 割が同じ時期に格下げされました。民間企業の格付けが引き下げられると，その企業が発行する社債の金利が上昇し，資金調達コストが増加する可能性があります。つまり，国債の格付けの変動は広範囲に影響を及ぼすのです。

▷　日本はどれくらい国債を発行しているのか？

　日本政府は毎年どれくらいの国債を発行しているのでしょうか？2023 年度においては，当初予算で新規に発行される国債は 35.6 兆円とされましたが，時がたつにつれ，追加の補正予算が投入され，約 8.9 兆円分の追加発行が行われました。これにより，この年の国債の発行総額は 44.5 兆円に増えました。この内訳としては，建設国債が 9.1 兆円，特例国債が 35.4 兆円となっています。近年では補正予算で数十兆円の追加発行が常態化しています。

　ものすごい額の国債が発行されていますが，実はこれらは国債発行の一部でしかありません。過去に発行した国債の償還や利払いには多額のお金が必要で，政府はこれらのコストを賄うために，**借換債**と呼ばれる債券を発行しています。驚くべきことに，この借換債の発行額はなんと約 155 兆円にのぼり，2010 年度以降は常に 100 兆円を超える規模となっています（図 4-9）。

　借換債について少し説明をしておきましょう。国債（建設国債と特例国債）が新たに発行されるとき，その償還は特定のルールに従って行われます。このルールは **60 年償還ルール**と呼ばれ，国債が

102　第 4 章　日本の借金は世界一 !?

図 4-9　国債発行の推移（内訳）

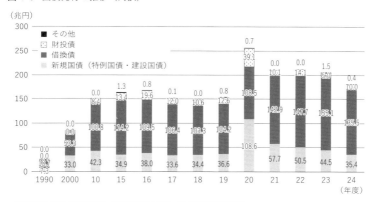

注：2022 年度までは実績，23 年度は補正後，24 年度は当初予算。
出所：財務省「国債発行額の推移（実績ベース）」。

発行されてから 60 年の間に段階的に償還される仕組みです。

　たとえば，政府が 10 年物の国債を発行した場合，10 年後に政府は借りた金額を返済する必要がありますが，すべてを一般会計の資金等を原資として返すのではなく，その一部だけを返済，残りは借換債を発行することで「借り換え」を行います。つまり，新しい借金で前の借金を返すという方式をとります。このプロセスを繰り返し，60 年かけて完全に国債を償還するのです。

　なお，借換債を含む国債発行総額は 2023 年度に 206 兆円となっています。200 兆円を超えるのは 4 年連続のことです。コロナ禍の影響を受けた 2020 年度には，国債発行額がピークに達し，257 兆円まで急増しました。

国債の負担

　国債というと「国の借金」がフォーカスされがちですが，本来，国債はインフラ整備など，多くの公共プロジェクトの資金調達手段

として機能し，経済の発展と安定を支援する重要なツールです。

　私たちの日常生活には，道路や橋などのインフラが不可欠ですが，これらの整備には莫大な資金が必要で，税金だけで賄うのが難しい場合があります。また，道路や橋は一度つくったら，将来にわたって何十年間も利用するので，今の世代だけに費用を負担させるのは不公平だともいえます。

　そこで，国債の登場です。国債発行によりお金を集め，道路や橋を建設し，借りたお金は今後，何十年かけて国民から税金を徴収し，少しずつ返済すれば，将来の世代も負担を分け合うことができます。

　また，国債を利用することで，経済を安定化させることもできます。景気は税収に大きく影響を与え，景気が悪化すると，税収が減少する傾向にあります。このような状況では，政府は公共支出を削減するか，あるいは，計画された支出を行うためには増税を行う必要があります。しかし，これらの選択肢は経済をさらに悪化させる方向に働きます。

　ここでも国債の利用が賢明な選択肢となりえます。不況時に国債を発行することで，政府は必要な支出を続けることができ，経済のさらなる悪化を防ぐことができます。そして，経済が回復し，税収が増えたときに，それらの国債を償還することが可能となります。この方法は，経済の安定を保ちながら，人々の負担を軽減する効果があるため，状況によっては効果的な手段となりえます。

　国債は一般的な借金とは異なります。民間企業が債券を発行する場合，借りたお金を将来返済する必要があります。この観点から見れば，社債発行は企業にとっての借金です。しかし，国債のケースは少し異なります。

　すべての国債が国民によって保有されているとしましょう。もし政府が国債の償還のために増税を行った場合，納税者の手取りは減

少します。しかし，その減少分が国債保有者へと支払われるため，彼らの手取りは増加します。これによって，国家全体として見た場合，国債の償還は基本的に国民間での資金の再分配を意味することになります。そして，この過程で，国の総所得が減少するわけではありません。

ただし，国債発行にはいくつかの問題点も存在します。

まずは，国債発行が民間投資を抑える可能性がある点です。国債を購入する資金は，基本的に民間の貯蓄からきています。もし国債が発行されなかったら，その分のお金が企業へと流れ，新しい投資や成長を促すかもしれません。しかし国債が増えると，企業に流れる資金が減少し，投資が滞り，結果的に経済成長が抑制されるかもしれません。

次に，国債発行が増え，国の歳出の大部分が国債の利払いや償還に使われるようになると，公共事業や教育など，他の重要な政策支出に向けられる資金が減少します。これは国の経済全体に悪影響を与える可能性があります。

また，世代間での負担の問題もあります。国債を購入する世代と，その後，償還の財源確保のために増税をされる世代が異なる場合があります。この場合，国債発行は，今の世代から将来世代への財政負担の先送りとなります。

4 財政危機とは？ 財政危機は起こるのか？

日本政府は巨額の債務を抱えており，国内外で**財政の持続可能性**が危惧されています（財政の持続可能性については第11章で詳しく説明します）。

国や企業，あるいは私たち個人が，借りたお金を返せなくなる，

つまり債務を償還できなくなる事態を**債務不履行（デフォルト）**といいます。そして，国がこの状態に陥ることを**財政破綻**と呼びます。これは，国が借金を返せなくなり，国家破綻に陥るということです。

　先ほども指摘しましたが，国が借金をすることは必ずしも悪いことではありません。実際，国家運営にはしばしば借金が必要となります。たとえば，インフラ整備など，将来の国家の発展につながる借金は，その使い方にもよりますが悪いものではありません。また，景気が悪くなったときに，経済を支えるために財政支出をすることは，財政政策の基本であり，そのために借金が必要となることもあります。

　しかし，借金があまりに多くなりすぎると，問題が生じることがあります。市場関係者が「もしかして，あの国は借金を返せないのでは？」と疑念を抱くようになります。これが発生すると，国債需要が減少し，国債価格が下落，利回りが上昇します。国債の利回りは市場の金利と密接な関係があり，国債金利の上昇は，市場全体の金利を引き上げるという連鎖反応を起こします。

　では，金利が上昇するとどのような影響があるのでしょうか？

　金利の上昇は，家計，企業，そして政府に広範囲の影響を与えます。家計では，住宅ローンの返済額が増加，月々の支払いが増えると，他の生活必需品や趣味，レジャーに使えるお金が減少します。企業は，資金を借りる際のコストが増加するので，資金繰りや新しいプロジェクトや事業に投資することが難しくなります。住宅ローン破綻，企業の倒産が増加する可能性もあります。また，政府の国債への利息費用が増加し，新たに借金をすることも難しくなるので，国家予算の編成が困難になります。政府が予算編成をできなくなれば，国民を支えられなくなります。また，企業の生産や投資が減少すれば，雇用も縮小し，人々は生計を失うことになります。ひとたび財政破綻が起きれば，国民生活への影響は避けられないのです。

財政破綻は決して珍しいことではありません。実際，世界では10年あるいは数年おきに発生しています。近年では，2010年にギリシャが財政危機に陥り，20年にアルゼンチンがデフォルトを経験しました。

　国家レベルの話ではありませんが，日本でも2007年に北海道の夕張市が事実上の財政破綻を起こしました。この危機は市職員の給与カットや人員削減を引き起こし，さらに市民にも痛みをもたらしました。学校や図書館が閉鎖され，金融機関が撤退しました。人々の生活は大きく変わり，若者は街を出ていきました。

　幸運なことに，日本では国レベルでの財政危機は起きていません。しかし，それが，巨額の政府債務を無視できる理由にはなりません。前述のとおり，政府が膨大な債務を抱えていることは，すでに大問題なのです。現在，日本の国家予算の大部分は国債発行によって賄われており，歳出の約4分の1が国債の返済に充てられています。国の借金が増加すると，国債費はさらに増加し，教育や公共投資などに資金を回すことができなくなります。これは日本の発展にとってマイナスの影響を与えます。

　事実，巨額な政府債務を抱える国は，経済成長が低迷する傾向が確認されています。これは，政府債務の増加により，民間投資に向かう資金が減少するからです。政府債務の削減は，持続的な経済成長を実現するためにも，きわめて重要なのです。

5　財政政策の有効性

　政府が財政を通じて行う経済政策のことを**財政政策**といいます。財政政策にはいくつかの機能がありますが，その中に，経済の安定化があります。これは，景気が悪くなった際に，政府が支出を増や

したり減税を行うことによって，経済を下支えすることを目指すものです。逆に，景気が良くなったときには，財政を引き締め，経済の過熱を抑制する役割があります。この**反循環的**（counter-cyclical）な財政政策が上手く実施できれば，景気の変動幅を小さくできる可能性があります。

財政政策は大きく分けて，**ルールに基づく**財政政策と**裁量的**財政政策の2つに分類されます。

ルールに基づく財政政策は，事前に定められた規則や制度に従って行われるものです。代表的なものに，所得税，失業保険や生活保護などの社会保障があります。累進課税制度のもとでは，個人の所得が増えると，その税率も上昇します。この制度により，不況時に所得が減少すると，所得税額も自動的に減少します。これは可処分所得（政府への税金や社会保険料などの支払いを差し引いた所得。いわゆる「手取り」の部分）の減少を防ぐため，消費の減少，結果としての経済を下支えする効果があります。また，失業保険や生活保護などの社会保障も経済状況に応じて自動的に増減します。これは財政の**ビルトイン・スタビライザー**（経済安定化装置）と呼ばれます。

一方，裁量的財政政策は経済状況に合わせて，機動的かつ柔軟に実施されます。たとえば，不況時に景気を刺激するために行われる公共投資や減税はこれにあたります。

▷ **日本の財政政策を振り返る**

日本では，これまでに数多くの裁量的な財政政策が実施されてきました。この様子を確認しておきましょう。図 4-10 は，過去約 30 年間に日本で実施された財政政策をまとめたものです。バブル経済崩壊後の 1990 年代初頭から，2003〜07 年（小泉内閣と第 1 次安倍内閣の時代）を例外として，ほぼ毎年なんらかの経済対策が実施されてきたことがわかります。近年では，新型コロナウイルスや物価高

図 4-10 政府経済対策

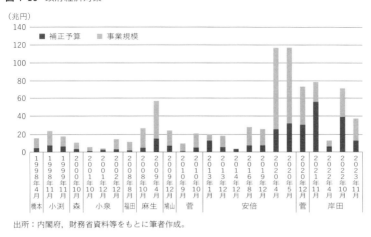

出所：内閣府，財務省資料等をもとに筆者作成。

騰等に対して，これまでにない規模の補正予算により対応してきたことから，歳出が拡大しました（前掲の図 4-4 を参照）。

1990 年代を通じて事業規模で約 130 兆円，2000 年代を通じて約 200 数十兆円の資金が投入されました。しかし，日本経済は本格的な回復を見せず，1990 年代以降の成長率は先進国の中で低迷が続いています。これにより，大規模な財政支出の効果が限定的であったと評されることがあります。しかし，これにより財政政策の効果がなかったといえるわけではありません。もし財政支出がなかったとしたら，経済はさらに委縮していたかもしれないからです。

財政乗数

では，財政政策の効果はどのように評価すればいいのでしょうか？ 財政政策の効果を測る指標として**財政乗数**というものがあります。これは，政府の支出や税調整などの財政政策の変更が，

第 5 節 財政政策の有効性 **109**

GDP にどれほど影響を与えるかを示すもので，次の式で表されます。

$$財政乗数＝GDP の変化量÷財政措置の変化量$$

ここで，財政措置の変化量とは，政府支出や税の変化量のことです。

たとえば，政府が 100 万円の支出をした場合，財政乗数は GDP がどれだけ増加するかを測定します。GDP が 100 万円増加すれば，財政乗数は 1 となります。GDP が 100 万円より増加（または減少）した場合は，財政乗数は 1 よりも大きく（または小さく）なります。

財政乗数が 1 よりも大きくなるのは，財政政策の**乗数効果**によるものです。拡張的な財政政策（政府支出の増加や減税など）が実施されると，それによって生じた需要がさらなる需要を生み出し，経済全体の需要が増加することがあります。これを乗数効果といいます。

たとえば，政府が公共投資を行った場合，生産と雇用が増え，国民の所得が増加します。この所得増加が消費を喚起し，これがさらに生産と雇用の増加につながり，国民の所得がさらに増えるという連鎖反応が生まれます。このとき，当初の公共投資額を上回る需要の増加，そして所得，生産の増加が生じることから，財政乗数は 1 よりも大きくなります。これが財政政策が景気対策として推奨される理論的な根拠です。

それでは，日本の財政乗数はどれくらいなのでしょうか？ 財政乗数は長年にわたり多くの研究者たちによって推定されてきました。推定方法にはいくつかのアプローチが存在しますが，内閣府経済社会総合研究所の分析によれば，2018 年の公共投資の財政乗数の値は 1.13 となっています。

注目すべきは，日本の財政乗数が長期的に低下しているということです。財政乗数の値はその推定方法によって異なるため，比較には注意が必要ですが，内閣府の分析によれば，1990 年代前半には

1.2～1.3 程度だった財政乗数が，近年では，1.13 と以前より低下していることが示されています。他の研究でも，日本の財政乗数の低下が指摘されています。

　財政乗数は経済環境によってその値が変わることが知られています。たとえば，景気拡大期の方が景気後退期よりも財政乗数が大きくなることが示されています。また，政府の債務残高や高齢化も財政乗数に影響を与えるとされています。国の債務が多いほど財政乗数は小さくなり，高齢化も進むほど財政乗数が低下する傾向が示されています。日本政府は巨額の債務を抱えており，また，日本は世界で最も高齢化が進んだ国となっていることから，これらの要因が財政政策の有効性を低下させていると考えられます。この点は日本の経済政策を考えるうえで重要です。

※ Summary **まとめ** //

□　日本政府は，税収等では歳出全体の約 3 分の 2 しか賄えておらず，残りを借金に依存しています。

□　日本政府の債務残高は累積の一途をたどり，GDP に対する比率は 2 倍を超えており，主要先進国の中で最も高い水準となっています。

□　財政政策の効果を測るものに財政乗数があります。日本の財政乗数は近年低下傾向にあることが指摘されています。

//

※ Exercise **演習問題** ///

4.1　日本政府の債務残高が GDP の 2 倍以上に達している理由を説明してください。

4.2　主要格付け会社による日本国債の格付けがどうなっているのかを調べ，他の先進諸国の国債と比較してください。また，日本国債の格下げが生じた場合の影響について説明してください。

第 5 節　財政政策の有効性　**111**

格差拡大の真実

所得格差と貧困問題

第 5 章 Chapter

Quiz クイズ

東京 23 区で最も平均年収が高いのは港区で 1200 万円弱です。では，日本全体で世帯年収が 1200 万円以上の割合はどれくらいでしょうか？次の中から一番近いものを選んでください。

(©iStock / zhuweiyi49)

- a. 20%
- b. 15%
- c. 10%
- d. 5%
- e. 1%

Chapter structure 本章の構成

1	格差の世界へようこそ	所得格差　資産格差　機会の格差
2	所得格差はどう測る？	所得分布　ジニ係数　所得占有率
3	何が格差の原因なのか？	技術進歩　グローバル化　制度・政策　教育　トップ層への富の集中はどう説明する？
4	格差がもたらすもの。格差は問題なのか？	所得平等と経済成長の間のトレードオフ
5	日本の所得格差	なぜ日本で所得格差が拡大したのか　共同貧困
6	日本の貧困問題	絶対的貧困と相対的貧困　子どもの貧困問題　貧困者増加の理由

Answer クイズの答え

d. 2023 年に 6.7％。

Introduction はじめに

　皆さんは「お金持ち」と聞いて，どんな人を思い浮かべますか？たとえば，年収が 1 億円の人は「お金持ち」でしょうか？　年収が 3000 万円や 1000 万円の場合は，どう感じるでしょうか？「お金持ち」という言葉は，人それぞれに異なるイメージを与えます。

　世界を見渡すと，富の差は顕著です。世界のお金持ちランキングを見てみましょう。

　世界的な経済雑誌であるフォーブス誌によると，2023 年，世界で最も裕福な人物は，高級ブランド「ルイ・ヴィトン」を擁する LVMH グループのベルナール・アルノー氏です。その資産はなんと 2110 億ドル，日本円にして約 27 兆 8500 億円にものぼります。次に続くのはテスラを率いるイーロン・マスク氏やアマゾンの創業者であるジェフ・ベゾス氏です。彼らも莫大な資産を保有しています。

　世界には資産が 10 億ドル以上の「ビリオネア」が 2640 人います。この数字からも，一部に富が集中していることがわかります。とくに，アメリカ，中国，インドがそのトップを占めています。

　ここで注目すべきは，貧困問題に取り組む NGO オックスファムの報告です。新型コロナウイルス感染症の大流行以降，世界の上位 5 人の富裕層の資産が，2 倍以上に増えた一方で，世界では 5 億人近くが貧困に陥ったとされています。

　2017 年には，世界で最も裕福な 8 人の資産と，世界人口の下位半分，約 36 億 7500 万人の資産がほぼ同じであるとも報告されています。これらの事実は，経済格差の深刻さを物語っています。

　日本も，かつては「一億総中流」といわれましたが，現在は**格差**

114　第 5 章　格差拡大の真実

社会へと変わりつつあります。中間層の減少，富裕層および貧困層の増加が見られます。地域間，教育，医療の格差も私たちの生活に深く関わる問題となっています。

経済格差に対する見方はさまざまです。競争を促進し経済成長を目指すためには，ある程度の格差は避けられないという意見もあります。一方で，全員が平等と公正なチャンスを享受するべきだという考え方も強くあります。

本章では，経済格差について学びます。格差とは何か，その測り方，日本の現状，そして格差がもたらす影響や対策について一緒に考えていきましょう。

1 格差の世界へようこそ

私たちが暮らす社会には，さまざまな格差が存在します。所得格差，資産格差，機会格差，ジェンダー格差など，多岐にわたる格差があり，それぞれが社会の異なる面を映し出しています。これらの格差はそれぞれ独立しているわけではなく，実は互いに深く関連しています。

代表的なのは**所得格差**でしょう。これは，人々がどれくらいのお金を稼いでいるか，そしてそのお金がどれほど平等に分配されているのかを示す指標です。少数の人が巨額の収入を得ている一方で，多くの人がそれほど得ていない場合，所得格差は大きくなります。

所得格差を考える際には，「生涯所得」の視点も重要です。これは，現在の収入だけでなく，一生を通じて得られる収入の総和を指します。たとえば，失業期間があれば，その間は収入が途絶えるため，生涯所得に影響を与えることになります。このように，生涯を通じた所得の視点から格差を評価することは，より深い理解につな

がりますが、生涯所得のデータは取得が難しく、計算も複雑です。

資産格差もまた、大きな問題です。これは、家や土地、金融資産など、人々や家庭が持つ財産の分配状況を示します。一部の家庭が多くの財産を持つ一方で、他の多くの家庭がほとんど持っていない場合、資産格差が大きいといえます。

さらに、**機会格差**も無視できません。これは、人々が生まれた環境や性別など、自分で選べない条件によって、将来の収入にどのような影響があるのかを考えるものです。裕福な家庭に生まれた人は良い教育を受けやすく、それが高収入を得るチャンスを増やすかもしれません。

これらの格差は、社会における不平等を異なった角度から見るものですが、相互に影響し合っています。不平等がどのように形成され、社会にどのような影響を与えるかを理解することは、不平等を改善する政策を考えるうえで非常に重要です。以下では、とくに所得格差に焦点を当て、その実態と影響について深く掘り下げていきましょう。

2 所得格差はどう測る?

所得分布

所得分布は、社会全体の人々がどのくらいの所得を得ているかを表すものです。この分布を見ることで、どれだけの人々がどれだけの所得を得ているのかがわかります。もし、皆さんが自分の所得が日本全体でどの位置にあるのかを知りたければ、この所得分布が役立つでしょう。

図5-1をご覧ください。この国では、所得金額を低いところから高いところまで、100万円ごとに分け、どのように分布しているか

図 5-1 日本全体の世帯年収（2022 年度）

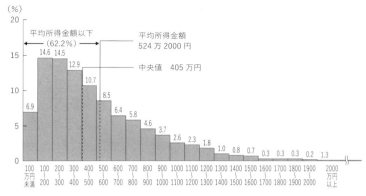

出所：厚生労働省「国民生活基礎調査」。

を視覚化しています。

　この分布から読み取れるのは，低所得者層に多くの人々が集中していることです。「100～200万円未満」の区分に最も多くの人が集まっており，「200～300万円未満」「300～400万円未満」がこの順番で続きます。これらの区分だけで全体の 42% を占めています。これは，多くの人々が比較的低い所得水準であることを示しています。

　ここで注目したいのが，所得金額の平均値と中央値です。平均値は 524 万円ですが，中央値は 405 万円と，約 120 万円の差があります。この違いは何を意味するのでしょうか？

　中央値とは，全世帯を所得順に並べたとき，真ん中にくる所得です。つまり，日本の家庭の半数は年収 405 万円未満で生活しているということです。一方で，524 万円という数字は，一部の高所得者が全体の平均を引き上げていることを示しています。少数の高所得者がいることで，全体の平均が実際の多くの人々の所得よりも高く

第 2 節　所得格差はどう測る？　117

図 5-2 ジニ係数

見えてしまうのです。

では,高所得者層はどのくらい存在しているのでしょうか？ 世帯年収 1000 万円以上の割合は全体の 11.6% であり,約 8 世帯に 1 世帯がこのカテゴリーに入ります。2000 万円以上の世帯はさらに少なく,全体の 1.3% にすぎません。こうした数字から,日本社会における所得格差の実態が見えてきます。

ジニ係数

所得格差を測る際に最もよく使われるものが**ジニ係数**です。この係数は 0 から 1 までの数値をとり,全員の所得が同じであれば 0,1 人がすべての所得を持っていれば 1 になります。つまり,1 に近づくほど所得格差が大きいことを示します（図5-2）。この係数は,イタリアの統計学者コラード・ジニによって考案されたことからこの名がつけられました。

所得の話をする際には,「額面金額」と「手取り金額」の違いがポイントとなります。税金や社会保険料を払う前の所得,いわゆる額面の所得を**当初所得**,税や社会保障の効果を反映した後の所得,つまり手取りの所得を**再分配所得**と呼びます。

ジニ係数は,当初所得と再分配所得の両方で計算できます。この

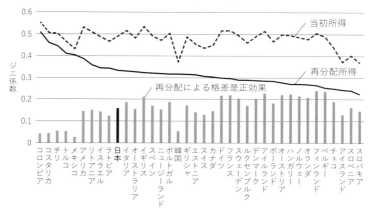

図 5-3 ジニ係数の国際比較（OECD 38 カ国，2022 年）

注：再分配による格差是正効果＝当初所得のジニ係数－再分配所得のジニ係数
　日本，スイスは 2021 年，オーストラリア，アイスランド，ニュージーランドは 2019 年の値。
出所：The Standardized World Income Inequality Database, Version 9.7, September 2024.

2つのジニ係数を比較することで，所得再分配政策が格差是正にどれだけ貢献しているかがわかります。

図5-3は主要国におけるジニ係数を比較したものです。日本のジニ係数は当初所得で0.49，再分配所得で0.33となっており，所得再分配が機能していることがわかります。なお，後ほど見るように，日本の当初所得ジニ係数は近年，上昇傾向にあります。OECD加盟38カ国中の順位は，当初所得で16位，再分配所得で10位となっています（順位が高いほど格差が大きいことに注意をしてください）。再分配所得のジニ係数の順位が当初所得の順位よりも高くなっているということは，再分配による格差是正効果が他の先進国と比べるとあまり強くないことを示しています。

OECD加盟国の中では，所得再分配後のジニ係数が最も高いのはコロンビア，次いでコスタリカ，チリとなっています。これらの

国は OECD に加盟しているものの先進国ではないため，主要7カ
国で比較すると，日本の再分配後ジニ係数はアメリカに次ぐ第2位
となっています。

▷ 所得占有率

所得占有率は，所得格差を測るために近年注目されている指標で
す。この指標は，「トップ x ％所得占有率」とも呼ばれ，社会全体
における上位 x ％の人々の所得が全体の所得に占める割合を示し
ます。

たとえば，「トップ1％所得占有率」を調べることで，最も富裕
な層が全体の所得に占める割合がどれくらいなのかがわかります。
所得占有率は，所得が富裕層にどれほど集中しているかを示してお
り，経済全体の平均的な不平等を示すジニ係数とは異なる角度から
所得格差を理解することを可能にします。

所得占有率の計算には，税金のデータが用いられます。その理由
は，税金のデータが富裕層の所得情報を正確に，そして長期にわた
って捉えることができるからです。一般的な所得格差を計算すると
きに使われる家計調査は，幅広い家計をランダムに対象としている
ため，少数派の高所得者が含まれる確率は低く，また，含まれたと
しても所得情報が正確に報告されるとは限りません。

しかし，税金のデータを使用することで，脱税がないかぎり，社
会の高所得者のほぼすべてを捉えることができます。このようにし
て得られたデータに基づき，全体の所得に占める高所得者の所得の
割合を算出することが可能になります。世界各国の所得占有率のデ
ータは「World Inequality Database」で公開されています。

図5-4はいくつかの先進国でトップ1％の所得占有率の推移を見
たものです。20世紀の初期にはトップ1％の所得占有率が高く，
所得格差も大きかったのですが，中期から戦後にかけては，最も裕

120 第5章 格差拡大の真実

図 5-4 トップ 1% の所得占有率の推移

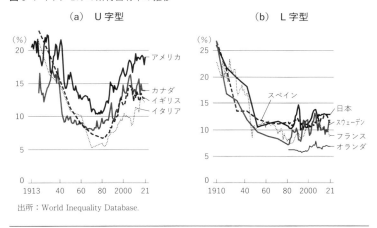

出所：World Inequality Database.

福な 1% の人々の所得シェアが大きく減少しました。しかし，1980年代以降，とくにアメリカなどいくつかの高所得国では，所得格差が再び広がり，過去 100 年間で「U 字型」のパターンを描いています。

アメリカでは，第 2 次世界大戦前にトップ 1% の所得占有率が高かったものの，戦後急激に低下しました。しかし，1980 年代から，この割合は再び上昇しはじめ，2000 年代には戦前の水準に戻り，その後も上昇傾向が続いています。

一方で，日本やスウェーデン，フランスなどでは，トップ 1% の所得占有率は 20 世紀の初期から中期にかけて急激に減少した後，比較的安定したレベルを維持しています。これらの国では，「L 字型」の傾向が見られ，不平等が増大することなく，比較的安定した状態が保たれています。

3 何が格差の原因なのか？

近年，私たちの社会で所得格差が広がっている背景には，世界の動向と国内の事情が複雑に絡み合っています。その主な要因として，技術進歩，グローバル化，そして制度・政策などが指摘されています。

技術進歩

技術進歩，とくに高いスキルと密接に結びついた技術進歩（技能偏向的技術進歩）は，高スキル労働者への需要を拡大します。その結果，高スキル労働者と低スキル労働者の所得格差が拡大します。

たとえば，インターネットやパソコンなどの新しい技術は，これらを上手く使いこなせる高いスキルを持った人々にとって，より多くのチャンスをもたらします。この現象は「スキルプレミアム」と呼ばれ，高い技術を持つ人とそうでない人との間で所得格差が生まれます。

また，オートメーションも格差を広げる要因です。ロボットやAIが仕事を担うことで，特定の職種の需要が減ったり，なくなったりします。多くの場合，中間層や低所得者層が従事する仕事がなくなりがちで，結果として，オートメーションの恩恵を受ける高度なスキルを持つ労働者との間で所得格差が広がる傾向にあります。

1980年代以降，アメリカをはじめとする多くの先進国では，コンピュータなどのITの普及によって，ルーティンタスクに従事する中間層の労働者の仕事が技術に代替され，賃金格差が拡大したと考えられています。

グローバル化

グローバル化も所得格差の要因として指摘されています。グローバル化の進展に伴い，製造業の生産拠点が，先進国から中国やインドといった新興国に移行しました。これにより，先進国では低スキル労働者に対する需要が減少し，賃金が下がる一方で，高スキル労働者は補完的な生産活動を行うことで賃金が上昇し，両者の格差が拡大しました。

ただし，既存の研究によると，グローバル化よりも技術進歩の方が格差拡大に強い影響を与えているとされています。たとえば，IMFの報告では，1981年から2003年にかけての51カ国のデータを分析し，技術進歩の方がグローバル化よりも格差拡大への寄与が大きいことが示されています。

制度・政策

国の制度や政策も所得格差に影響を与えます。先進国は技術進歩やグローバル化の影響を受けていますが，所得格差の程度は国によって大きく異なります。これは，各国の異なる制度・政策が所得格差に影響を与えているからです。

税制を例に見てみましょう。アメリカでは，1980年以降の最高税率の引き下げなど，富裕層に有利な税制の変更が格差拡大を助長していると指摘されています。また，労働市場の制度や政策も所得格差に大きな影響を与えることが指摘されています。たとえば，労働組合の組織率の低下は，労働者の賃金交渉力を弱め，所得格差の拡大につながる可能性があります。

教　　育

教育も所得格差を拡大させる重要な要因です。アメリカでは，所得水準によって教育への投資が異なり，所得が高い家庭の子どもた

第3節　何が格差の原因なのか？　**123**

ちは大学進学率が高い一方で，低所得家庭の子どもたちは進学率が低い傾向があります。こうした教育機会の不平等が所得格差につながり，それがさらなる教育格差につながるという悪循環が指摘されています。

▷ トップ層への富の集中はどう説明する？

トップ層への富の集中は，これらの要因では必ずしも説明できません。社会の中で，なぜ，一部の人だけがとても豊かになるのでしょうか？ その理由を世界的に有名な経済学者トマ・ピケティが『21世紀の資本』という本で説明しています。

ピケティは，なぜ富が一部の人に集中するのかを説明するために「$r>g$」という式を使いました。ここで r はお金を投資して得られる利益の割合，つまりどれくらいお金が増えるかを示し，g は経済全体の成長率，すなわちみんなのお金が平均でどれくらい増えるかを表します。

ピケティのポイントは，通常，投資から得る利益率（r）が経済成長率（g）よりも高いため，もともとお金を持っている人はさらに豊かになり，普通の人たちとの差がどんどん広がっていくということです。この理由で，社会の所得格差は拡大し続けるというのです。ピケティは，この格差を縮めるためには，政府が積極的にお金の再分配を行うべきだと提案しています。

4 格差がもたらすもの。格差は問題なのか？

所得格差の問題は，政治，社会，経済の各分野で重要な議論の対象となっています。とくに，富の一部の富裕層への集中は，大きな関心事です。ここではとくに経済の視点から，所得格差がもたらす

影響に焦点を当ててみましょう。

　従来，所得格差は経済成長を促進するものとみなされてきました。言い換えれば，所得平等と経済成長の間にはトレードオフの関係があるということです。

　これは，ある程度の所得や資産の不平等が富裕層の貯蓄を増やし，それが投資となって経済全体を押し上げるという考え方です。また，格差があることで人々の競争意識を高め，労働や投資へのモチベーションを与えるとも考えられてきました。こうした見解に基づくと，所得再分配による税負担の増加などが，経済活動を抑制し，経済成長を阻害する可能性があります。

　しかし，近年の研究では，過度な所得格差が経済成長を減速させ，成長の持続可能性を損なうことが指摘されています。

　OECD の分析によれば，所得格差の拡大は教育投資の減少を通じて，経済成長を低下させます。OECD は，格差対策は社会をより公平にし，経済を強化する効果があると主張しています。IMFも，格差の拡大が中期的に経済成長率を下げることを確認しており，適度な所得再分配は経済にプラスの効果をもたらすこともあるとしています。

　所得格差の経済への影響については議論が続いていますが，政策立案者の間では格差是正が適切に行われれば経済成長を妨げないという認識が広がっています。とくに，教育投資のように，格差是正と経済成長の両方を促進する政策も存在します。そのため，政策当局者は必ずしも格差是正と経済成長の二者択一を選ぶ必要はないとの見解もあります。

5 日本の所得格差

なぜ日本で所得格差が拡大したのか？

1980年代，日本は「一億総中流」と称されるほど，社会的平等が非常に高かった時代がありました。しかし，時代がたつにつれて，現代の日本社会では，格差の拡大が深刻な問題として認識されるようになりました。この変化の背後には，高齢化の進行，非正規雇用の増加，女性の労働市場への積極的参加など，複数の要因が関係していると考えられています。

では，現在の日本社会の所得格差はどの程度なのでしょうか？この疑問に答えるために，ジニ係数の推移を見てみましょう。前述のとおり，ジニ係数は，所得格差の度合いを数値化したもので，0から1の範囲で示されます。数値が低いほど平等な所得分配を，高いほど大きな格差を意味します。

ジニ係数は，総務省の「全国家計構造調査（「旧全国消費実態調査」），厚生労働省の「国民生活基礎調査」と「所得再分配調査」から算出されます。しかし，これらの統計ごとに，ジニ係数の数値や変化の傾向には違いがあります。

図5-5をご覧ください。「所得再分配調査」によるジニ係数が最も高く，次に「国民生活基礎調査」「全国家計構造調査」の順番で続きます。

これらの違いは，家計の規模を考慮した所得である「等価所得」の計算方法に起因します。「国民生活基礎調査」や「全国家計構造調査」では，世帯所得を世帯員数で調整した等価所得を用いますが，「所得再分配調査」では，この等価所得を用いず，世帯規模の縮小や調査の特性がジニ係数の上昇要因となっていることが明らかにさ

図 5-5 日本におけるジニ係数の推移

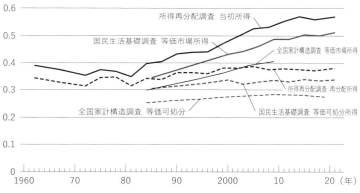

出所：厚生労働省「国民生活基礎調査」，総務省統計局「全国家計構造調査（旧全国実態調査）」，OECD Income Distribution Database。

れています。

1980年代から，当初所得のジニ係数はゆるやかながら拡大傾向にあります。所得再分配を行った後のジニ係数も上昇しましたが，2000年以降ほぼ横ばいで推移しています。これは，当初所得の格差は拡大しているものの，所得税や社会保険料を通じた所得再分配が効果的に機能していることを示しています。

日本における当初所得の格差拡大には，大きく3つの要因が指摘されています。

第1は高齢化です。高齢者の所得には，長い年月を通じて働き，積み重ねてきた結果が反映されるため，ジニ係数は大きくなります。実際，再分配前の当初所得のジニ係数を世帯員の年齢階級別に見ると，55歳未満ではおおむね0.3～0.4程度ですが，55歳以上では年齢が上がるにつれて徐々に上昇しています（図5-6）。このことからもわかるように，日本で進む高齢化は，全体のジニ係数を高める要因となっています。

第5節　日本の所得格差　　**127**

図 5-6　世帯主の年齢階級別ジニ係数

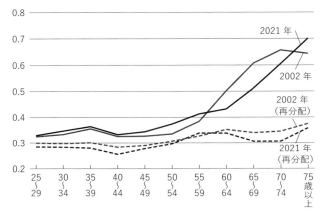

出所：厚生労働省「所得再分配調査」。

　一方，再分配後のジニ係数を見ると，すべての年齢層で当初所得のジニ係数よりも低くなっており，また，過去と比べても若干低下しているため，全体のジニ係数は低下していることがわかります。

　第2は女性の社会進出による夫婦共働き世帯の増加です。近年，女性の社会進出が進み，夫婦共働きの世帯が増えています。これは一見，世帯の収入を増やす好影響のように思えますが，実際には共働き世帯とそうでない世帯との間で所得格差が生まれています。

　第3は非正規雇用者の増加です。近年，とくに若年層を中心に非正規雇用者が増加しています。これらの労働者は正規雇用者に比べて賃金が低く，その結果，所得格差が拡大する一因となっています。

共同貧困

　日本の所得に関する現状には，とくに注目すべきポイントがあります。それは，アメリカで見られるように，一部の富裕層だけが所

図 5-7　家計所得の推移（所得 5 分位階級）

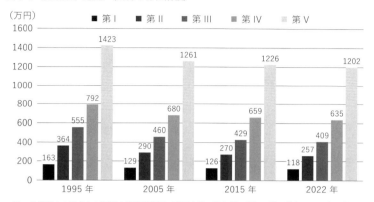

注：全世帯を 5 等分した所得 5 分位階級別の所得金額。最も低い階級が第Ⅰ階級，最も高い階級が第Ⅴ階級。
出所：厚生労働省「国民生活基礎調査」。

得増を享受しているわけではなく，富裕層を含む広範な層が所得減少を経験しているということです。日本は「共同貧困」とも表現できる状況に陥っています。

　具体的には，家計の平均所得は 1995 年には 660 万円でしたが，2022 年には約 136 万円減の 524 万円まで落ち込んでいます。家計所得を 5 つの階層に分けて階層ごとの 1 世帯当たりの平均所得の推移を見ると，全階層で減少傾向にあることがわかります（図 5-7）。1995 年から 2022 年までの平均所得額を比較すると，全階層で 2 桁のマイナス成長を記録しています。

6　日本の貧困問題

　富裕層の存在が格差社会の象徴とされがちですが，対照的に貧困

層の存在もまた格差の一面を示しています。そこで，次に日本の貧困について考察してみましょう。

そもそも「貧困」とはどのような状態でしょうか？ 単にお金が足りない状態を指すのではありません。広辞苑によれば，貧困は「まずしくて生活が苦しいこと」と「乏しく欠けていること」を意味します。

▷ **絶対的貧困と相対的貧困**

貧困には2つの形態があります。**絶対的貧困**と**相対的貧困**です。

絶対的貧困は，最低限の生活すら維持できない状態を指します。食料や生活必需品を購入するお金がなく，衣食住さえままならない人たちがこのカテゴリーに含まれます。

相対的貧困は，同じ国や地域における生活水準や経済環境を相対的に比べて大多数の人よりも貧しい状態のことを指します。後ほど詳しく述べますが，日本では約9人に1人の子どもが相対的貧困状態にあり，十分な衣類がなかったり，学用品を準備できなかったり，高校進学を諦めざるをえなかったりするなど，「一般的な家庭の子どもたちに当たり前にある生活」と同等の生活が送れていません。

絶対的貧困も相対的貧困も，主に所得水準をもとにして計測・把握されます。この基準を**貧困ライン**といい，これを下回る人々を貧困状態にあるとみなします。

絶対的貧困の貧困ラインは国や組織によって異なります。日本では絶対的貧困の明確な定義は設けられていませんが，国際的には世界銀行が定める「1日に2.15ドル未満の生活をする人々（2022年時点）」を絶対的貧困としています。

相対的貧困では，全世帯の中央値所得（所得がちょうど真ん中にいる世帯の所得）の50%を貧困線として定め，この線以下の所得にとどまっている人々を相対的貧困状態にあるとします。所得の中央値

130 第5章 格差拡大の真実

図 5-8 相対的貧困率の国際比較（2021 年）

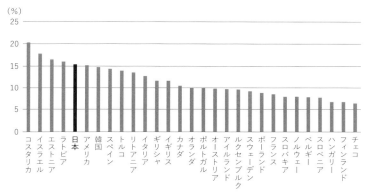

出所：OECD, Income Distribution Database.

は世帯所得をもとに算出されますが，3 人世帯の家もあれば，1 人世帯の家もあるので，世帯人数の違いを調整して計算されます。OECD の作成基準に基づき，「等価可処分所得」を計算し，それを所得順に並べてちょうど真ん中の数値をとるという方法が使われます。

　2021 年の等価可処分所得の中央値は 254 万円だったので，その半分である 127 万円未満の所得の人たちが相対的貧困層に該当します。貧困線に満たない世帯員の割合を示す**相対的貧困率**は 15.4% となっています。

　図 5-8 は相対的貧困率を国際比較したものです。日本の貧困率は韓国（14.8%）よりも高く，主要 7 カ国（G7）の中ではワースト 1 位となっています。G7 の中で最も低いのはフランスで，その数値は 8.5% です。日本は先進国の中でとくに高い貧困率を有する国の 1 つであることがわかります。

　次に，日本の相対的貧困率の長期的な推移を確認しましょう。そ

図 5-9 相対的貧困率の推移

出所：厚生労働省「国民生活基礎調査」。

のために相対的貧困線の動きを考えます。相対的貧困線は所得中央値の半分であるため，その動向は所得中央値の変化に応じます。所得の中央値は1990年代後半までは増加傾向にありましたが，その後低下し，近年はほぼ横ばいで推移しています。1997年のピーク時には297万円であったのに対し，2021年には254万円と15%程度低下しています。

では，相対的貧困率の動きはどうでしょうか？ 図5-9からわかるように，相対的貧困率は長期的には増加傾向にあります。2021年の相対的貧困率は15.4%で，これまでの最高値である2012年の16.1%よりは若干低下したものの，30年前の数字よりも3.4ポイント高くなっています。

▷ **子どもの貧困問題**

次に，**子どもの貧困率**を見てみましょう。子どもの貧困率とは，相対的貧困世帯に属する18歳未満の子どもの割合です。親子2人世帯では，所得は月額約15万円以下（公的給付含む）となってい

す。こうした世帯で育つ子どもは，医療や食事，学習，進学などの面で不利な状況に置かれ，将来的にも貧困から抜け出せない可能性が高いことが指摘されています。子どもの貧困問題への対応は，喫緊の課題となっています。

子どもの貧困率は 1980 年代から上昇傾向にあり，2012 年には 16.3％ に達しました。この「約 6 人に 1 人の子どもが貧困」という状況は，社会に大きな衝撃を与えました。その後，子どもの貧困率は 11.5％ まで低下しています。

子どもがいる世帯の貧困率は 2021 年には 10.6％ となっていますが，そのうち大人が 1 人だけの場合，つまりひとり親世帯の貧困率は 44.5％ と，ほぼ半数が貧困状態にあります。これは，ひとり親世帯が経済的にとくに厳しい状況にあることを示しています。

ここまで，厚生労働省「国民生活基礎調査」のデータに基づき，日本の貧困状況を概観しました。総務省「全国家計構造調査」でも相対的貧困率を算出していますが，2019 年（最新の数字）は 9.5％，子どもの相対的貧困率は 8.3％ となっています。これは「国民生活基礎調査」の 2018 年の数値よりも約 5 ポイント低いものです。日本の貧困率とその国際的な位置づけを考慮する際には，このようなデータの違いを踏まえ，貧困に関する認識や対策についてのさらなる議論が必要です。

▷ 貧困者増加の理由

日本で貧困者が増加している理由は，経済的な変化や社会保障制度の不十分さに根ざしていると考えられています。

バブル経済崩壊後の経済低迷は，失業の増加と賃金の停滞や低下を引き起こしました。これにより，生活を支えるための十分な収入を確保することが難しくなりました。企業は経営の効率化を図るなかで，非正規雇用を増やし，労働コストを削減しました。非正規雇

用者は，低賃金で社会保障の恩恵を受けにくいため，貧困に陥りやすい背景をつくり出しています。

　また，日本の最低賃金の低さや，社会保障制度が十分に機能していないことも，貧困率の上昇に影響を与えています。とくに高齢者世帯やひとり親世帯では，経済的な不安定さが顕著で，年金受給額の減少や単身高齢者世帯の増加が貧困問題を深刻化させています。

Summary まとめ

- □　格差には，所得格差，機会格差，ジェンダー格差などがあり，それぞれが社会の異なる側面を反映しています。所得格差を測る指標に，所得分布，ジニ係数，所得占有率があります。
- □　高齢化や非正規雇用の拡大により，日本の再分配前の所得格差は拡大傾向にあるものの，税や社会保障による再分配が行われており，再分配後の格差はある程度是正されています。
- □　日本では富裕層を含むすべての層で所得が減少しています。また，貧困問題も深刻となっています。

Exercise 演習問題

5.1　技術進歩とグローバル化が所得格差に与える影響について，具体的な例をあげて説明してください。

5.2　教育の格差が将来の所得格差にどのように影響すると考えられるかを論じてください。

5.3　日本の所得格差の現状をまとめたうえで，格差が拡大（縮小）した理由を簡潔に説明してください。

134　第 5 章　格差拡大の真実

国民生活は安心なのか？

社会保障

第 6 章 Chapter

Quiz クイズ

厚生労働省は，(厚生) 年金の標準的な支給額（モデル年金）を毎年公表しています（40 年間平均的な賃金で会社員として働いた夫と専業主婦の世帯を想定）。2024 年度の夫婦 2 人分の年金（月額）はいくらでしょうか？

a. 約 7 万円
b. 約 10 万円
c. 約 16 万円
d. 約 23 万円
e. 約 27 万円

年金手帳
(©iStock / takasuu)

Chapter structure 本章の構成

1	急増する社会保障給付費	社会保障給付費の推移　社会保障費の財源
2	年　　金	公的年金制度　賦課方式と積立方式　年金改革
3	医　　療	公的医療制度　増え続ける医療費　医療の効率性　医療サービスの特殊性
4	介　　護	介護保険制度　介護保険制度の課題　増える介護費用　介護労働者の不足問題　介護離職

Answer クイズの答え

d.

Introduction はじめに

　経済は，人々が働き，生産し，消費することで成り立っています。しかし，国民全員がいつも働けるわけではありません。病気になったり，ケガをしたり，子どもであったり，年をとって働けなくなることもあります。たとえば，高齢になり働けなくなった人々は年金をもらって生活し，介護や医療サービスも必要になります。これらの年金，介護，医療といった制度を**社会保障**と呼びます。

　社会保障制度は，大きく4つの柱で構成されています。

- **社会保険**：病気やケガ，出産，死亡，老齢，障害，失業など，生活に困難をもたらすさまざまなリスクに対して一定の給付を行う強制加入の保険制度（年金制度，医療保険，介護保険）です。

- **公的扶助**：生活に困っている人々を助ける制度です。たとえば，生活保護は最低限度の生活を保障するために設けられており，必要な人々に対して現金やサービスの支給を行います。

- **社会福祉**：障害者，母子家庭など，社会生活をするうえでさまざまなハンディキャップを持つ人々が安心して社会生活を営めるように支援する制度です。障害者支援や子育て支援など，特別な支援が必要な人々をサポートします。

- **保健医療・公衆衛生**：人々の健康を維持するための予防や衛生環境を整える制度です。予防接種や公衆衛生の向上を図ることで，健康な社会を実現します。

　これらの中で，日本経済にとくに大きな影響を与え，少子高齢化とも深く関わるのが社会保険（年金制度，医療保険，介護保険）です。本章では，社会保険に焦点を当てて，その仕組みや課題について詳しく見ていきます。

136　第6章　国民生活は安心なのか？

日本の社会保障制度は，1960年代から70年代の高度経済成長期にその基盤が作られました。当時は経済が急速に成長し，個人の所得も増加していました。人口構成も若く，正社員で終身雇用の夫が働き，専業主婦の妻が家庭を支えるという家庭モデルが一般的でした。この時代につくられた社会保障制度は，こうした家族のスタイルを支えるものでした。

　しかし，経済の停滞と少子高齢化が進むなかで，社会の構造は大きく変わりました。労働市場では非正社員が増え，共働き世帯が拡大しています。その結果，現在の社会保障制度には歪^{ゆが}みが生じ，従来の制度だけでは国民の安心を保障することが難しくなっています。

　社会保障制度は，経済の安定と成長，そして社会の安定に貢献する重要な仕組みです。誰もが安心して暮らせる社会を実現するために，社会保障について理解し，また，その課題を認識することが重要です。

1　急増する社会保障給付費

　はじめに，**社会保障給付費**について見てみましょう。社会保障給付費は，年金，医療，介護などの社会保障にかかる経費から利用者の自己負担額を除いたものを指します。

　社会保障給付費は年々増加を続けています。2022年度の社会保障給付額は137.8兆円で，その内訳は，「年金」が55.8兆円で全体の41％を占め，次いで「医療」が48.8兆円で35％，「福祉その他」が33.3兆円で24％となっています。「福祉その他」には，生活保護や介護，子育て支援，雇用保険による失業給付などが含まれます。

　社会保障給付費の対GDP比の推移を見てみましょう（図6-1）。1980年度には10％でしたが，GDP増加のペースが鈍化した90年

第1節　急増する社会保障給付費　　**137**

図6-1 社会保障給付費の推移

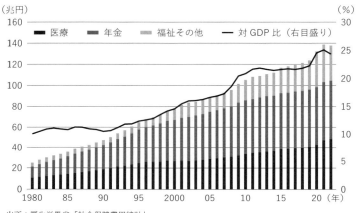

出所:厚生労働省「社会保障費用統計」。

代に入って上昇し,2009年には20%を超えました。その後しばらく横ばいで推移していましたが,2020年以降再び上昇し,22年には24.3%まで達しています。

社会保障給付の規模を国際比較すると,日本の数字は対GDP比で23.1%と,OECD平均の22%よりやや高い水準にあります(2019年の数値)。分野別に見ると,年金の割合はヨーロッパに比べると低く,アメリカやイギリスなどよりは高くなっています。医療費はアメリカよりは低いものの,他の多くの国に比べると高い水準にあります。福祉費用はアメリカを上回るものの,ヨーロッパ諸国には及びません。

次に,社会保障費の財源について見てみましょう。社会保障給付のうち,生活保護費などの財源は公的負担(税金)ですが,年金,医療,介護は保険方式が採用されています。これらの分野では,保険料収入が主な財源ですが,保険料収入だけでは賄いきれないため,税金や借金が投入されています(社会保障費と国の財政の関係について

は第4章をご参照ください)。この借金の多くは将来の世代に負担を先送りしている状況です。全体の約6割が保険料で賄われ,残りの4割は税金で補われています。

　ここで,改めて**保険**について説明しておきましょう。私たちの日常生活には,病気やケガ,交通事故,あるいは火災や地震といった自然災害など,さまざまなリスクが潜んでいます。そういったリスクに備え,みんなでお金(保険料)を出し合い,万が一の事態に備える制度が保険です。

　社会保険料は給与・手当などの報酬に応じて決まります。一般の会社員の場合,社会保険料は毎月の給与から自動的に差し引かれます。たとえば,月給が25万円の場合,社会保険料は約4万円なので,この金額に所得税・住民税を加えたものが天引きされます。

2　年　　金

　公的年金という言葉を聞くと,多くの人は高齢者のための制度と思われるかもしれません。しかし,実は若者でも年金を受け取ることが可能です。

　人生には予期せぬ出来事がつきものです。長生き,病気やケガ,死亡などのリスクに備えるための仕組みが公的年金です。

　老後の生活を支える**老齢年金**が最もよく知られていますが,公的年金はこれだけではありません。病気やケガで障害が残った場合の**障害年金**,一家の働き手が亡くなった場合の**遺族年金**もあります。

　公的年金制度の基本は,加入者が保険料を納め,年をとったり,障害を負ったりしたときに年金を受け取るというものです。公的年金は私たちの生活を支える大切な制度であり,その維持のために国はさまざまな取り組みを行っています。

第2節　年　　金　**139**

図 6-2 日本の公的年金制度

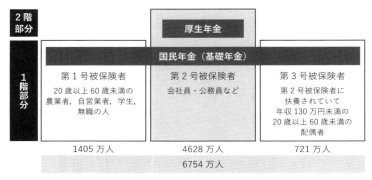

注：人数は，2022 年度末の数値。
出所：日本年金機構の資料をもとに筆者作成。

公的年金制度の概要

まず，日本の公的年金制度の概要を見ていきましょう。図 6-2 に示されているように，日本の公的年金制度は 2 階建て構造になっています。1 階部分が**国民年金**，2 階部分が**厚生年金**です。

1 階部分の国民年金は「基礎年金」とも呼ばれ，20 歳以上 60 歳未満のすべての人が加入します。2 階部分の厚生年金は会社員や公務員が加入する年金です。厚生年金に加入する人たちは，自動的に国民年金にも加入しています。厚生年金は国民年金に上乗せされる形で給付されるため，受け取る年金額が増えます。受給額は，加入期間だけでなく，現役時代の収入によっても決まります。現役時代に多くの収入を得ていた人は，納める保険料も多くなりますが，その分支給される年金額も多くなります。

年金制度の加入者は**被保険者**と呼ばれ，第 1 号から第 3 号に分かれています。1 階部分の国民年金に入るのが第 1 号被保険者と第 3 号被保険者，2 階部分の厚生年金にも入るのが第 2 号被保険者です。

140　第 6 章　国民生活は安心なのか？

コラム1　国民年金保険料の学生納付特例制度　　日本に住むすべての人は，20歳になると国民年金の加入者となり，保険料を支払う義務があります。しかし，20歳の多くは学生で，十分な収入が得られるわけではありません。そこで，学生には「学生納付特例制度」という，在学中の保険料支払いを猶予できる制度があります。この制度を利用するには申請が必要で，前年の所得が一定以下であれば承認されます。なお，この制度は学生本人の所得に基づいて判断され，家族の所得は関係ありません。

　ただし，学生納付特例制度を利用した期間は，将来の老齢基礎年金の受給額に反映されません。つまり，猶予を受けた期間分，将来受け取る年金が減額されることになります。

　国民年金は保険料を納めた月数に応じて受給額が決まり，満額を受け取るには40年間，つまり480カ月分の保険料を納める必要があります。たとえば，2024年度の国民年金の満額は月額6万8000円ですが，学生納付特例を2年間利用した場合，受給額は月額6万4600円（6万8000円×456カ月/480カ月）となり，年間で約4万円の差が出ます。65歳から90歳まで年金を受給すると，この減額分の合計は100万円に達します。

　ただし，学生納付特例制度を利用した場合でも，猶予された保険料は10年以内であれば追納が可能です（3年以上前の保険料には加算額が追加されます）。

Column 1

　厚生年金の主な加入対象はフルタイムで働く会社員です。パートやアルバイトといった短時間労働者が厚生年金に加入するには，いくつかの条件を満たす必要があります。具体的には，従業員が51人以上の企業で，週20時間以上勤務し，月収が8.8万円以上で，学生でないことが条件です（2024年10月時点）。

　かつては，短時間労働者が厚生年金に加入するには，従業員501人以上の企業で働いている必要がありました。しかし，2022年10月からは101人以上，さらに24年10月からは51人以上と条件が

第2節　年　金　141

引き下げられるなど，加入の要件は緩和されてきました。

　第1号被保険者は自営業者やフリーランス，学生など，会社員や公務員以外の人が対象で無職の人も含まれます。第3号被保険者は第2号被保険者に扶養されている配偶者で，年金保険料を負担することなく基礎年金を受け取れます。保険料を納めていないのに年金を受け取れるのは不公平だという指摘があり，第3号被保険者の制度については見直しの声もあがっています。

▷　日本の年金は賦課方式

　年金制度には2つの種類があります。**賦課方式**と**積立方式**です。

　賦課方式は，現在働いている世代が支払う保険料を，現在の受給者に給付する仕組みです。一方，積立方式は，個人が将来のためにお金を積み立て，老後にそれを取り崩して年金として受け取る仕組みです。日本を含む多くの先進国は賦課方式を採用しています。

　それぞれの方式にはメリットとデメリットがあります。

　まず，制度の立ち上げに要する期間について見てみましょう。新たに年金制度をつくる場合，賦課方式は，現役世代が現在の高齢者を支えるため，すぐに運用を始めることができます。しかし，積立方式は異なります。現役世代が積み立てを始め，その人たちが老後になって初めて年金を受け取るため，制度が整うまでに長い年月がかかります。

　次に，経済成長やインフレへの対応です。積立方式では，働いている時期の経済成長率が低いと，十分にお金を積み立てることができません。その後，経済がよくなっても，それに見合った年金を受け取るのは困難です。さらに，インフレが発生すると，積み立てたお金の価値が下がり，予定していた年金額が目減りしてしまいます。

　一方，賦課方式ではどうでしょうか？　こちらは現役世代が支払う保険料をそのまま使う仕組みですから，インフレや経済成長が予

想外に進んでも，その時点で集めたお金をそのまま使うので，実質的な価値を保ちやすいのです。

　さらに，人口構造の変化も重要なポイントです。賦課方式は人口が増加している時期には有利です。多くの勤労世代が少数の高齢者を支えるため，負担が軽くなるからです。しかし，人口が減少すると，勤労世代の負担が重くなるため，この場合は，積立方式の方が有利になります。

▷ 2004 年度の年金改革

　日本の年金制度は賦課方式を採用しているため，年金を受け取る高齢世代と保険料を納める現役世代の人口構成が制度運営に大きく影響します。急速な少子高齢化で，受給者と納付者のバランスが崩れ，現役世代の保険料負担が増加する懸念が強まり，2004 年度に「100 年安心」のキャッチフレーズのもとに年金改革が行われました。

　この改革では，年金の長期的な収入と支出のバランスをとることを狙い，①将来の負担（保険料）の上限設定，②財源の範囲内での給付水準の自動調整，③基礎年金における国庫負担割合の引き上げ，④積立金の活用，の 4 つの措置がとられました。それぞれ具体的に見ていきましょう。

　まず，将来の保険料を固定しました。それ以前は支給する年金総額に見合った保険料を勤労世代から集めていましたが，保険料の上限を定め，その範囲内でやりくりする方式に変更したのです。

　具体的には，厚生年金の保険料率は，2004 年から毎年 0.354% ずつ引き上げ，17 年度以降は 18.30% に，国民年金の保険料（月額）は 05 年から毎年 280 円ずつ引き上げ，17 年度以降は 1 万 6900 円とすることにしました。

　一方で，年金額を少しずつ削る自動調整の仕組みを導入しました。これは**マクロ経済スライド**と呼ばれます。年金額は賃金や物価の上

昇に応じて増えていきますが，一定期間，年金額の伸びを「スライド調整率」というもので差し引いて調整するというものです。スライド調整率は現役の被保険者の減少と平均余命の伸びに応じて算出されます。ただし，自動調整の仕組みだけでは，給付が際限なく下がる可能性があるため，標準的な年金受給世帯の給付水準は，現役世代の平均収入の50％を上回る水準を確保するように調整を行うことになっています。

　また，基礎年金の国庫負担割合が引き上げられました。公的年金はそのすべてが保険料で賄われれているわけでなく，税金が投入されています。それまで，この比率は3分の1でしたが，それを2分の1まで引き上げ，年金財政の安定を図ったのです。

　さらに，年金積立金の活用も進めました。年金積立金とは，それまで年金の給付に使われなかった保険料収入の一部を積み立てたものです。保険料収入と税金で足りない部分を積立金の運用収益などでカバーすることにしました。年金財源全体のうち，積立金から賄われるのは1割程度です。

　なお，年金積立金は，**年金積立金管理運用独立行政法人**（GPIF）によって，安定して収益を得ていくため長期分散投資が行われています。運用状況は単年度で見ると市場動向によってプラスのときもあれば，マイナスのときもありますが，累積で見ると比較的安定的に推移しており，2001年度から24年度第1四半期までの累積収益額は約163兆円となっています（GPIFのホームページより）。

　これらの措置に加え，少なくとも5年に一度，公的年金財政（保険料収入や給付に必要な額の収支）の健全性を検証する**財政検証**を行うことも決められました。

　しかし改革後も課題は残りました。年金給付額を抑えるマクロ経済スライドは，物価や賃金の伸びがマイナスの場合は発動できないため，デフレ下では年金給付の引き下げは先送りされてきました。

また，被用者保険の適用拡大や「年収の壁」(第10章第5節参照)への制度的な対応も求められています。

3 医　療

　誰でも病気やケガをします。一生涯にかかる**医療費**はなんと約2300万円といわれていて，そのうちの半分は70歳以上で必要になります。つまり，一般的に収入が少なくなる高齢期に医療費が多くかかるということです。

　こうした医療費の一部を公的機関が負担するのが**公的医療保険制度**です。日本では，会社員や公務員，自営業などのすべての国民が健康保険に加入する**皆保険制度**を採用しています。

　この皆保険制度，日本では当たり前ですが，アメリカなど導入されていない国もたくさんあります。そのため，国によっては民間の医療保険に加入していないと医療費が高額になり，生活が圧迫されることもあります。たとえば，急性虫垂炎の治療費(入院・手術費)は，日本では一般的に30万円ほどであるのに対して，アメリカの私立病院では約600〜820万円かかるといわれています。

　また，日本では健康保険証が1枚あれば，全国どこでも医療サービスを受けられます。つまり，患者が自由に医療機関を選べる**フリー・アクセス**の制度があります。しかし，これも海外では当たり前ではありません。多くの国ではかかりつけ医の登録制を採用し，まずは指定された医療機関で受診しなければなりません。

　患者が自分の意思で医師を選び，希望する治療が受けられるのは大きなメリットです。日本の皆保険とフリー・アクセスの制度は，世界に誇れるものといえるでしょう。しかし，課題も存在します。ここでは，日本の医療保険制度について見ていきましょう。

図 6-3 日本の公的医療保険制度

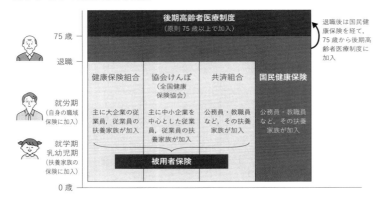

日本の公的医療保険制度

　日本の公的医療保険制度には，**被用者保険，国民健康保険，後期高齢者医療制度**の 3 つの種類があります（図 6-3）。

　まず，被用者保険ですが，これは会社員や公務員として働く人が加入する保険です。具体的には，大企業や中小企業で働く人やその家族が入る「健康保険組合」や「協会けんぽ」，そして公務員やその扶養家族が入る「共済組合」があります。保険料は，被用者の給与水準に基づいて決まり，被用者と企業が半分ずつ支払います。

　次に，国民健康保険についてです。これは，市区町村が運営する医療保険制度で，自営業やフリーランス，あるいは仕事をしていない人が加入します。保険料は，世帯ごとの収入や資産額，世帯人数に応じて算出され，世帯主が負担します。市区町村ごとに医療費の負担が異なるため，住んでいる場所によって保険料も変わります。

　最後に，後期高齢者医療制度です。これは，75 歳以上の人，または 65 歳以上で障害を持つ人が加入する公的医療保険制度です。2008 年 4 月に導入されました。75 歳になると，それまでの健康保

険や国民健康保険から後期高齢者医療制度に移行します。この制度は都道府県ごとに運営されており，対象となる高齢者は個人単位で保険料を支払います。

　医療費の窓口負担割合，つまり自己負担率は年齢や所得によって異なります。具体的には，6歳までは2割負担，69歳までは3割負担，70歳から74歳までは所得に応じて2割もしくは3割負担，75歳以上は所得に応じて1割から3割負担となっています。

　さらに，家計に対する医療費の負担が過重にならないように，**高額療養費制度**があります。これは，病院などでの1カ月の窓口負担額が自己負担限度額を超えた場合，その超過金額が公的医療保険から支給される制度です。自己負担限度額は年齢および所得状況により設定されます。

▷　**増え続ける医療費**

　次に，医療費について見ておきましょう。

　2021年度の国民医療費は約45兆円，その財源は公費が17.1兆円で構成割合は38％，保険料は22.5兆円で50％，その他が5.4兆円となっています。その他のほとんどは患者負担で5.2兆円，構成比は11.6％となっています。つまり，日本の医療保険制度は年45兆円近くの費用のうち，1割を患者の窓口負担，4割を国や地方，残りの5割を保険料で賄っています。

　国民医療費の推移も確認しておきましょう。図6-4をご覧ください。1990年度に約20兆円だった医療費は1999年度には30兆円を，2013年度には40兆円を超え，21年度には45兆円となっています。国民1人当たりの医療費は，2021年度は約35.9万円と，1990年度の約16.7万円から2倍以上に増加しています。また，国民医療費のGDPに対する比率は1990年度の4.56％から2021年度には8.18％まで上昇しています。

第3節　医　　療　　**147**

図 6-4 国民医療費の推移

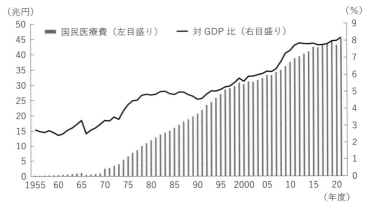

出所：厚生労働省「国民医療費」。

　医療費が増加している主な理由は2つあります。1つは高齢化，もう1つは医療技術の進歩です。

　まず，高齢化についてです。年齢が高くなると病気やケガのリスクが高まるので，医療費も高くなります。たとえば，2021年度のデータでは，1人当たり国民医療費は15〜64歳が約13.3万円であるに対して，65歳以上は75.4万円と5.7倍，75歳以上は約92.3万円と6.9倍となっています。

　医療費が高い高齢者が増えれば，医療費全体も増えるのは当然です。そのこと自体は問題ではありません。問題は，医療費負担のバランスが悪化することです。医療保険のかなりの部分は，勤労世代からの税金や保険料収入によって賄われています。現役世代が相対的に減少していくことにより，医療費の支払い基盤が減少，医療財政が逼迫することが問題です。

　次に，医療技術の進歩です。医療技術の進歩により，高度な医療が可能になり，国民の健康を大きく支えていますが，その分費用も

かかります。昔ながらのX線撮影は1回700円程度ですが，最近よく使われるMRIの撮影は1回で約1万3000円と，医療行為の単価も上がっています。

　ところで，医療サービスの価格はどのように決まっているのでしょうか？　病院などの医療機関が患者に診療行為を提供すると，その対価として**診療報酬**と呼ばれる費用が支払われます。診療行為ごとに点数が定められており，1点10円で計算されます。これを**診療報酬制度**といいます。この制度では，診療行為の価格だけではなく，保険診療の範囲や内容も決めています。診療報酬が決められていない行為は保険診療の範囲外となり，医療保険が適用されません。また，日本では公的な保険診療と保険がきかない自由診療を組み合わせる**混合診療**は原則認められていません。

▷　**医療の効率性**

　医療費の問題に加え，医療提供の効率性も日本の医療制度の大きな課題です。

　日本の医療制度は，過剰な医療提供を招きやすい構造になっています。これは，医療機関が患者数や診療行為数が増えるほど収入が増える出来高払いの仕組みを基本としているためです。加えて，自由開業医制により，都市部に医師が集中しており，地域間や診療科間，病院・診療所間で医師の偏在が生じています。また，患者にとっては公的保険でカバーする範囲が広いため負担が低く，その結果，コストを抑制するインセンティブが働きにくい構造となっています。

　日本の医療提供体制を他の主要先進国と比較してみましょう（表6-1）。日本は病床数（ベッド数）が非常に多いことが特徴です。人口1000人当たりの病床数は，OECDで最も高く12.6床であり，OECD平均の4.3床の約2.9倍です。医療提供体制が充実しているとされるドイツでも日本の約6割です。

第3節　医　　療　　**149**

表 6-1 医療提供体制の国際比較（2021 年もしくは直近年の値）

国名	平均在院日数	人口 1000 人当たり総病床数	人口 1000 人当たり臨床医師数	人口 100 万人当たりMRI 台数	人口 100 万人当たり CT スキャナー台数
日本	16.0	12.6	2.6	57.4	115.7
ドイツ	8.8	7.8	4.5	35.3	36.5
フランス	9.1	5.7	3.2	17.0	19.5
イギリス	6.9	2.4	3.2	8.6	10.0
アメリカ	6.5	2.8	2.7	38.0	42.6
韓国	18.5	12.8	2.6	35.5	42.2
OECD 平均	7.7	4.3	3.7	18.0	28.2

出所：OECD, OECD. Stat.

　また，日本の入院日数は長く，平均 16.0 日と，OECD 諸国の中で突出しています。OECD 平均の 7.7 日の約 2 倍です。病床数が多く，入院日数が長いことは何を意味するのでしょうか？　病床当たりの医師が不足しており，サービスが手薄になり，その結果，入院日数が長くなっていると考えられます。実際，人口 1000 人当たりの医師数は 2.6 人で，OECD 平均の 3.7 人を大きく下回っています。医師が少ないことは，医師の長時間労働・過重労働問題にもつながっています。

　さらに，病院経営のために入院日数を延ばしているという見解もあります。診療報酬は入院日数に比例するため，入院が長引くほど病院の収入が増える仕組みとなっています。そのため，一部の病院では意図的に入院日数を伸ばしていることが指摘されています。このような状況は，資源の無駄使いとなり，患者の負担を増やすだけではなく，医療の質を低下させる可能性があります。

　外来医療について見ると，日本は MRI や CT スキャナーの台数

が多く，1人当たりの外来受診回数も非常に多くなっています。また，多くの診療所は医師1人で運営されており，複数の医師で運営される診療所と比べて事務職員割合が高く，効率的とはいえません。

　また，日本の医療機関は大都市に集中しており，地方に行くと病院や診療所が不足しているのが現状です。これにより，地域間で医療サービスの提供に大きな格差が生じています。都道府県ごとに病床数や入院医療費に大きな差があることからも，地域ごとの医療提供にばらつきが確認できます。

　このように，日本は世界に誇る医療制度を持ちながらも，多くの課題を抱えています。高齢化や医療技術の高度化に伴い，医療費のさらなる増加が見込まれています。限られた財源の中で質の高い医療を効率的に提供するために，医療制度の改革が求められています。

▷ 医療サービスの特殊性

　医療サービスは，一般のモノやサービスとは異なる性質を持つため，市場での自由な取引だけに任せることが難しく，多くの公的介入が行われています。ここでは，医療サービスの特殊性について見ていきましょう。

　まず，医療サービスには**情報の非対称性**があります。医師は豊富な医療知識を持っていますが，患者はその知識を十分には持っていません。このため，医師が患者に対して過剰な医療サービスや投薬を行う可能性があります。医師がつくり出すこのような医療需要は，**医師誘発需要**と呼ばれます。

　次に，医療サービスや保健医療には**外部性**があります。外部性とは，ある経済主体の行動が金銭を支払わずに他の経済主体に影響を与えることを指します。良い影響を及ぼすものは正の外部性（外部経済），悪い影響を及ぼすものは負の外部性（外部不経済）と呼ばれます。たとえば，インフルエンザは他人に伝染するため，感染者が

第3節　医　　療　**151**

増えると社会全体に悪影響を及ぼします。また，職場で病気になると，チーム全体の仕事に支障をきたすこともあり，これも負の外部性の一例です。

さらに，医療保険には**逆選択**や**モラルハザード**の問題があります。医療保険は病気やケガに備えるために重要ですが，民間市場に任せるだけでは問題が生じることがあります。まず，健康に問題がある人や疾病リスクが高い人が保険に加入しやすくなります。これにより，保険料が高くなり，健康な人が保険市場から離れてしまう逆選択が発生します。

また，保険に加入していることで，リスクがカバーされている安心感から，自身の健康管理を怠るモラルハザードが起こる可能性もあります。これにより保険金の請求が増え，全体の保険料が上昇するリスクがあります。このような弊害を避けるためには，すべての国民を強制的に健康保険に加入させることが合理的と考えられます。

4 介 護

▷ 介護保険制度とは？

介護保険は，高齢者の介護を社会全体で支える制度です。高齢化が進むなかで，介護を必要とする人が増え，それまで家族だけが担っていた介護を社会全体で支える「介護の社会化」を目指して，2000年4月に始まりました。

介護保険制度は，住民に身近な市町村が運営してします。市町村から介護や支援が必要と認められた人（要介護者，要支援者）は，一定の自己負担をしたうえで，自宅や施設で介護サービスを利用することができます。自己負担の割合は基本的に1割ですが，一定の所得がある人は2割，現役並みの所得の人は3割となっています。ま

図6-5 要介護（要支援）認定者数の推移

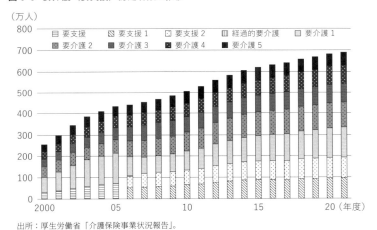

出所：厚生労働省「介護保険事業状況報告」。

た，利用者は自由に介護サービスの事業者を選ぶことができるようになっています。

　介護保険の財源は，自己負担が原則1割で，残りの9割の半分は40歳以上のすべての人が払う保険料，もう半分は国や自治体の公費です。介護保険料は，40歳から64歳までの現役世代が支払う保険料と，65歳以上の高齢者が支払う保険料の2種類があります。

　高齢化に伴い，介護や支援が必要となる高齢者の数は年々増加しています。図6-5が示すように，介護保険制度が始まった2000年度には要介護認定者は256万人でしたが，21年度には690万人と約2.7倍に増加しています。

介護保険制度の課題

　介護保険制度は高齢者の介護を社会全体で支える重要な仕組みですが，いくつかの課題を抱えています。主な課題としては，増え続

図 6-6　介護保険の総費用の推移

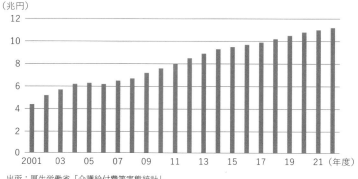

出所：厚生労働省「介護給付費等実態統計」。

ける介護費用，人材不足，そして介護と仕事の両立があります。それぞれについて見ていきましょう。

増える介護費用

　介護を必要とする高齢者の増加に伴い，介護サービスにかかる費用も年々増加しています。図 6-6 をご覧ください。制度が始まった翌年度の 2001 年度には 4.4 兆円だった介護費用は，18 年度に 10 兆円を突破し，22 年度には 11.2 兆と，01 年度の約 2.5 倍に膨らんでいます。今後も高齢者数の増加が見込まれているため，介護費用もさらに増加することが予想されています。

　介護費用の増加に伴い，保険料も上昇しています。2000 年度は 65 歳以上の高齢者が支払う保険料は月額 2911 円，40 歳から 64 歳の現役世代が支払う保険料は月額約 2100 円でしたが，23 年度にはそれぞれ 6014 円と 6216 円と 2 倍以上に増加しています。今後さらに増える可能性もあり，介護保険制度の持続可能性が問われています。

少子高齢化で支え手が減るなか，現役世代の負担を抑えるために
は，高齢者自身の負担の引き上げや保険料の見直しなどが必要にな
ります。実際に，高齢者が支払う保険料は年々増加しています。さ
らなる負担の引き上げは生活に大きな影響を与えかねず，難しい問
題となっています。

▷ 介護労働者の不足問題

　介護を担う人材が足りないという問題もあります。介護が必要な
人が増えるなかで，介護に従事する職員の数も増加しています。介
護保険制度が始まった 2000 年度には 54.9 万人だった介護職員数は，
22 年度には 215.4 万人と約 4 倍に増加しました。しかし，厚生労働
省の試算によると，2025 年には 243 万人，40 年には 280 万人の介
護職員が必要とされています。これを達成するためには，今後，毎
年約 5 万人以上の介護職員を新たに確保する必要があります。

　介護人材の確保が進まない大きな要因は，職員の給与水準の低さ
です。介護職員の給与は全産業平均よりも低く，「賃金構造基本調
査」（2023 年）によると，残業代を除く月給は全産業平均の約 31.8
万円に対し，施設に勤める介護職員は約 24.8 万円と約 7 万円の差
があります。このため，「仕事に見合った給料が得られない」「将来
の生活が見通せない」などとして，介護の仕事に関心があっても就
職をためらう人が多いのです。2023 年の有効求人倍率は全職業の
平均 1.19 倍に対して，介護サービス職業従事者の求人倍率は 3.78
倍と非常に高くなっています。

　根本的な問題は，介護サービス市場で市場メカニズムが十分に機
能していないことです。一般に，財やサービスの価格と取引量は需
要と供給のバランスで決まります。需要が供給を上回れば価格が上
がり，供給が需要を上回れば価格が下がります。介護サービス市場
でも同様のメカニズムが働けば，介護人材の不足は介護職員の給与

を引き上げる方向に作用します。

　しかし，介護職員の給料は**介護報酬**に基づいているため，市場メカニズムがうまく機能しないのです。介護報酬とは，介護サービスを提供する事業所に，その対価として支払わるサービス費用ですが，その金額は国が決めています。介護職員の給料は基本的に介護報酬の中から捻出されるため，その報酬額が決まっている以上，従業員の賃金を上げるのが難しくなっています。

　また，介護人材不足に対応するためには，外国人介護職員の活用や介護ロボットやデジタル技術などを使った省力化も重要です。政府は特定技能や技能実習生制度など複数のルートを通じて外国人介護職員の受け入れを進めており，2023 年時点で介護分野で働く外国人の数は約 4 万人となっています。

▷ 介 護 離 職

　介護と仕事の両立も大きな問題となっています。仕事をしながら親や配偶者ら身内を介護する**ビジネスケアラー**が増えています。「就業構造基本調査」によれば，2022 年には約 629 万人が介護をしており，そのうち約 365 万人（約 58％）が仕事をしています。これは有業者の全体の 5.4％ に相当します。

　過去 10 年間（2012〜22 年）の推移を見ると，無業者で介護をしている人が 2.2 万人減少したのに対して，有業者で介護をしている人は 73.6 万人増加したので，全体としては 71 万人増加しています。

　家族介護者の中には，仕事と介護や看護の両立ができずに仕事を辞める人もいます。「就業構造基本調査」によると，介護・看護のために直近 1 年間で離職した人数は，2007 年には 14.5 万人でしたが，その後減少し，17 年には 9.9 万人となりました。しかし，2022 年には再び 10.6 万人に増加しています（図 6-7）。年代別では 40 代と 50 代，それに 60 代の離職が目立ちます。

国は 2015 年に「介護離職ゼロ」の目標を掲げ、対策を強化してきました。要介護状態の家族 1 人につき通算 93 日まで会社を休める介護休業などの両立支援制度を設けてきましたが、その利用が進んでいないのが現状です。

介護離職は個人にとっても社会にとっても大きな問題です。個人にとっては、

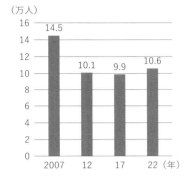

図 6-7 介護離職者数の推移

出所：総務省統計局「就業構造基本調査」。

離職により収入が途絶えるだけでなく、将来受け取る年金も減少します。また、年齢によってはまだ子どもの教育費が必要な場合もあるでしょう。社会にとっては、人口が減少するなかで、介護離職により貴重な労働力を失うことになります。経済産業省の試算では、介護離職や両立に伴う生産性低下などの経済損失額は、2030 年に約 9 兆円に達するとされています。介護離職の防止は、社会全体の課題です。

介護の問題はこれだけではありません。高齢者が高齢者を介護する「老々介護」、育児と介護を同時に行う「ダブルケア」、そして「孤独死」といった問題があります。今後、介護をめぐる問題はさらに深刻さを増すことが予想されます。

Summary まとめ

☐ 人生には、加齢、障害、死亡などで、自身や家族が自立した生活を送るのが難しくなるリスクがあります。こうしたリスクに国民全体で備

える仕組みが社会保障（年金制度，医療保険，介護保険など）です。

□　社会保障制度は，国民が安心して暮らし，経済や社会の安定に貢献する重要な仕組みですが，少子高齢化などの進展に伴い，現行の制度にはさまざまな課題が生じています。

□　日本の公的年金制度は「賦課方式」を採用しており，少子高齢化によって年金を負担する現役世代が減少する一方で，年金を受け取る高齢者が増加しているため，年金の支給額や現役世代の負担などが大きな課題となっています。2004 年には大規模な改革が行われ，現在では 5年に一度，「財政検証」という年金制度の定期健康診断が実施されています。

□　日本の「皆保険制度」と「フリー・アクセス制度」は，すべての国民が医療サービスを受けられるという利点がありますが，医療費の増加や医療提供体制の効率性が課題となっています。

□　介護保険制度は高齢者の介護を社会全体で支えるために 2000 年に導入されましたが，介護費用の増加や介護人材の不足，介護離職などの問題が深刻化しています。

Exercise 演習問題

6.1　最新の公的年金制度の財政検証をもとに，日本の年金制度が抱える課題とその解決策について，あなたの考えを論じてください。

6.2　高齢者の増加に伴い，国民医療費が年々増大しています。増え続ける医療費が国民に与える影響と，その対応策について考えてください。

6.3　高齢者介護の現状を調べ，現在の介護保険制度について学んだうえで，将来，あなたの家族が介護を必要としたときに，あなたがどのような支援を提供できるか，また，直面するであろう課題について考え，介護保険制度のあり方についてあなたの意見を述べてください。

日本企業はどこへ？

国内投資と競争力

Chapter 第 7 章

Quiz クイズ

2024 年の世界の企業時価総額ランキングで、トップ 50 に入っている日本企業をすべて選んでください。

- a. トヨタ自動車
- b. 三菱 UFJ 銀行
- c. ソニー
- d. ファーストリテイリング

アメリカ巨大ITのロゴ
（©AFP＝時事）

Chapter structure 本章の構成

1	企業とは？	大企業と中小企業　ベンチャー企業・スタートアップ企業
2	企業の参入・退出と新陳代謝	開業率と廃業率　新陳代謝とゾンビ企業
3	企業行動の動向	売上高，経常利益，設備投資　従業員数と人件費　企業の資産構成比の変化
4	変化するビジネスのかたち――産業構造の変化と IT 化	産業構造の変化　IT 革命と経済の変化　日本の IT 活用
5	グローバル化	日本の企業の海外進出　国際収支
6	補論：企業会計	貸借対照表（バランスシート）　損益計算書の読み方

Answer クイズの答え

a.

Introduction はじめに

かつて日本の企業は世界を席巻していました。1989 年，世界の企業時価総額ランキングでトップ 50 社のうち 32 社を日本企業が占めていたのです。NTT が世界 1 位に君臨し，トップ 5 は日本企業が独占，トップ 10 に 7 社が名を連ねていました。しかし，時代は大きく変わり，2024 年のランキングでは，トップ 50 にランクインしている日本企業はトヨタ自動車の 1 社のみです。

では，2024 年（1 月時点）の上位企業はどのような顔ぶれでしょうか。ランキングを独占しているのはアメリカの巨大 IT 企業です（表 7-1）。アルファベット（Google），Apple，Meta（旧 Facebook），Amazon，Microsoft のいわゆる GAFAM に加え，電気自動車メーカーのテスラや半導体メーカーの NVIDIA（エヌビディア）が圧倒的な存在感を放っています。これらの 7 社は「マグニフィセント・セブン」とも呼ばれ，世界経済を牽引する中心的な存在となっています。

時価総額ランキングからもわかるように，過去 30 年間で，世界の企業地図は劇的に変化しました。GAFAM のように革新的なビジネスモデルを生み出した企業が，古いビジネスモデルに依存していた大企業を凌駕し，新しい時代を切り開いています。アメリカでは，30 年前には存在しなかった巨大 IT 企業が台頭し，企業の新陳代謝がその強みとされています。

一方で，この 30 年間で日本企業はどうだったのでしょうか？ 日本では，人材への投資や賃金，設備投資や研究開発投資などをコストカットの対象とし，消費と投資が停滞する**コストカット型経済**ともいえる悪循環に陥っていました。また，産業構造の転換が遅れ，

160 第 7 章 日本企業はどこへ？

表 7-1 世界時価総額ランキングトップ 10

（a） 1989 年

順位	企業名	時価総額（億ドル）	国・地域名
1	NTT	1,639	日本
2	日本興業銀行	716	日本
3	住友銀行	696	日本
4	富士銀行	671	日本
5	第一勧業銀行	661	日本
6	IBM	647	アメリカ
7	三菱銀行	593	日本
8	エクソン	549	アメリカ
9	東京電力	544	日本
9	ロイヤル・ダッチ・シェル	544	イギリス

（b） 2024 年

順位	企業名	時価総額（億ドル）	国・地域名
1	Apple	28,860	アメリカ
2	Microsoft	27,848	アメリカ
3	サウジアラムコ	21,856	サウジアラビア
4	アルファベット（Google）	17,589	アメリカ
5	Amazon.com	15,408	アメリカ
6	NVIDIA	12,906	アメリカ
7	Meta（旧 Facebook）	9,217	アメリカ
8	バークシャーハザウェイ	8,009	アメリカ
9	テスラ	7,644	アメリカ
10	イーライリリー	5,943	アメリカ

出所：ダイヤモンド社，Wright Investors' Service, Inc.（2024 年 1 月 9 日時点）。

日本企業は世界市場で競争力を失いつつあると指摘されることもあります。

　日本経済において企業が果たす役割はきわめて重要です。本章では，日本の企業行動について考察していきましょう。

1　企業とは？

　企業とは何でしょうか？　日常的に使われる言葉ですが，改めてその定義を確認すると，企業とは，利益を得ることを目的とした経済活動を行う個人，団体，または組織を指します。企業には，大企

第 1 節　企業とは？　**161**

図 7-1 企業数の推移

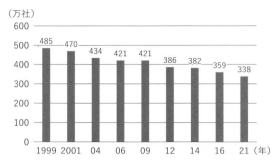

出所:総務省統計局「平成11年, 13年, 16年, 18年事業所・企業統計調査」,「平成21年, 26年経済センサス-基礎調査」, 総務省統計局・経済産業省「平成24年, 28年, 令和3年経済センサス-活動調査」。

業や中小企業,ベンチャー企業,スタートアップ企業など,さまざまな種類があります。

経済学では,企業は家計や政府と並ぶ経済主体の1つとされ,労働者や資本(機械など)を使って生産を行い,利潤の最大化を目指す存在とされています。

では,日本にはどのくらいの企業が存在しているのでしょうか? 2021年6月時点で,全国の企業数は337.5万社となっています(図7-1)。企業数は長期的に減少傾向にあり,2001年には470万社ありましたが,21年までに約132万社減少しています。単純計算で年間に6.6万社が減少していることになります。

大企業と中小企業

企業は規模によって,大きく**大企業**と**中小企業**に分けられます。中小企業基本法では,業種に応じて中小企業を資本金と従業員数で定義しています。たとえば,製造業では「資本金3億円以下または従業員数300人以下」の企業が中小企業とされ,従業員数20人以

図 7-2　大企業と中小企業

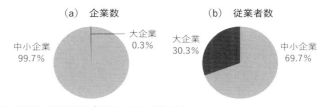

出所：総務省・経済産業省「経済センサス-活動調査」。

下の企業は小規模企業に分類されます。これ以外の企業が大企業として扱われます。サービス業では「資本金5000万円以下または従業員100人以下」が中小企業とされます。また，2024年5月に成立した改正産業競争力強化法で，政府は新たに従業員2000人以下で中小企業に該当しない企業を「中堅企業」と定めました。

一方で，政府統計における大企業と中小企業の定義は異なります。企業活動の実態把握に用いられる代表的な統計である財務省「法人企業統計調査」では，企業を資本金に応じて3つに区分しています。具体的には，資本金が10億円以上の企業が大企業，1億円以上10億円未満が中堅企業，1000万円以上1億円未満が中小企業とされています。また，日本銀行の「短観」でも，企業を資本金で分類し，大企業は10億円以上，中堅企業は1億円以上10億円未満，中小企業は2000万円以上1億円未満となっています。

中小企業基本法による企業区分によると，2021年6月時点の中小企業は336.5万社，大企業は1万363社となっており，全体の99.7％が中小企業です。従業員数で見ると，中小企業が3310万人，大企業が1438万人を雇用しており，中小企業は従業員総数の69.7％を占めています（図7-2）。つまり，中小企業は日本の産業全体において圧倒的な存在感を持ち，その動向が日本経済に大きな影響を与えています。

第 1 節　企業とは？　　163

▷ スタートアップ企業

　近年，**スタートアップ企業**という言葉を耳にする機会が増えています。スタートアップ企業とは，革新的なアイデアをもとに社会を変革し，新たな価値を提供する，創業あるいは設立間もない企業を指します。同じく新興企業を指す言葉として**ベンチャー企業**がありますが，これらの用語に厳密な定義があるわけではなく，世界的に統一された基準が存在するわけでもありません。ただし，両者にはいくつかの違いがあります。たとえば，ベンチャー企業は必ずしも事業内容に革新性が求められるわけではなく，既存のビジネスモデルを採用した新興企業も含まれます。一方，スタートアップ企業は，新しいビジネスモデルを考案し，新たな市場を開拓することが求められます。

　経済産業省は，スタートアップ企業を「新しいビジネスモデルを考えて，新たな市場を開拓し，社会に新しい価値を提供したり，社会に貢献することによって事業の価値を短期間で飛躍的に高め，株式上場や事業売却を目指す企業や組織のこと」と定義しています。現在では世界経済を牽引するマイクロソフトやアップルなども，かつてはスタートアップ企業でした。

　とくに目覚ましい成長を遂げたスタートアップ企業は**ユニコーン**と呼ばれます。ユニコーン企業とは，企業評価額が10億ドル以上で，設立から10年以内の未上場のテクノロジー関連企業を指します。設立から10年以内に企業評価額が10億ドルを超えることはきわめて困難であり，非常にレアな存在であることから，伝説上の生き物であるユニコーン（一角獣）にちなんで名づけられました。

　ユニコーン企業の数は，その国で次世代を担う新興企業が育ち，産業の新陳代謝が進んでいることを示す指標の1つです。アメリカの調査会社 CB Insights によると，ユニコーン企業の数は，アメリカ670社，中国（香港を含む）174社，ヨーロッパ179社であるのに

対して，日本は 8 社にとどまっています（2024 年 7 月時点）。

また，規模の面からも世界と大きな差が生じています。アメリカなどでは，ユニコーン企業の 10 倍以上の企業評価額の「デカコーン」や，100 倍以上の「ヘクトコーン」と呼ばれるメガスタートアップも存在しています。日本政府は，2027 年度までの 5 年間でスタートアップへの投資額を 10 兆円増やすほか，将来的にユニコーンを 100 社創出する目標を掲げています。スタートアップの成長は，日本経済の新たな活力を生み出すカギとなります。

2　企業の参入・退出と新陳代謝

開業率と廃業率

経済全体の企業数は，市場に新たに参入する開業企業と，市場から退出する廃業企業の動きによって決まります。企業の**参入**と**退出**の動きを観察することは，市場の活力や変化のダイナミズムを理解するうえで欠かせません。たとえ経済全体で企業数の純増減がわずかであっても，その背後では多くの企業の**開業**と**廃業**が同時に発生している可能性があります。たとえば，ある期間に企業数に変化がなかったとしても，それが開業と廃業がともにゼロの場合と，それぞれが 100 社であった場合では，経済の状態は大きく異なります。

また，企業の参入と退出の動きは，**経済の新陳代謝**を考えるうえでも重要です。経済成長のためには，生産性の高い企業が市場に参入し，生産性の低い企業が退出するという，新陳代謝が進むことが求められるからです。

図 7-3 をご覧ください。雇用保険の適用を受けている事業所の**開業率**と**廃業率**の推移が示されています。これらのデータから，1980 年代には開業率が高い水準で推移していたものの，バブル経済崩壊

図 7-3　開業率と廃業率の推移

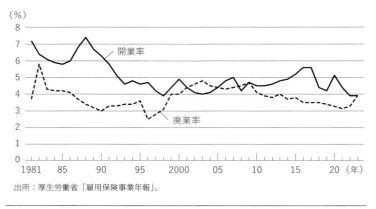

出所：厚生労働省「雇用保険事業年報」。

後の 1990 年代には低下し，その後は低位のまま景気局面によって変動していることがわかります。同様に，廃業率もバブル経済崩壊後に低下，1990 年代後半には上昇に転じましたが，2010 年代には再び低下しました。2000 年代に入る前には，開業率が廃業率を上回っていましたが，2000 年代以降は廃業率が開業率を上回る時期も見られます。図 7-1 で見た企業数の減少は，開業率の低下と廃業率の上昇によるものといえます。

　では，日本の開廃・廃業の状況は他の主要先進国と比較してどうなのでしょうか？　各国ごとに統計の性質が異なるため，単純な比較はできませんが，国際的に見ると，日本の開業率・廃業率はともに低いことがわかります（図 7-4）。

　2021 年の開業率はフランスが最も高く約 16％，イギリスが約 12％，アメリカが約 10％ であるのに対し，日本は 4.4％ で，これらの国の半分にも満たない水準となっています。また，廃業率についても，イギリスが約 12％，アメリカが約 10％ と，開業率と同程度の水準にあるなかで，日本は 3.1％ とかなり低い値となっています。

図7-4 開廃業率の国際比較

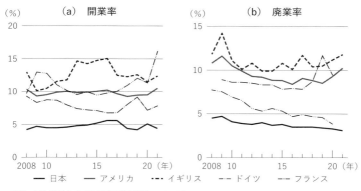

出所：厚生労働省「雇用保険事業年報」, United States Census Bureau, Business Dynamics Statistics, eurostat, Structural business statistics.

その結果，開業率と廃業率を合わせた「代謝率」を見ると，日本の数値は欧米諸国の2～3割程度であり，経済の新陳代謝が低いことがわかります。

新陳代謝とゾンビ企業

経済の新陳代謝を考えるうえで，重要なのが**ゾンビ企業**です。

では，ゾンビ企業とは何でしょうか？ 経済学者の星岳雄教授は，ゾンビ企業を次のように定義しています。①業績が悪く，回復の見込みが立たないにもかかわらず，②債権者や政府の支援によって存続している企業。この2つの条件が両方満たされる場合にのみ，ゾンビ企業と呼ばれます。

単に業績が悪いだけではゾンビ企業とはいえません。たとえば，業績の悪化が一時的な要因によるもので，回復の可能性がある場合や，業績改善のために事業再構築などが進められている場合，その企業はゾンビ企業には該当しません。また，業績が悪く支援も受け

第2節　企業の参入・退出と新陳代謝　**167**

られずに破綻する企業もゾンビ企業ではありません。

　ゾンビ企業が増えると，経済全体に悪影響を及ぼす可能性があります。ゾンビ企業が労働力や資本などの生産要素を抱え続けると，これらの資源が他の健全な企業や新規参入を計画している企業に行き渡らなくなり，経済全体の資源配分の歪みを引き起こします。一方，ゾンビ企業が市場から退出すれば，健全な企業や成長産業が必要な生産要素を確保でき，経済の新陳代謝が進みます。これによって，成長分野が拡大し，経済全体の活力が向上します。逆に，ゾンビ企業が増加すると，経済の新陳代謝が滞り，成長産業に人や資金が回りにくくなります。

　さらに，ゾンビ企業は生産性や成長率が他の企業に比べて低い傾向にあるので，その存在自体がマクロ経済の生産性や成長を押し下げる要因となります。また，ゾンビ企業の存続に使われる資源の**機会費用**（他の選択肢を選んでいたら「得られたであろう利益」）も問題です。存続すべきでない企業に資源を費やすことで，より生産性の高い活動への投資が制約されるのです。

3　企業行動の動向

　ここでは，過去 40 年間ほどの日本の企業行動の動向を確認していきます。

　まず，企業の売上高の推移を見てみましょう。図 7-5 をご覧ください。1990 年初頭までは売上高は右肩上がりで推移していましたが，バブル経済が崩壊するとその勢いは止まり，売上高はほとんど伸びなくなりました。2000 年代には一時的に増加した時期もありましたが，1991 年度に 1475 兆円だった売上高は，2022 年に 1578 兆円と，その増加幅は 100 兆円強にとどまり，30 年以上の期間を

図7-5　売上高，経常利益，設備投資の推移

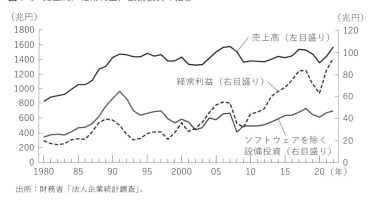

出所：財務省「法人企業統計調査」。

考えると増加幅は大きくありません。

　次に，**経常利益**の推移を見てみましょう。経常利益とは，企業が通常行っているすべての事業を通じて得られる利益を指します（企業会計については第6節の補論を参照してください）。経常利益は短期的には景気の変動に応じて上下しますが，長期的には増加傾向にあります。1991年度の経常利益は33.6兆円でしたが，2022年度は95.3兆円と，この間に約280％も増加しており，過去約30年で日本企業は大きく利益を伸ばしてきたことがわかります。同じ期間に売上高の増加率はわずか7％にとどまっているため，売上高に比べて経常利益の増加率がはるかに高いことが示されています。これは何を意味するのでしょうか？

　経常利益は，売上高から原材料費や仕入れ費用，人件費，減価償却費などを差し引いたものです。売上高がそれほど増えないなかで経常利益が大幅に増加しているということは，企業が費用を削減している可能性が高いということです。それを確認するために，次に，人件費と従業員数の推移を見てみましょう。

図7-6 人件費と従業員数の推移

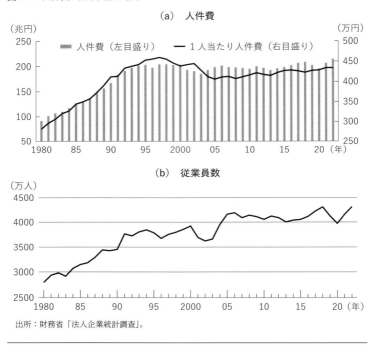

出所：財務省「法人企業統計調査」。

　図7-6に示されているように、人件費は1990年代初頭までは増加傾向にありましたが、その後は変動しつつも、ほぼ横ばいで推移しています。興味深いのは従業員数の動きで、2000年代初頭やコロナ禍では一時的に減少したものの、全体としては増加傾向にあります。

　人件費がほぼ横ばいであるにもかかわらず、従業員数が増えているということは、従業員1人当たりの所得が増えていないことを意味します。実際、従業員1人当たりの人件費は1990年代末から2000年代前半までは下落していたことがわかります。これにより、消費が伸び悩み、需要も低迷し、経済活動が活発にならないという

悪循環が日本で続いていたといえます。

　また，従業員数の推移から，日本企業は不況時でも人員削減を控える傾向にあることがわかります。ただし，これは不況時に労働力の調整を行わないというわけではありません。労働力は「労働者数」と「労働時間」で決まります。日本では，労働者数よりも労働時間を調整することで対応する傾向が強いため，不況時でも労働者数が大幅に減少することがそれほど起こらないのです。

　次に，**設備投資**に目を向けてみましょう。設備投資とは，企業が事業のために必要な設備に対して行う投資のことで，生産設備の新設や生産能力の拡大，省エネ・省力化，情報化などを目的としています。設備投資には，建物や機械設備などの**有形固定資産**と，ソフトウェアや商標権・特許などの**無形固定資産**の2種類があります。

　再び図7-5をご覧ください。設備投資は1990年代頭までは増加していましたが，バブル経済崩壊後に減少しました。その後，再び増加に転じますが，リーマン・ショックを受けて再び低下し，その後は2010年代から増加傾向にあります。

　経常利益と設備投資の関係を見ると，興味深いことがわかります。1990年代までは，設備投資額が経常利益を上回っていましたが，2000年以降，とくに2008年のリーマン・ショック前までは両者がおおむね同程度で推移しました。その後，コロナ禍で経常利益が急減した2020年を除き，経常利益が常に設備投資を上回る状態が続いており，その差は拡大傾向にあります。これは，経常利益が増加しているにもかかわらず，企業が国内での設備投資をそれほど増やしてこなかったことを示しています。

　企業利益は堅調に増加していますが，その利益はどこに配分されているのでしょうか？　企業は利益の一部を株主への配当金に回しますが，残りの利益は会社内に蓄積されます。この会社内に残る利益は**社内留保**と呼ばれ，フローとして毎年積み上げられていきます。

第3節　企業行動の動向　　**171**

図7-7 内部留保の推移

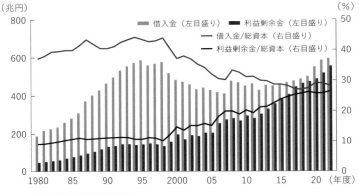

出所：財務省「法人企業統計調査」。

　社内留保が蓄積されることで形成されるストックが**利益剰余金**であり、これが一般に**内部留保**として知られています。近年では、配当金の支払いも増加していますが、それ以上に社内留保が大きく増加しています。その結果、利益剰余金（内部留保）は着実に増加しています。

　利益剰余金は2000年代以降増え続け、22年度には555兆円に達し、ほぼGDPに匹敵する規模となっています（図7-7）。2000年度と比べると約2.9倍の増加です。2000年以降の総資本に対する利益剰余金の比率を見ても、その増加傾向が明らかです。

　一方、借入金は1990年代後半から2000年代半ばにかけて減少し、資本に対する比率も低下傾向にあります。これは、企業の資金調達は、**他人資本**（借入金）から**自己資本**へと移ってきたということを示しています。つまり、日本企業は、1990年代末以降、増加してきた企業利益を活用し、バブル経済崩壊後に企業活動の足かせとなってきた過剰債務を解消させ、自己資本を強化して財務基盤を強固

図7-8　企業の資産構成比の推移

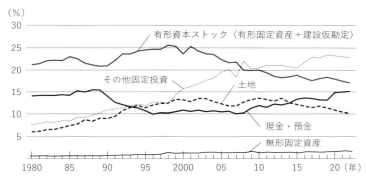

注：2009年度以降は，純粋持株会社を除く。
出所：財務省「法人企業統計調査」。

にしてきたということです。

　財務基盤が強化された一方で，企業が内部留保をため込んでいるために経済が成長しない，もっと投資や賃金に回すべきだという批判もあります。しかし，内部留保の増加は堅調な利益の結果であり，内部留保の増加自体が問題ではなく，資金が効率的に活用されているかどうかが問題なのです。

　では，利益剰余金はどこに向かっているのでしょうか？　利益剰余金は，現金・預金，有価証券，不動産，あるいは投資など，なんらかの資産に形を変えて運用されています。

　そこで，資産の変化を見てみましょう。図7-8をご覧ください。この20年間で最も増えた資産は「その他固定投資」で，2000年には資産全体の16％だったのに対し，22年には23％にまで上昇しています。ここには，海外直接投資や他企業の株式保有などが含まれています。次に増加幅が大きいのが現金・預金で，2000年の11％から22年には15％まで上昇しています。一方，無形固定資産

第3節　企業行動の動向　　**173**

のシェアは微増，有形資本ストックのシェアは低下しています。つまり，企業は国内向けの設備投資を抑制しつつ，海外投資や現金・預金に資産を振り向けてきたのです。

まとめると，1990 年代後半以降，日本企業は金融危機やリーマン・ショック，コロナ禍といった経済的な危機に直面しながらも，順調に企業収益を増加させてきました。しかし，その一方で，設備投資や賃金の抑制が続き，家計は所得の伸び悩みなどから消費を抑制してきました。その結果，需要が弱く，経済が停滞するという悪循環が続いてきました。さらに，設備投資の停滞は，経済成長を支える資本ストックの蓄積を妨げ，資本の老朽化をもたらすとともに，研究開発など無形資産による新しい価値の創造を抑制し，日本の潜在成長率を引き下げる要因ともなってきました。

4 変化するビジネスのかたち
産業構造の変化と IT 化

産業構造の変化

経済は，数多くの企業が多種多様な財やサービスを提供することで成り立っています。これらの企業を，その活動内容や機能に基づいて分類し，同じような特徴を持つものを 1 つの**産業**としてまとめることで，経済全体をより理解しやすくなります。たとえば，農業や製造業，サービス業など産業ごとに分けて考えることで，経済活動を体系的に把握することができるのです。

経済は大きく，**第 1 次産業**（農林水産業），**第 2 次産業**（工業，製造業，建設業），そして**第 3 次産業**（商業，金融，サービス業など）に分類されます。かつては第 1 次産業が経済の中心でしたが，その後，第 2 次産業が台頭し，とくに高度経済成長期にはその比重が大幅に増加しました。しかし，その後，第 2 次産業の割合は減少傾向にあ

図 7-9　産業別就業者の推移

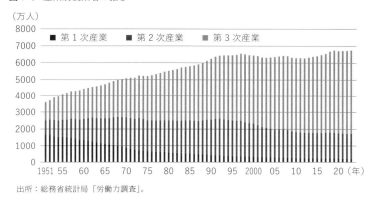

出所：総務省統計局「労働力調査」。

ります。第 3 次産業の比重は一貫して上昇しており、現在では経済の主役となっています。

　GDP に占める産業別の割合を見ると、1955 年には第 1 次産業の GDP に占める割合は 19.9% であったのに対して、2022 年にはその割合はわずか 1% にまで低下しています。第 2 次産業の占める割合も、1955 年には 34.9% だったのが、2022 年には 24.7% に減少しています。一方、第 3 次産業の割合は、1955 年の 48.8% から 2022 年には 74.3% にまで大きく増加しています。

　また、産業別就業者の推移を振り返ると、1955 年には第 1 次産業に従業する人々が 1668 万人と全体の 46% を占めていましたが、その後、一貫して減少し、2023 年には 199 万人でそのシェアはわずか 3% となっています（図 7-9）。第 2 次産業の就業者数は 1990 年代初頭までは増加傾向にありましたが、その後減少に転じています。第 3 次産業の就業者数は一貫して増加しており、1951 年には 1137 万人だったのが、2023 年には 5008 万人と、全体の 74% を占めるまでになっています。

このように経済発展に伴い，経済の比重が第1次産業から第2次産業，さらには第3次産業へと移行していく現象を**ペティ゠クラークの法則**といいます。イギリスの経済学者クラークは，長期にわたる各国のデータを分析することでこの法則を発見しました。

また，産業の高度化が進むにつれて，経済全体が単にモノ（ハード）を生産するだけでなく，知識や情報といったサービス（ソフト）を提供することが重視されるようになります。これを**経済のサービス・ソフト化**と呼びます。

▷ IT革命と経済の変化

この経済のサービス・ソフト化に深く関わっているのが**情報技術**（IT）です。サービス業を中心とした第3次産業ではもちろんのこと，第1次産業や第2次産業においても，ITの導入により，製品にサービスを加え，付加価値を高める取り組みが進んでいます。

過去30年間で，ビジネスのあり方は大きく変化しました。その背後には**IT革命**があります。IT革命とは，情報技術の急速な発展によって社会や経済が劇的に変化した現象です。インターネットや携帯電話，スマートフォンといった通信手段の飛躍的な発展に伴い，数多くの新しいビジネスや産業が誕生しました。代表的な例としては，Google，Amazon，楽天など，私たちの日常生活に欠かせない企業があげられます。

これらの企業は「IT関連企業」と呼ばれ，情報技術を活用して製品やサービスを提供します。IT関連企業には，携帯電話やスマートフォンといったIT製品を生産する企業や，クラウドサービスなどITサービスを提供する企業，さらにはITを駆使して業務を行う銀行や小売業などが含まれます。IT関連ビジネスは世界中で急速に拡大しており，2023年には世界のIT市場は657.3兆円に達しています。

176　第7章　日本企業はどこへ？

最近では，**シェアリングエコノミー**や**プラットフォームビジネス**が注目を集めています。民泊やカーシェアという言葉を耳にする機会が増えましたが，これらはシェアリングエコノミーの一例です。シェアリングエコノミーとは，インターネットサイトやアプリを介して，個人や企業が資産（場所，モノ，スキルなど）を共有することで生まれる新しい経済の形です。これらの取引の場となるサイトやアプリを**プラットフォーム**と呼び，その運営を行う事業者が**プラットフォーマー**です。代表的な企業として，空き家・空き部屋を持っているホストと旅行者をつなぐ Airbnb（エアビーアンドビー）やドライバーと乗客や飲食店と利用客をつなぐ Uber Technologies（ウーバー）があります。

日本の IT 活用

　では，日本の IT 活用はどのような現状にあるのでしょうか？IT 投資額を国際比較すると，主要先進国では IT 投資が増加傾向に

図 7-10　IT 投資と IT 資本の生産性の推移

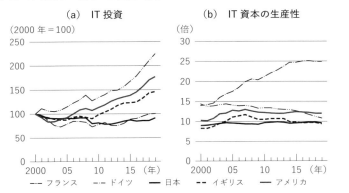

注：IT 資産（投資）は，自国通貨ベースの名目値。IT 資本生産性＝名目 GDP／名目 IT 資本ストック。
出所：内閣府「令和 4 年度　年次経済財政報告」。

コラム 2 コーポレートガバナンス　　コーポレートガバナンスとは，日本語で「企業統治」を意味し，企業が適切に運営され，株主や社会に対して責任を果たすための仕組みのことです。

　企業は，株主に最大限の利益を還元しつつ，自社の価値を高める必要があります。そのためには，株主をはじめとするさまざまな**利害関係者（ステークホルダー）**の利益を考慮しながら，企業を適切に運営・発展させる仕組みが必要です。この仕組みがコーポレートガバナンスです。金融庁は，コーポレートガバナンスを「会社が，株主をはじめ顧客・従業員・地域社会等の立場を踏まえたうえで，透明・公正かつ迅速・果断な意思決定を行う仕組み」と定義しています。

　コーポレートガバナンスの目的は主に 2 つあります。1 つは，不祥事を防ぐことです。企業が不正行為や不祥事を起こすと，その影響は株価に直結し，株価が下がると株主に十分な利益を還元することが難しくなります。もう 1 つは企業価値と株主利益を増やすことです。企業が健全に運営されることで，社会的な評価が高まり，企業価値も向上します。その結果，株主の利益も増加します。

　企業が適切に経営されるためには，外部からの監視が欠かせません。社外取締役や監査役，監査委員会などの存在が重要な役割を果たします。企業統治が健全に機能している状態を「コーポレートガバナンスが保たれている」などと表現します。

　2013 年の成長戦略で，企業統治の強化が成長戦略の一環として位置づけられました。これを受け，2015 年 6 月に東京証券取引所と金融庁による**コーポレートガバナンス・コード（企業統治指針）**の適用が始まりました。これは，企業統治を実行するための指針であり，株主の権利や取締役会の責務などについて全 83 の原則から構成され，上場企業に適用されています。

　コーポレートガバナンス・コードは法律ではないため強制力は持ちませんが，順守しない場合はその理由の説明を求められる「コンプライ・オア・エクスプレイン」（順守か説明か）の形式をとっています。このコードは 3 年ごとに改訂されており，2021 年の改訂では，最上位市場「プライム」に上場する企業に対し，社外取締役

> の比率を3分の1以上とするよう求めました。
>
> また，2014年には，機関投資家が投資先の企業価値を高め，受託者の利益を最大化するための指針**スチュワードシップ・コード**が導入されました。これは，金融機関などの機関投資家に対して，正しい行動や望ましい姿を示した指針です。これも定期的に改訂されています。

ある一方で，日本は横ばいの状態にあります（図7-10）。また，IT資本の生産性を比較すると，日本は他国と比べて低い水準にとどまっており，IT投資が付加価値向上に十分に結びついていない状況が見受けられます。

　この要因として，**IT人材**の不足が指摘されています。就業者に占めるIT人材の割合を国際比較すると，日本は欧米諸国に比べて低く，スウェーデン4.8%，デンマーク4.2%，イギリス3.7%，アメリカ3.1%に対し，日本は2.1%にとどまっています。また，IMDが発表する「世界デジタル競争力ランキング」において，日本のIT人材に関する順位は64カ国中49位，とくにデジタル技術スキルの領域では63位という低い評価となっています。

　IT化と並んで**デジタル化**という言葉も頻繁に使われます。IT化がさまざまな活動に情報技術を導入することを指すのに対し，デジタル化は旧来のアナログ作業をデジタル技術で改善し，効率性と生産性を向上させることに焦点を当てています。さらに，デジタル化を進めた**デジタル・トランスフォーメーション（DX）**という概念が最近注目されています。DXとは，デジタル技術によってビジネスや人々の生活，さらには経済・社会の構造を根本的に変革することを意味します。

第4節　変化するビジネスのかたち　**179**

5 グローバル化

日本の企業の海外進出

近年,企業が海外に生産拠点や販売拠点を設立する動きが活発化しています。ここでは,そうした企業の海外進出について考えてみましょう。企業の海外進出の状況は,国際収支統計の**直接投資**から把握することができます。

直接投資とは,企業が海外で事業を展開するために,その国の企業をM&A(合併・買収)によって傘下に収める投資や,現地法人を設立して工場や販売網を新たに構築する**グリーンフィールド投資**のことです。国内から海外への直接投資は**対外直接投資**,逆に海外から国内への投資は**対内直接投資**と呼ばれます。

図7-11は,直接投資の推移を示したものです。この図から,とくに2010年以降,対外直接投資が大幅に増加していることがわかります。

では,なぜ企業は海外に進出するのでしょうか? それには国内外の環境要因が関係しています。国内では,少子高齢化による市場縮小が予測されているため,成長が見込まれる海外市場に進出する企業が増えています。また,国内の人手不足や人件費の高騰が進むと,コストが低く労働力が豊富な国に拠点を移す傾向が強まります。さらに,円高による輸出競争力の低下も,企業が海外に生産拠点を移す要因となります。実際,1985年以降の円高局面では,日本企業は価格競争で不利となる輸出を断念し,輸出先での現地生産にシフトしました。その結果,**産業の空洞化**が問題となりました。

一方,海外の環境変化も企業の海外進出を促します。たとえば,輸出先の国で保護主義が強まり,関税が引き上げられると,輸出か

図 7-11　直接投資の推移

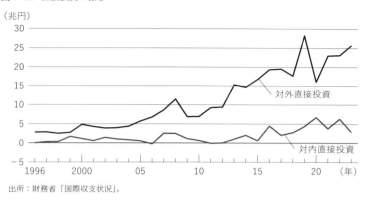

出所：財務省「国際収支状況」。

ら現地生産へと切り替える動きが出てきます。また，国際分業のあり方が変わるなかで，生産拠点を複数の国に展開する必要も高まっています。

　先ほど，日本から海外への直接投資について見ましたが，海外から日本への直接投資はどうなっているのでしょうか？ 海外からの投資を呼び込むことで，資本だけでなく，異質な経営スタイルや戦略，技術，人材なども国内に流入し，イノベーションにつながる可能性があります。また，対内直接投資の推進はサプライチェーンの強化といった観点からも非常に重要です。しかし，図 7-11 に見られるように，近年，対内直接投資は増えているものの，対外直接投資と比べるとその額は小さいものにとどまっています。

　さらに，日本の対内直接投資の残高は，GDP に対する割合で見ると OECD 38 カ国中最下位であり（表 7-2），国連貿易開発会議（UNCTAD）の統計では 198 カ国・地域中 196 位となるなど，著しく低い水準にあります。この背景には，日本の事業環境が他国と比べて成長性や収益性の面で見劣りすること，グローバル人材の不足

表 7-2　世界の対内直接投資残高（対 GDP 比, 2022 年）

順位	国名	対内直接投資の対 GDP 比（％）
1	ルクセンブルク	1460.1
2	オランダ	286.4
3	アイルランド	264.2
4	スイス	127.5
5	エストニア	96.2
6	ベルギー	91.0
7	イギリス	88.0
⋮	⋮	⋮
32	ドイツ	27.4
33	ノルウェー	25.0
34	トルコ	24.0
35	ギリシャ	23.2
36	イタリア	22.4
37	韓国	14.6
38	日本	5.3

出所：OECD, FDI stocks.

を含め英語で事業を行える環境が十分に整備されていないことなどがあげられます。

▷ 国 際 収 支

　このように，企業の海外進出や外国からの投資は，国際的な経済取引の一環として重要な役割を果たしています。それでは，国全体として，海外とどのような経済取引を行っているのでしょうか？　ここでは，**国際収支**について考えてみましょう。

　国際収支とは，ある国が一定期間に外国と行った経済取引の全体的な状況を表すものです。外国との経済取引といえば，自動車や資源エネルギーなどの輸出や輸入が思い浮かぶかもしれません。これら財の輸出額から輸入額を差し引いたものが**貿易収支**です。輸出額が輸入額を上回れば貿易黒字，逆に輸入額が輸出額を上回れば貿易赤字となります。

　しかし，国際収支は財の取引だけで成り立っているわけではありません。国際収支にはさまざまな項目が含まれており，その中でもとくに重要なのが**経常収支**です。経常収支には貿易収支に加えて，**サービス収支，第一次所得収支，第二次所得収支**が含まれています。

図7-12 経常収支（対GDP比）の推移

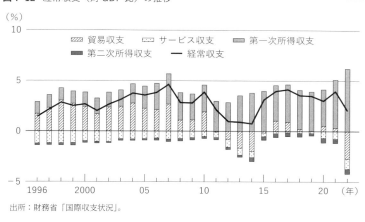

出所：財務省「国際収支状況」。

　サービス収支は文字どおり，輸送や旅行，情報などサービスの輸出入の差額を示したものです。第一次所得収支は，海外との間で発生する利子や配当等の収支状況を表し，第二次所得収支は，政府や民間による無償資金協力や寄付，贈与などの受け払いが計上されます。

　図7-12は経常収支の推移を見たものです。日本の経常収支は長年にわたり黒字を維持してきましたが，近年その内訳は大きく変化しています。

　貿易収支は，かつて日本の経常収支黒字を支えていましたが，2000年代から黒字幅が縮小し，11年以降は赤字基調にあります。この背景には，国際競争力の低下，鉱物性燃料の輸入依存，産業の空洞化などがあげられます。

　サービス収支については，インバウンド観光が好調なため，旅行収支は過去最大規模になっていますが，デジタル分野や再保険等の金融分野では赤字が拡大しています。とくにデジタル分野では，クラウドや検索サイト，オンライン会議等のプラットフォームのほと

んどが外国企業によって提供されているため，日本のデジタル化の進展に伴い，今後も**デジタル赤字**が拡大すると予想されています。

第一次所得収支は，海外からの利子や配当による収入を反映したもので，これに関しては黒字幅が拡大を続けています。リーマン・ショック以降，経常収支黒字の主要因となっていますが，多くの利益は国内に還流せず，海外で再投資されているのが現状です。これは，日本企業が海外での収益をもとに国外での事業を拡大する一方で，日本が投資対象としての魅力に乏しいため，国内での設備投資が低迷していることを示しています。

6　補論：企業会計

▷　**貸借対照表（バランスシート）**

貸借対照表（バランスシート） とは，企業が資金をどのように集め，その資金をどのように使ったのかを示すものです。

基本的な構造として，貸借対照表の右側には企業がどのように資金を集めたか，左側に集めた資金を使ってどのような資産を保有しているのかが示されます（表7-3）。この左右2つは必ずバランスするので，バランスシートと呼ばれます。

まず，貸借対照表の右側から見ていきましょう。右側は，**負債**と**純資産**に分けられています。負債とは，他者から借りたお金を指します。たとえば，借入金や社債などがこれに該当します。一方，純資産は企業が株式を発行して調達した資金や，企業活動で得た利益が積み重なったもので構成されています。純資産は企業が外部からの借金ではなく，自社の財産で賄っている部分を表しています。

一方，左側の資産には，集めた資金を使ってどのような資産を保有しているのかが示されます。これには，現金や預金，建物や機械

表 7-3 貸借対照表のイメージ

総資産　1000 万円（①＋②）		負債　600 万円（⑴＋⑵）	
①　流動資産　計 500 万円		⑴　流動負債　計 200 万円	
現預金		支払手形，買掛金	
受取手形，売掛金		短期借入金	
商品，原材料		など	
など		⑵　固定負債　計 400 万円	
②　固定資産　計 500 万円		社債	
建物		長期借入金	
土地		など	
機械設備		**純資産　400 万円**	
商標権		**資本金**	
など		**利益剰余金**	
		など	
合計　1000 万円		合計　1000 万円	

設備などが含まれます。

　さらに，資産，負債ともに**流動**と**固定**に分けられています。流動資産は，現預金や売掛金，商品や原材料といった売却等で原則として 1 年以内に現金化できるものです。一方，固定資産は，建物や土地，機械設備など，売却しづらい，もしくは売却できるとして現金化するまでに時間がかかるものです。負債も同様に，支払期限が主に 1 年以内になっている流動負債と，1 年よりも先に支払期限がくる固定負債の 2 つに分かれています。

▷　**損益計算書の読み方**

　損益計算書は，企業が一定期間内にどれだけの収入を得て，どれだけの費用を使い，その結果として利益を得たか，あるいは損失を出したかを示します。これによって，企業の経営成績が把握できるため，経営者や投資家にとって欠かせない資料となっています。

第 6 節　補論：企業会計　**185**

損益計算書の例を見てみましょう。表7-4には，典型的な損益計算書の構造が示されています。この表をもとに，各項目がどのように計算され，何を意味するのかを説明していきます。

まず，最初に売上高（①）です。これは，企業が商品やサービスを販売して得た収入の合計です。この例では，企業は1000万円の収入を得ています。次は，その売上を得るために直接かかった費用，売上原価（②）です。ここでは，売上原価は400万円となっています。

これにより，売上総利益（③）が求められます。売上総利益は，売上高から売上原価を差し引いたもので，1000万円から400万円を引くと，600万円が残ります。

次に，企業運営に必要な経費である販売費及び一般管理費（④）を見ていきます。ここには，広告費や従業員の給与などが含まれます。売上総利益からこの金額を引くことで，営業利益（⑤）が計算されます。営業利益は，企業の本業によって得られた利益を表し，企業の事業活動がどれだけ儲けた（損した）かを示しています。この例では，600万円から200万円を引いて，営業利益は400万円になります。

次に，営業外収益と営業外費用が加わります。これらは本業以外の収益や費用を指します。たとえば，銀行からの利息収入や借入金の利息支払いが該当します。この例では，営業外収益が50万円，営業外費用が30万円です。営業利益にこれら本業以外の損益を加えたものが経常利益⑧で，420万円（400万円＋50万円－30万円）となります。

さらに，臨時の収入や損失が発生する場合もあります。これを特別利益・特別損失（⑨と⑩）と呼び，たとえば資産売却益や自然災害による損失などが該当します。この例では特別利益が20万円，特別損失が10万円ですので，税引き前当期純利益（⑪）は430万

表 7-4 損益計算書のイメージ

項目	金額（万円）
① 売上高	1000
② 売上原価	400
③ 売上総利益（①－②）	600
④ 販売費及び一般管理費	200
⑤ 営業利益（③－④）	400
⑥ 営業外収益	50
⑦ 営業外費用	30
⑧ 経常利益（⑤＋⑥－⑦）	420
⑨ 特別利益	20
⑩ 特別損失	10
⑪ 税引き前当期純利益（⑧＋⑨－⑩）	430
⑫ 法人税等	100
⑬ 当期純利益（⑪－⑫）	330

円（420万円＋20万円－10万円）です。

　最後に，法人税等（⑫）を引いた後の利益が当期純利益（⑬）として計上されます。これは，企業が最終的に手元に残る利益であり，企業の成績を総括的に示す指標です。法人税等を100万とすると，当期純利益は330万円（430万円－100万円）となります。

⁓ *Summary* まとめ

- □ 日本の企業の99.7％が中小企業であり，全雇用者の約7割を占めています。中小企業は日本の産業において重要な役割を果たし，その動向が日本経済に大きな影響を与えています。
- □ 経済成長には，生産性の高い企業が新たに市場に参入し，低い企業が退出する「新陳代謝」が重要ですが，日本の開業率や廃業率は国際的に低く，経済の新陳代謝は強くないのが現状です。
- □ 1990年代後半以降，日本企業は収益を順調に増やしてきました。これ

第6節　補論：企業会計　**187**

は，設備投資や人件費の抑制といったコストカット，また，海外生産の拡大に伴う収益の増加によってもたらされたといえます。

□ IT革命は世界経済に大きな変化をもたらし，IT企業やプラットフォームビジネスが成長していますが，日本はIT投資や生産性で他国に遅れをとっています。

□ 日本企業は海外進出を積極的に進め，対外直接投資が増加しています。一方で，国内への投資（対内直接投資）は低い水準にとどまっています。

Exercise 演習問題

7.1 日本企業がなぜ「コストカット型」に陥ったのか，また，そのことによる経済的影響を論じてください。

7.2 海外と比較して，なぜ日本ではユニコーン企業が少ないのかを分析してください。

7.3 経済の新陳代謝とゾンビ企業の関係を説明し，ゾンビ企業が存在することで日本経済にどのような影響があるのかを論じてください。

地球が直面する問題

気候変動とエネルギー問題

第 **8** 章 Chapter

Quiz クイズ

太陽光発電の導入容量で日本は世界で何位でしょうか？（2022年）

- **a.** 1位
- **b.** 3位
- **c.** 5位
- **d.** 8位
- **e.** 10位以下

ソーラーパネルと風力発電
（©iStock / hrui）

Chapter structure 本章の構成

1. 地球温暖化問題 --- 気候変動　今後，地球の温度はどうなるのか？　地球温暖化の影響
2. 気候変動問題への取り組み --- カーボンニュートラル　デカップリング
3. 日本の脱炭素化とその課題 --- GXの取り組み　再生可能エネルギーの拡大　原子力の最大限活用　カーボンプライシング　日本の脱炭素化をどう進めるのか？

Answer クイズの答え

b.（『エネルギー白書2024』より）

Introduction はじめに

　皆さんは日本の最高気温記録をご存じでしょうか？　なんと41.1℃です（2024年9月時点）。この記録は2018年の埼玉県熊谷市と20年の静岡県浜松市で記録されました。近年の夏は，体温を上回る気温が各地で観測され，健康な大人にとっても厳しい状況になっています。

　しかしこれはまだ序章にすぎません，未来には日本の夏の気温はもっと高くなると予想されています。環境省が作成した「2100年未来の天気予報」によれば，2100年夏の各地の最高気温は，東京で43.3℃，大阪で42.7℃，福岡で41.9℃，札幌で40.5℃に達すると予想されています（図8-1）。北は札幌，南は鹿児島まで全国140地点で40℃を超える「激暑」となり，熱中症による死亡者が1万

図8-1　2100年 未来の天気予報（各地の最高気温）

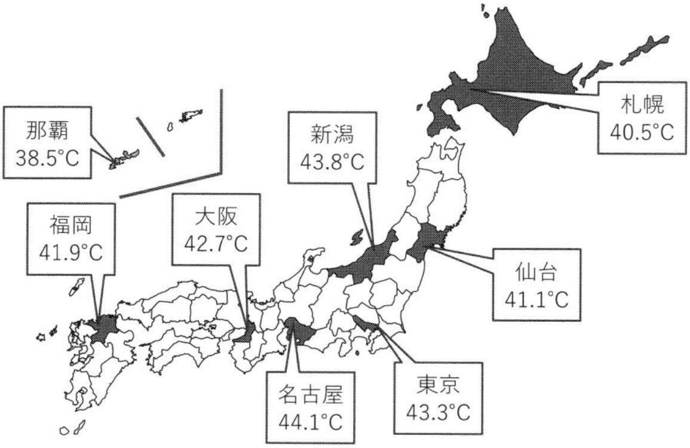

出所：環境省。

190　第8章　地球が直面する問題

5000人を超えるおそれがあるとされています。なお，熱中症の死亡者数は2010～22年平均で年1062人なので，2100年の予想はその約14倍です。

　さらに，温暖化が進むことで大気が不安定になると，中心気圧870 hPa，最大瞬間風速90 m/sのモンスター級台風が日本に接近する可能性もあります。風速35～45メートルの猛烈な風は，走行中のトラックを横転させ，電柱や街頭が倒れるほどのパワーを持っています。さらに風速が90メートルともなると，人が一瞬で吹き飛ばされるほどの強風となります。これまで陸上で経験したことのないような強風を伴った台風が，日本列島を襲う可能性が指摘されています。

　なぜ，このような未来が予測されているのでしょうか？　その大きな理由は，**地球温暖化**です。

　地球温暖化は日本経済にも深刻な影響を与えます。農業，水産業，観光業など，多くの産業が気候に左右されるため，気温や気候の変動は，生産量や品質，労働環境に直接影響をもたらします。これにより，経済の成長が阻害され，雇用や所得にも影響が出る可能性があります。

　本章では，地球温暖化による気候変動問題について学んでいきましょう。

1　地球温暖化問題

　現在，人類が直面している最大の課題は，地球温暖化による**気候変動**です。地球温暖化とは地球全体の平均気温が上昇することです。世界各地で，大雨，洪水，熱波，干ばつなどの異常気象が相次ぎ，大規模な自然災害が発生しています。これらの原因と考えられてい

第1節　地球温暖化問題　**191**

図 8-2 世界平均気温の変化（1850〜2020年，年平均）

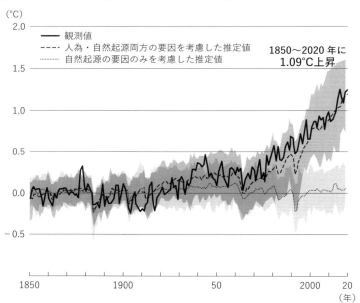

注：網かけは推定値の幅を表す。
出所：IPCC「第6次評価報告書」。

るのが，地球温暖化です。

図 8-2 をご覧ください。これは，地球の平均気温の変化を示したものです。地球の平均気温は産業革命前（1850〜1900年）から現在までに約 1.1℃ 上昇したとされ，今後もさらに上昇することが予想されています。

地球温暖化は，温室効果ガスの濃度が高まり，熱の吸収が増えたことで引き起こされています。**温室効果ガス**とは大気を温めるガスのことで，代表的なものとしては二酸化炭素（CO_2）があげられますが，そのほかにもメタンや一酸化二窒素（N_2O）などさまざまな

192 第8章 地球が直面する問題

種類が存在します。

　気候変動に関しては，国連環境計画（UNEP）と世界気象機関（WMO）が共同で設立した政府間組織 IPCC（Intergovernmental Panel on Climate Change；気候変動に関する政府間パネル）が，科学的知見に基づいた報告書を定期的に公表しています。この報告書は，各国の政策形成や国際交渉において，重要な根拠となっています。

　IPCC は 1990 年の第 1 次報告書から 2023 年の第 6 次報告書まで，これまで合計 6 回の報告書を公表しています。これらの報告書を通じて，「温暖化が人間の活動によるものか」についての見解が次第に確固としたものとなっています。最新の第 6 次報告書では，「人間の活動が温暖化によるものであることは疑う余地がない」と明確に結論づけています。

▷ 今後，地球の気温はどうなるのか？

　今後，地球温暖化はどうなると予想されているのでしょうか？ 地球温暖化の進行についての予測は，地球上の物理現象をコンピューターでシミュレーションする「気候モデル」に基づいて行われます。

　IPCC の第 6 次報告書における地球の気温の将来予測を見てみましょう（表 8-1）。そこでは，温室効果ガスの排出量や将来の社会構造に基づく 5 つのシナリオが考えられています。5 つのシナリオのどれをとっても，1850～1900 年の世界平均気温から，2030 年前後に 1.5℃ 以上の上昇が見込まれています。

　なかでも，温室効果ガスの排出が最も多いシナリオでは，産業革命前と比較して，今世紀末に 3.3℃ から 5.7℃ の気温上昇が予想されています。一方，温室効果ガスの排出が最も抑えられたシナリオでも 1.0℃ から 1.8℃ の気温上昇が予想されています。それぞれのシナリオで最も確からしいと考えられる「最良の推定値」を見ても，最も排出量が少なくなるシナリオ以外では，産業革命前と比較して

第 1 節　地球温暖化問題　　**193**

表8-1 排出シナリオごとの平均気温の上昇幅（1850〜1900年に対する変化, 単位は℃）

シナリオ	短期（2021〜40年）		中期（41〜60年）		長期（81〜2100年）	
	最良推定値	可能性が非常に高い範囲	最良推定値	可能性が非常に高い範囲	最良推定値	可能性が非常に高い範囲
非常に低い (SSP1-1.9)	1.5	1.2〜1.7	1.6	1.2〜2.0	1.4	1.0〜1.8
低い (SSP1-2.6)	1.5	1.2〜1.8	1.7	1.3〜2.2	1.8	1.3〜2.4
中間 (SSP2-4.5)	1.5	1.2〜1.8	2.0	1.6〜2.5	2.7	2.1〜3.5
高い (SSP3-7.0)	1.5	1.2〜1.8	2.1	1.7〜2.6	3.6	2.8〜4.6
非常に高い (SSP5-8.5)	1.6	1.3〜1.9	2.4	1.9〜3.0	4.4	3.3〜5.7

注：SSP（Shared Socioeconomic Pathways）は気候変動研究で用いられる社会経済シナリオ。
出所：IPCC「第6次評価報告書」.

今世紀末の気温上昇は1.5℃ もしくは2.0℃ を超えると予想されています。

▷ 地球温暖化の影響

　地球温暖化の進行とそれに伴う気温の上昇は，私たちの生活に多様な影響をもたらします。とくに気になるのは，地球の平均気温が1.5℃，もしくは2.0℃ 上昇したときです。どのような変化が起きるのでしょうか？

　温暖化が進むと，海水の温度が上がり海水が膨張したり，北極などの氷が解けたりして，海面が上昇。これにより，低地は海面下に消えてしまうおそれがあります。東京や名古屋などの海抜ゼロメートル地帯に広がる都市地域は，直接的な影響を受ける可能性が高いと考えられています。また，極端な猛暑や記録的な大雨などが発生し，冒頭で述べた「未来の天気」が予想するような気象現象も増加

すると考えられています。

IPCC によれば，地球の平均気温が 1.5℃ 上昇すると，これまで 50 年に 1 度しか起きなかったような高温が 8.6 倍の頻度で発生するようになります。また 10 年に 1 度の大雨の頻度も 1.5 倍に増加します。もし温暖化がさらに進行し，平均気温が 2℃ 上昇すると，50 年に 1 度の高温は 13.9 倍，10 年に 1 度の大雨は 1.7 倍にまで増えると警告されています。

こうした気候変動は，経済学でいう**外部性**の問題として捉えられます（第 6 章第 3 節も参照）。外部性とは，自らの利益を追求する行動が他の部外者に負の影響をもたらすことをいいます。言い換えれば，私たち 1 人ひとりが自分の生活や利益を中心に行動することで，意図せずして地球の気候に深刻な影響を与え，それが私自身にも跳ね返ってきているのです。

そして，この地球温暖化は，今の世代だけにとどまらず，未来の世代にも影響を与えるものです。今の私たちの生活や経済活動が排出する温室効果ガスは，未来の世代の生活環境にも大きな影響を持っています。

このように気候変動は，時間と空間を超えた複雑かつ大きな外部効果の問題です。それゆえ，解決策も地球規模で，そして未来にわたって効果を持つものでなければならないのです。それは私たち 1 人ひとりの責任であり，今行動を起こさなければ，後悔しても取り返しのつかない未来が訪れるかもしれないのです。

2 気候変動問題への取り組み

世界各国は気候変動への対応を強化しており，**カーボンニュートラル**を目指す動きが加速しています。カーボンニュートラルとは，

「温室効果ガスの排出を全体としてゼロにする」ことで，温室効果ガスの排出量から吸収量を引いた合計がゼロとなる「実質ゼロ」を示す言葉です。

　日本では 2020 年に当時の菅義偉首相が 50 年までにカーボンニュートラルを実現する方針を掲げました。世界でも，EU やアメリカは 2050 年までに，中国は 60 年に，そしてインドは 70 年にカーボンニュートラルを目指しています。

　これらの国際的な取り組みの背景には，2015 年にパリで開催された国連気候変動枠組条約第 21 回締約国会議（COP 21）で採択された**パリ協定**があります。パリ協定では，世界の平均気温の上昇を産業革命前に比べて 2.0℃ 未満，できれば 1.5℃ 未満に抑えることが目標とされています。

　IPCC は 2023 年に公表した第 6 次報告書で，人類への影響を抑えるためには，気温上昇を 1.5℃ までに抑える必要性を指摘しています。そして，そのためには，2019 年に比べた温室効果ガスの排出量を 30 年に 43％，35 年には 60％，そして 50 年にはほぼ 100％削減する必要があると明示しています。しかし，各国の現行の対策だけでは，1.5℃ の上昇を避けることは難しく，2℃ 未満に抑えることすら困難であると警告しています。

　日本を含む G7 はこの報告書の見解を踏まえ，2030 年までに世界の温室効果ガスを 19 年比で 43％，35 年までに 60％ 削除するための取り組みに貢献することをコミットしています。

　現在，世界の温室効果ガス排出量はどのくらいなのでしょうか？現状を確認しておきましょう（図 8-3）。2022 年の世界の温室効果ガス排出量は CO_2 換算量で 574 億トンとなり，過去最高に達しました。そのうち，化石炭素によるものが最も多く全体の約 3 分の 2 を占めています。CO_2 排出量を国・地域別に見ると，2021 年に排出量が最も多いのは中国で世界全体の排出量の約 3 割を占めていま

図 8-3 世界の温室効果ガス排出量の推移

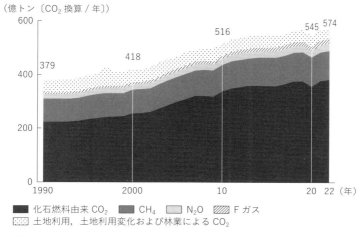

出所：UNEP, Emissions Gap Report.

す。次いで、アメリカ、EU 27 カ国、インド、ロシアの順になっています。これら 5 つの国・地域の合計で世界の CO_2 排出量の約 65％ を占めます。日本は第 6 位です。

日本の温室効果ガス排出量（CO_2 換算量）は、2013 年度の 14 億 800 万トンをピークに減少傾向にあり、21 年度には 11 億 7000 万トンとなっています。日本の温室効果ガスの特徴は CO_2 の割合が高いことです。世界では CO_2 が温室効果ガスに占める割合は約 7 割ですが、日本では 9 割以上となっています。日本で CO_2 が温室効果ガスに占める割合が高い原因としては、石油や石炭でのエネルギー消費が多いことがあげられます。

近年、日本では経済成長と温室効果ガスの排出量の**デカップリング**が観察されています。図 8-4 は、日本の温室効果ガスと実質 GDP の関係を示したものです。2013 年ごろまで GDP と温室効果

図 8-4 実質 GDP と温室効果ガス（GHG）排出量の推移（1990 年度＝100）

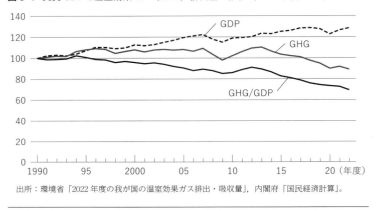

出所：環境省「2022 年度の我が国の温室効果ガス排出・吸収量」，内閣府「国民経済計算」。

ガスは同様の動きをしていましたが，14 年以降は GDP が増加基調にある一方で，温室効果ガスの排出量は減少傾向にあります。

日本で温室効果ガスの排出量が減少していることを意外に思われたかもしれません。実は，日本を含めた一部の先進国では，すでに温室効果ガスはピークを過ぎています。これは，低炭素エネルギー源の増加やエネルギー効率の改善が，経済成長に伴う排出量の増加を相殺する以上の効果を持ったためと考えられています。

3 日本の脱炭素化とその課題

GX の取り組み

日本政府は，気候変動対策を経済成長の機会と捉え，GX（グリーントランスフォーメーション）を推進しています。GX は，再生可能エネルギーの導入や省エネの徹底などを通じて温室効果ガスを削減しつつ，経済社会をより持続可能な形に変革する取り組みです。

コラム3　グリーンフレーション　　グリーンフレーションという言葉を聞いたことがありますか？　これは，地球環境に配慮した経済活動を意味する「グリーン」と，物価上昇を意味する「インフレーション」を組み合わせた造語で，脱炭素化に伴う物価上昇を指します。

　国際社会が脱炭素化に向けて動き出すなか，石油や石炭といった化石燃料への新たな投資は，将来的に価値を失う座礁資産になるリスクがあります。化石燃料への投資が抑制されれば，化石燃料の供給が鈍化し，価格が上昇する可能性があります。また，脱炭素化が進むなかでは，価格が上がっても産油国が増産に踏み切ることが難しくなると考えられます。さらに，産油国は，将来の需要減少を見越し，高い価格を維持して今のうちに収入を得ようとするかもしれません。

　脱炭素化を実現するには，CO_2 を排出しない再生可能エネルギーへの転換が不可欠ですが，これには時間と多額の費用がかかります。このような状況のなかで，ヨーロッパを中心に石油や石炭に比べて環境負荷が低い天然ガスへの需要が高まり，その価格が上昇しています。

　また，太陽光発電や風力発電，電気自動車（EV）といった脱炭素技術は，銅やアルミニウムなどの金属資源を大量に必要とします。たとえば，EV は車体の軽量化のために多くのアルミニウムを使用し，モーターなどに使われる銅の量は従来のエンジン車の4倍に達するといわれています。また，太陽光発電には，火力発電の4倍の銅が必要です。こうした金属資源への需要が高まり，価格が上昇する現象も，グリーンフレーションの一部です。ブルームバーグ NEF によれば，太陽光，風力，蓄電池，電気自動車など，エネルギー移行技術に必要な主要金属の需要は，2050年までに5倍に増えると予測されています。

　将来的に脱炭素化が進めば，化石燃料や金属資源の価格変動が経済全体の物価に与える影響は低下していくでしょう。しかし，その移行期間中は，グリーン化がかえって化石燃料や金属資源の価格を押し上げ，インフレを加速させるリスクがあります。グリーンフレ

ーションは構造的な問題であり，短期間で解消されるものではありません。専門家の中には，グリーンフレーションが収束するまでに20～30年かかると考える人もいます。

　カーボンニュートラルの実現には，私たちの生活，ビジネススタイル，エネルギー活用など社会構造の根本的な変革が不可欠です。現代社会は石油や石炭などの化石燃料に大きく依存していますが，これらの使用は CO_2 排出につながります。化石燃料への依存を減らし，太陽光や風力など環境への負荷が少ないエネルギー源の利用を進めることが温室効果ガス削減のカギとなります。

　GXは，こうした脱炭素社会を実現するための活動を経済成長の新たな機会と捉え，社会全体を変革しようとする取り組みです。こうした取り組みは，日本だけでなく世界中で進められています。先頭を走るのはヨーロッパで，温室効果ガス削減とカーボンニュートラル実現に向けた取り組みやルールづくりをリードしてします。アメリカも独自の戦略を展開しています。

　日本では，岸田文雄首相（当時）のもとでGX実行会議が設けられ，2023年2月には「GX実現に向けた基本方針」が公表されました。さらに同年5月にGX関連の法が成立し，2050年カーボンニュートラル実現に向けたエネルギー政策の大枠が固まりました。

　GX基本方針では，①再生可能エネルギーの導入促進，②原子力の最大限利用，③脱炭素投資，そして，④カーボンプライシングの本格導入がカギとなっています。それぞれのポイントと関連する課題を見ていきましょう。

▷　再生可能エネルギーの拡大

　まずは**再生可能エネルギーの導入促進**についてです。再生可能エネルギーとは，石油や石炭，天然ガスといった有限な化石燃料とは

異なり，自然界に常に存在するエネルギー源です。その大きな特徴は，「枯渇しない」「どこにでも存在する」，そして「CO_2を排出しない」というの3つの点です。主な再生可能エネルギーとしては，太陽光，風力，水力，地熱，バイオマスがあげられます。

　日本のエネルギー政策は3E＋Sを基本方針としています。これは安全性（Safety）を基本に，エネルギーの安定供給（Energy Security），経済効率性（Economic Efficiency），環境適合（Environment）を同時に達成することを目指すというものです。これを実現するため，火力，水力，原子力，再生可能エネルギーによる発電をバランスよく組み合わせ，各エネルギー源の特長を生かした**エネルギーミックス**が進められています。

　国の中長期的なエネルギー政策の方針を示すものに**エネルギー基本計画**があります。エネルギー基本計画はほぼ3年ごとに作成され，現在は2021年に作成された第6次計画がエネルギー政策の指針となっています。

　この計画の最大の特徴は，再生可能エネルギーを最優先としていることです。2030年の電源構成を見ると，再生可能エネルギーが全体の約36〜38%を占め，原子力は20〜22%，水素アンモニアは1%，そして石炭・石油などの化石燃料が41%と見込まれています。それまでの計画と比較すると，再生可能エネルギーが電源構成に占める割合が大幅に上昇している一方，原子力の占める割合は据え置き，化石燃料の比率は低下しています。

　GX基本方針では，2030年度の再生エネルギーの電力比率目標達成に向け，太陽光発電の最大限の導入や洋上風力の拡大を推進していますが，多くの困難も立ちはだかっています。

　たとえば，送電網の問題です。再生可能エネルギーを普及させるためには，送電網の拡充が欠かせません。というのも，再生可能エネルギーの資源が豊富な地域と，電力の需要が高い地域は地理的に

第3節　日本の脱炭素化とその課題　**201**

離れているため，このギャップを埋める必要があるからです。

　また，洋上風力については，技術的な課題や設置コストが大きな障害となっています。洋上風力には，海に浮かべる「浮体式」と海底に固定する「着床式」の2つの方式があります。日本の海域は遠浅の場所が少ないため，主に浮体式の導入が検討されています。しかし，浮体式には，技術面や設置にかかるエンジニアリング，コストなどの課題があります。さらに，漁業関係者をはじめとする多様なステークホルダーの理解と協力が不可欠となっています。

▷　原子力の活用

　次に，原子力の積極的な活用について考えていきましょう。GX基本方針では，原子力発電所（原発）の運転期間の延長と新型原発の開発・建設を進めるとしています。原発の運転期間は最長60年と定められていますが，GX基本方針では，審査などで停止した期間を除外することで，実質的に上限を超えて運転できることにしました。また，廃炉となった原発の敷地内で，新たな安全メカニズムを組み込んだ次世代型原子炉の開発や建設を進めるとしています。これらの方針は，東日本大震災後の原子力政策を大きく転換するものです。

　エネルギー基本計画では，2030年度に電力の20～22%を原子力で賄う目標が掲げられていますが，21年度の実績では原子力の占める割合はわずか6.9%にとどまっています。2030年度の目標を達成するには，現存の原発のフル稼働が必要となりますが，実現は厳しいと考えられています。

　原発の活用を推進するにあたっては，いくつかの重要な課題に取り組む必要があります。まず，原発事故のリスク管理です。原発は運転中にCO_2を排出せず大量の電力を供給できますが，万が一重大な事故が起きれば，その影響は計り知れないほど深刻であり，リ

スク管理を徹底することが求められます。

　また，**核のゴミ**問題も大きな課題です。これは，原発から排出される高レベルの放射性廃棄物をどのように安全に処理，管理するかという問題です。政府は，核のゴミを責任を持って処分するとしていますが，最終処分場の確保は見通しが立っていないのが現状です。さらに，原発から出る使用済み核燃料を国内で再処理し，取り出したプルトニウムやウランを再び燃料として使う「**核燃料サイクル政策**」も停滞していることから，この問題への実行可能な解決策が急務となっています。

　政府は，廃炉が決まった原発に限り，同じ敷地内で安全性を高めた次世代革新炉の建設を計画しています。しかし，これが実際に運用されるのは 2030 年代以降と見られ，その進行には遅れも予想されています。これらの課題と向き合い，安全で持続可能なエネルギー供給の実現に向けた努力が不可欠です。

カーボンプライシング

　GX 基本方針では，今後 10 年間で 150 兆円超の官民の脱炭素投資が予定されています。民間の脱炭素投資を促進するために，政府は 20 兆円の先行投資支援を計画していますが，その資金調達の方法として**カーボンプライシング**が取り入れられる予定です。

　カーボンプライシングとは，炭素の排出に対して価格をつけることで，排出削減や脱炭素技術への投資を促すものです。代表的なものとしては，**炭素税**や**排出量取引**があります。

　炭素税は，化石燃料に含まれる炭素の量に応じた税金をかけるものです。課税により化石燃料やそれを利用した製品の製造・使用の価格が上がるため，需要が抑制され，結果として温室効果ガスの排出量を抑えることが期待されます。一方，排出量取引は，国や企業などが温室効果ガス排出量の上限を設け，市場を通じて排出する権

利を売買する仕組みです。排出枠を超えて排出する国や企業は，排出枠を超えていない国や企業から余った排出枠を購入します。

　世界ではカーボンプライシングの導入が進んでいます。世界銀行によると，世界で実施されている炭素税と排出量取引制度は，2022年に73件で，世界の温室効果ガス排出量の約23% がカバーされています。2011年にカーボンプライシングの導入件数は21だったので，この間に，3倍以上に増加しています。

　日本でも**地球温暖化対策税**という形で炭素税が導入されていますが，その税率は CO_2 排出量1トン当たり289円（約2ドル）と，他国に比べて低く設定されています。しかし，国際的な流れに従い，より本格的なカーボンプライシングの導入が検討され，今回正式に決定しました。

　この動きは歓迎されるものですが，今回のカーボンプライシングの導入には課題が残っています。通常，炭素税は広い事業者が対象になるのに対して，今回，導入される炭素に対する賦課金の対象は，電力会社やガス会社，石油元売り，商社など化石燃料を輸入する事業者に限定されます。さらに，将来の炭素価格も未確定で，その価格設定が脱炭素の目標達成に十分であるかどうかが注目されます。国際エネルギー機関（IEA）と世界銀行の関連組織は，パリ協定の目標を達成するためには，2030年までに1トン当たり50～100ドル，先進国では130ドルの炭素価格が必要と試算しています。これに対し，日本の地球温暖化対策税は前述のように，他国と比較しても低い水準にあります。

▷ 日本の脱炭素化をどう進めるのか？

　生成AIの進展やデータセンター，半導体工場の新増設に伴い，今後，電力需要は増加すると予測されています。一方で，脱炭素化に向けて温室効果ガスの削減も急務となっており，電力需要が増え

るなかでカーボンニュートラルを達成する道のりは，ますます厳しいものとなっています。とくに，日本は 2023 年に「2035 年の温室効果ガス排出を 2019 年比で 60％ 削減する」という従来よりもさらに厳しい新たな脱炭素化目標を設定しており，その達成には多くの努力が必要です。

このような状況下で求められるエネルギー政策は，あらゆる手段を総動員して脱炭素化と増大する電力需要の両方に対応することでしょう。再生可能エネルギーの拡大や原子力の活用だけでなく，水素やアンモニアなどを用いたカーボンフリー火力発電や炭素除去技術が重要な役割を果たすと考えられます。これに加えて，仮想発電所（Virtual Power Plant：VPP）といった新しい技術を活用し，地域全体で電力を効率的に管理することも求められています。また，長期的には，核融合や超電導送電，核種変換技術など，革新的な技術の研究開発と実用化がカーボンニュートラルへのカギとなるでしょう。あらゆる技術とリソースを活用し，エネルギーの安定供給と環境保護を両立させる取り組みが必要です。

⋙ *Summary* まとめ

- □ 地球温暖化による気候変動は，人類が直面する最大の課題です。これは，時間と空間を超えた大きな外部効果の問題であり，その解決策は地球規模で未来にわたって効果を持つものである必要があります。
- □ 世界各国は気候変動対策を強化し，脱炭素化を目指す取り組みを加速しています。日本は 2050 年までにカーボンニュートラルを実現する方針を掲げています。また，日本は，気候変動対策を経済成長の機会と捉え，GX を推進しています。
- □ 生成 AI の進展やデータセンターの増設などに伴い，今後，電力需要が増加すると予想されており，脱炭素化の道のりは厳しいものとなっています。あらゆる手段を総動員したエネルギー政策が求められています。

第 3 節　日本の脱炭素化とその課題　**205**

Exercise 演習問題

8.1 日本がカーボンニュートラルを達成するためには何が必要なのか，また，何が課題なのかを論じてください。

8.2 再生可能エネルギーとは何かを説明したうえで，日本の再生可能エネルギーの現状と課題について述べてください。

8.3 気候変動が日本の農業や観光業などに与える影響を考えてください。

第 II 部 Part

解決できる？

Chapter

9　誰もが希望を持てる日本へ
10　人々の可能性と活力を生かす社会へ
11　将来にわたっての安心を
12　人々の可能性を引き出す

誰もが希望を持てる日本へ

第9章

少子化対策

Quiz クイズ

人口を維持するには，女性が生涯で産む子どもの数を示す「合計特殊出生率」が 2.07 程度必要といわれています。では，以下の数字の中で，現在の日本の合計特殊出生率に一番近いものはどれでしょうか？

a. 2.1
b. 1.8
c. 1.5
d. 1.2
e. 0.9

(©iStock / paylessimages)

Chapter structure 本章の構成

1	人口構造の変化についてのファクト	人口減少　出生率の低下　人口構造の変化
2	人口構造の変化が経済・社会に与える影響	人口ボーナス　人口オーナス（重荷）　シルバー民主主義
3	なぜ少子化が進んでいるのか？	未婚化と晩婚化　結婚率の低下要因　子どもを持つコストの上昇
4	これまでの少子化対策	エンゼルプランから全世代型社会保障改革　対策の成果と課題　少子化対策の規模
5	何が求められているのか？	現金給付の限界と質の向上　保育支援と育児休業制度の拡充　男性の家事・育児参加　社会の意識改革　求められるグランドデザイン

Answer　クイズの答え

d.「令和5年人口動態統計」によると，2023年に1.20で過去最低。

Introduction　はじめに

　日本が直面している最大の課題の1つが**少子化**です。新聞，TVやインターネットで頻繁にこの話題が取り上げられますが，実感が湧かず，遠い話のように感じられている方も多いかもしれません。しかし，少子化の進行は，私たちの日常生活や将来に深刻な影響を及ぼす可能性があります。では，具体的に少子化が進むと私たちの生活はどのように変化するのでしょうか？

　たとえば，少子化により人口減少が進むと，今まで私たちが当たり前だと思って利用してきたさまざまなサービスが受けられなくなる可能性があります。自分たちの住む地域にある学校や病院がなくなることが現実となるかもしれません。

　なぜでしょうか？　人口が減少すると，それに伴って利用者や労働力が減り，経済活動が縮小するからです。税収が減少すれば，公共サービスを支える資金が不足し，学校や病院の維持が難しくなります。

　さらに，労働力の減少は，警察官や消防士，自衛隊員といった，国や地方の社会基盤を支える人手の不足を引き起こす可能性があります。とくに地方では，過疎化が進み，これらの問題が深刻化しています。公共交通の減少や地域の安全維持能力の低下は，すでに多くの地域で懸念されています。

　日本の人口は減少の一途をたどっており，この傾向は今後も続くと見込まれています。なんの対策も講じなければ，次の数十年で台湾やオーストラリア，さらにはカナダの人口に匹敵する数の人々が日本からいなくなることになります。

　少子化問題は，私たち1人ひとりにとって無関係ではありません。

210　第9章　誰もが希望を持てる日本へ

少子化は私たちの生活，将来への希望，そして次世代が生きる社会に直結する問題です。本章では，少子化が進むと私たちの未来がどうなるのか，日本ではなぜ少子化が進んでいるのか，そして，どのような対策が考えられるのかについて考えます。少子化という課題に対して，現状を認識し，知識を深め，具体的な解決策を模索することが，私たちの未来を明るくするカギとなります。

1　人口構造の変化についてのファクト

▷　人口減少

　日本では人口が減少しており，この傾向は今後も続くと予測されています。

　日本の総人口は 2008 年の約 1 億 2808 万人のピークから，23 年には約 1 億 2435 万人へと減少しました。前年よりも 59 万 5000 人の減少となり，13 年連続で減少しています。原因は出生数の減少で，2023 年の出生数は 72 万 7277 人と，80 万人を初めて下回った前年よりもさらに低下しました。

　今後も，日本の人口は減少していくことが見込まれています。第 1 章でも見たとおり，2023 年に国立社会保障・人口問題研究所が公表した最新の人口推計によると，56 年には日本の人口は 1 億人を下回り，70 年には約 8700 万人になると見込まれています（図 1-8 参照）。つまり，今後 30 年強で台湾やオーストラリアの人口に匹敵する約 2400 万人，40 数年でカナダの人口に匹敵する約 3800 万人が日本からいなくなることになります。

　地域別の人口予測も見ておきましょう。2040 年以降，全都道府県で人口が減少し，50 年には 11 県で人口が 20 年と比較して 3 割以上減少する見込みです。人口減少の速度は地域によってさまざま

図 9-1 2020 年を 100 とした場合の 2050 年の人口

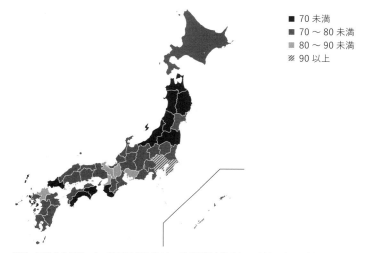

出所：国立社会保障・人口問題研究所「日本の地域別将来推計人口（令和 5 年推計）」。

ですが，2020 年の人口との比較では，秋田県や青森県，岩手県では約 4 割減少し，高知県も 3 割強の減少が見込まれています。東京都のみが，2050 年に 20 年よりも多い人口を保つとされています（図 9-1）。

市区町村レベルでは，95.5％ で人口が減ることになり，2050 年に人口が 20 年の半数未満となる地域も約 2 割あります。

出生率の低下

日本で人口が減少しているのは，出生率が低下しているからです。1 人の女性が生涯に産む子どもの数を示す指標に**合計特殊出生率**があります。現在の人口規模を維持するには，2.07 の出生率（人口置換水準）が必要とされています。人口を維持するためには，夫婦 2 人に対して子ども 2 人で 2.00 となりそうですが，事故や病気で亡

図 9-2 出生数，合計特殊出生率の推移

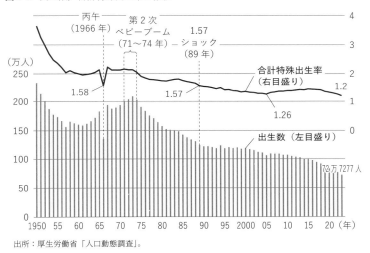

出所：厚生労働省「人口動態調査」。

くなる人がいるため，計算上 2.07 となります。

日本では少子化が進んでいるといわれますが，少子化の定義は，合計特殊出生率が人口置換水準を相当期間下回っている状況です。実際，日本では 40 年以上前から合計特殊出生率が人口置換水準を一貫して下回っています。

図 9-2 は合計特殊出生率の推移を示したものです。出生率は 1975 年には人口置換水準を下回る 1.91 となりました。それ以降も，出生率は低下を続け，1989 年には 1.57 となり，それまでの過去最低値 1.58（1966 年）を下回ったことから，その衝撃は「1.57 ショック」と呼ばれました。なお，1966 年は「丙午(ひのえうま)」の年で，「その年に生まれた女性は気性が激しい」という迷信により多くの人が出産を避けたため出生率が著しく低下しました。

出生率は，その後も低下を続け，ついに 2005 年には 1.26 にまで

図 9-3　合計特殊出生率の国際比較

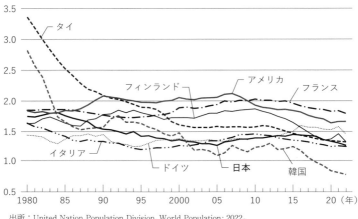

出所：United Nation Population Division, World Population: 2022。

落ち込みました。その後，出生率は上昇に転じたものの，2016年から再び低下し，23年には1.20となり，過去最低となっています。なお，日本政府は，2015年に**希望出生率**（若い世代の結婚や出産の希望がかなったときの出生率）を1.8とする目標を設定しましたが，現在の出生率はこの数値にはほど遠い状況です。

　もっとも，出生率が低下しているのは日本だけはありません。先進国を中心に多くの国・地域で出生率の低下が進行しています（図9-3）。他の先進国の出生率を見ると，フランスは1.79（2022年），アメリカは1.67（2022年），ドイツは1.46（2022年）となっており，日本の数字は見劣りしています。韓国の出生率は0.78と日本よりも厳しい状況にあります。なお，出生率1.5は超少子化に陥る分水嶺とされており，この水準を長く下回ってから回復した国はほとんどありません。

図 9-4 年齢区分別人口の割合の推移（1950〜2023 年）

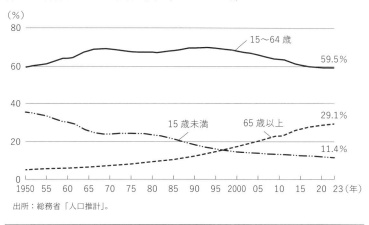

出所：総務省「人口推計」。

人口構造の変化

　出生率の低下傾向が続き，生まれる子どもの数が減り続けた一方，長寿化が進行したため，人口の年齢構成が大きく変化しました。

　人口を年少人口（0〜14歳），生産年齢人口（15〜64歳），高齢者人口（65歳以上）と3つに分けてその推移を確認しましょう（図9-4）。

　年少人口は長期的に低下傾向にあります。1980年代初めには2750万人ほどだった年少人口は2023年には1417万人まで減少し，人口に占める割合も23.5%から11.4%に低下しています。年少人口は今後も減少が続き，2053年には1000万人を割り，2070年には800万人を下回ると見込まれています。

　生産年齢人口は労働の中核的な担い手であり，社会保障を支える存在でもあります。生産年齢人口はピークの1995年には約8700万人で，総人口の69.5%を占めましたが，その後は減少に転じています。2023年には約7400万人，総人口に占める割合は59.5%まで低下しています。生産年齢人口は今後も大きく減少する見通しで，

図 9-5 主要国における高齢化率の推移

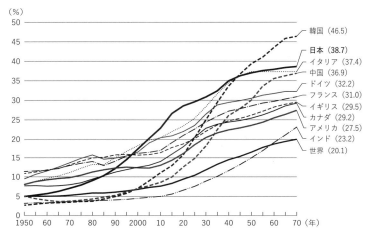

出所：日本の値は，2020年までは「国勢調査」，25年以降は「日本の将来推計人口（令和5年推計）」（国立社会保障・人口問題研究所）。他国の値は，*World Population Prospects: The 2022 Revision*（United Nations）の推計値。

　総人口が1億人を割り込む2056年には約5265万人となり，その割合は52.8％と，ピークから約17ポイントも低下する見通しです。

　一方，高齢者人口は増加傾向にあります。1980年には1065万人だった高齢者人口は，2023年には約3223万人と約3倍となっています。人口に占める65歳以上の割合を示す**高齢化率**は，1980年の9.1％から2023年には29.1％まで上昇しました。国民の約3.4人に1人が高齢者ということです。高齢化率は今後も上昇し，2070年には38.7％にのぼると予想されています。つまり，そう遠くない未来，日本は見渡すかぎり高齢者ばかりの国になるということです。

　日本は世界で一番の高齢国家です。図9-5は主要国における高齢化率の推移と将来予測を示したものです。先進国だけでなく，新興国でも今後，高齢化が進んでいくことがわかります。なお，2023

図 9-6 高齢者の支え方の変化

年の高齢化率を見ると，日本が 29.1% で最も高く，次いで，イタリアの 24.5%，フィンランドの 23.6% という順になっています。

　高齢者人口は増加する一方，生産年齢人口が減少しているので，高齢者 1 人を支える現役世代の人数は大きく減少しています。1980 年には現役世代が約 7.4 人で 1 人の高齢者を支えていた「御神輿型」でしたが，2020 年には現役世代が約 2.1 人で 1 人を支える「騎馬戦型」となりました。そして，2070 年には 1 人の高齢者を約 1.3 人で支える「肩車型」になると見込まれています（図 9-6）。

2　人口構造の変化が経済・社会に与える影響

　人口構造の変化は経済や社会に大きな影響を与えます。少子高齢化によって，経済成長が抑制されたり，社会保障制度に対する負担が増加したりする可能性があります。また，消費者数の減少により市場規模が縮小することや，インフラの維持管理に関する新たな課題が生じることも見込まれています。さらに，政治の分野では，選挙行動や政策優先順位に変化が見られることがあります。以下，そ

れぞれについて見ていきましょう。

まず，経済成長への影響です。経済成長の主要な要因として，労働力の増加，資本の増加，生産性の向上があげられます。人口構造が変わると，これらの要素に影響を及ぼし，結果的に経済成長に影響します。

人口が増加し，労働力人口が拡大することで成長率が高まる現象を**人口ボーナス**と呼び，その逆を**人口オーナス**（重荷）と呼びます。日本では，人口オーナスによる成長率の低減が懸念されています。ただし，人口減少が必ずしも労働力減少を意味するわけではありません。日本では，生産年齢人口が減少しているものの，女性や高齢者の雇用の増加により，労働力人口は減少していません。しかし，将来的には人口減少により労働力が減少することが予想されています。

次に，人口減少が資本投入に与える影響です。人口が減少すると，必要とされる住宅や企業の資本装備が減少します。つまり，新しい家やビル，工場などを建てる必要が少なくなるということです。また，高齢化が進むと，社会全体の貯蓄が減少する傾向があります。これは，将来に備えてお金を貯める若者が減少する一方，過去の貯蓄を取り崩して生活する高齢者が増えるためです。この結果，経済活動への投資が減り，経済成長にブレーキがかかります。

生産性に関しては，人口が増加している経済と減少している経済では，後者の方が生産性が落ちる可能性が指摘されています。人口規模が大きければ，多様性が広がり，より多くの知恵が生まれることが期待されるからです。

人口構造の変化は社会保障制度にも重要な影響を及ぼします。年金，医療，介護の給付は主に高齢者が利用しますが，これらの費用は現在働いている世代が保険料や税金を通じて支えています。高齢化が進むと，これらの社会給付費は増大します。一方で，少子化に

より現役世代が減少するため，負担が重くなり，社会保障制度を維持することが困難になります。

公共施設やインフラ整備への影響も無視できません。人口構造の変化により，インフラの利用者や管理者が減少し，人口1人当たりの維持管理費が増加するリスクがあります。さらに，空き家の問題も深刻で，世帯数の減少に伴い，空き家数が増加すると，防災・防犯機能の低下や衛生・景観の悪化などの問題が生じる可能性があります。

政治にも影響があります。高齢者が有権者の中で高い割合を占める現象は**シルバー民主主義**と呼ばれており，日本では高齢者の意見が政治に反映されやすくなっています。少子高齢化が進むなかで，若者の投票率が低い一方で，高齢者の投票率が高いため，政治家は高齢者の意見を優先する傾向にあります。これは世代間の格差を広げ，若い世代の活力を削ぐという指摘もあります。

さらに，労働市場における働き方や雇用の形態にも深刻な影響が及ぶことがありますが，これに関しては第10章で取り上げます。

3　なぜ少子化が進んでいるのか？

日本での人口構造の変化は，主に少子化が原因です。子どもの誕生数が減ると，全体の人口も減少します。また，少子化により，比較的年齢の高い人の割合が増えるため，人口の構成も変わります。では，なぜ，少子化が進んでいるのでしょうか？

未婚化と晩婚化

少子化と聞くと，結婚している人が子どもを持たなくなったと思われるかもしれません。しかし，**未婚化**がより大きな要因です。

第3節　なぜ少子化が進んでいるのか？　　**219**

はじめに，結婚しているカップルの子どもの数について見てみましょう。国立社会保障・人口問題研究所の「出生動向基本調査」によると，結婚後 15～19 年の夫婦の平均出生子ども数（完結出生児数）は，1970 年代から 2000 年代初頭までは約 2.2 と安定的に推移していましたが，その後，減少傾向にあり，21 年には過去最低の1.9 となりました。しかし，この数字は極端に低いわけではありません。

また，15～49 歳の有配偶女性を分母として，嫡出子（婚姻中の夫婦の間に生まれた子ども）の割合を計算した「有配偶出生率」を見ると，2015 年までは上昇傾向にあり，出生数の押し上げ要因となっていました。2020 年に減少に転じましたが，これらのデータから結婚しているカップルの子どもの数が極端に減っているわけではないことがわかります。

配偶者がいる女性の出生率の低下は，**晩婚化**の影響を受けていると考えられます。女性の平均初婚年齢は，1980 年の 25.2 歳から2022 年には 29.7 歳へと上昇しています。晩婚化は出産年齢の上昇や子どもの数の減少を招きます。

たとえば，40 歳までに子どもを持ちたいと思う場合，25 歳で結婚すれば 15 年の時間があるのに対し，30 歳で結婚するとその期間は 10 年に短縮されます。晩婚化が進んだことで高齢出産が増え，年齢的に 2 人目の子どもを持つことが難しくなっていると考えられます。

次に，未婚化の影響に目を向けましょう。日本では結婚と出産が密接に関連しており，未婚化が少子化の大きな原因となっています。

日本では海外と比較して婚外子が少なく，嫡出子が出生数の大半を占めるため（非嫡出子の割合は 2022 年に 2.3％。OECD 平均は約 40％），未婚率の高まりが少子化の進行に大きな影響を与えます。国勢調査によると，2020 年に 50 歳時の未婚率は男性が 28.3％，女性が 17.9

220 第 9 章 誰もが希望を持てる日本へ

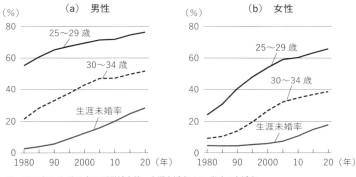

図 9-7　年齢階級別未婚率の推移

注：2015 年および 20 年は不詳補完値。生涯未婚率は 50 歳時の未婚率。
出所：総務省統計局「国勢調査」。

% となっています。これは男性の約 4 人に 1 人が一生独身であることを意味しています。1990 年の未婚率は男性が 5.6％，女性が 4.3％ だったので，この 30 年間でそれぞれ 20 ポイント以上，10 ポイント以上上昇しています（図 9-7）。

結婚率の低下要因

　結婚が減少した理由について考えてみましょう。結婚と出産は密接な関係にあるため，結婚に関する意思決定には，結婚後に子どもを持つかどうかという判断が含まれると考えられます。価値観の変化，子どもを持つコストの上昇，女性の就業と育児の両立の困難さ，若年層を中心とした雇用状況の悪化など，さまざまな要因が結婚率の低下に影響を与えています。

　内閣府「令和 4 年版　男女共同参画白書」によれば，「結婚に縛られたくない」「自由でいたい」という理由で結婚をしない人が，男性の約 4 割，女性の約 5 割を占めていますが，経済社会の環境変化も大きな影響を与えています。

図 9-8　年収別有配偶率（男性）

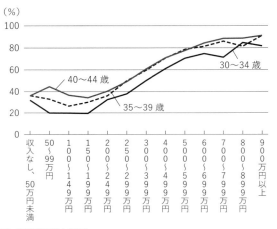

出所：総務省「就業構造基本調査」。

　雇用の非正規化の進展は，重要な要因です。安定した収入の見込みが難しい層の増加により，結婚に踏み切れない人々も増えています。男性の未婚率は，非正規雇用者の方が正規雇用者よりも高く，とくに 45～49 歳の年齢層では，正規雇用者の未婚率が 20% なのに対し，非正規雇用者の未婚率は 57% にものぼります。また，年収が高いほど，有配偶率が高くなる傾向もあります。40～44 歳の有配偶率を年収別に見ると，年収が 200～249 万円の層では有配偶率は 40% なのに対し，900 万円以上の層では 91% となっています（図 9-8）。

▷　子どもを持つコストの上昇

　子どもを持つコストの上昇も，出生率低下の一因としてあげられます。子どもに関わる直接費用（教育費や育児費など）と間接費用（子どもを持つことによる機会費用，たとえば就業機会の喪失や自由時間の

減少など）が，結婚や出産の意欲低下に影響していると考えられています。

日本では，女性が育児，家事をしながら就業を続けることは，家庭にとっても企業にとっても容易ではなく，結婚・育児と就業の両立を可能にする社会的仕組みが十分に整っているとはいいがたい状況が続いてきました。

育児と就業の両立を目指す家庭にとって大きな課題の1つに希望しても保育所などに入れない**待機児童**問題があります。待機児童数はピーク時の2017年には約2万6000人いましたが，近年は保育所の整備と少子化の影響により減少しています。しかし，「隠れ待機児童」と呼ばれる，特定の施設を希望して入所できなかった児童は2023年に約6万6000人にのぼります。全国的な受け皿不足は解消傾向にありますが，個々のニーズに合った保育環境の整備はまだ道半ばといえます。

少子化の理由は他にもいろいろと考えられます。つまり，それだけ少子化への対応は困難であり，なにか1つの政策で解決できるものでなく，政策を総動員する必要があるといえます。では，日本政府はこれまでどのような少子化対策を行ってきたのでしょうか？

4　これまでの少子化対策

エンゼルプランから全世代型社会保障改革

1989年に合計特殊出生率が1.57という過去最低を記録した「1.57ショック」を受けて，日本政府は出生率の低下と子どもの数が減少傾向にあることを「問題」として認識しました。これを契機に，子どもを産み育てやすい環境づくりに向けた対策の検討を始め，1994年には日本初の少子化対策である「エンゼルプラン」を策定

しました。

1990年代の少子化対策は，戦前の人口政策への反省と女性の社会進出への配慮から，出生促進を直接的な目標とせず，保育サービスの拡充や育児休業制度の充実など，仕事と家庭の両立支援策に重点を置きました。しかし，出生率は依然として低下し続け，2003年には1.30を下回るという深刻な状況に陥りました。

この危機感を背景に，2003年には少子化対策に向けた重要な法整備が行われました。「次世代育成支援対策推進法」と「少子化社会対策基本法」が成立し，政府は少子化の進行に歯止めをかけるため，出生率向上を明示的に目指した政策に転換しました。これには，若者の自立支援や職場環境の整備，地域における特色ある子育て支援などが含まれていました。

2010年の社会保障・税一体改革では，消費税（国分）の充当先が，従来の高齢者向け3経費（基礎年金，老人医療，介護）から，少子化対策を含む4経費に拡大されました。2012年には，子ども・子育て関連3法が成立し，消費税引き上げによる増収分を少子化対策にも充当することが決定されました。2013年以降は待機児童の解消に向けた取り組みが進められました。

2015年には，希望出生率1.8という具体的な数値目標が初めて設定されました。諸外国を見ても出生率を政策目標にするのは珍しいことです。2017年には，全世代型の社会保障への転換として，幼児教育・保育の無償化，待機児童の解消，高等教育の無償化など，子育て世代への大規模な政策資源投入が行われました。

2020年には「全世代型社会保障改革の方針」が取りまとめられ，不妊治療の保険適用の早急な実現，待機児童の解消に向けた新たな計画の策定，男性の育児休業取得促進など，少子化対策がトータルな形で示されました。そして，2023年4月には子ども政策の司令塔となる**こども家庭庁**が発足し，複数の省庁が縦割りで担ってきた

子育て関連の政策を同庁に集約し，少子化に歯止めをかける役割を目指しました。さらに，若い世代が将来展望を描けない状況や，子育て中の人々の生活や子育ての悩みを受け止め，2023 年 12 月に新たな少子化対策「こども未来戦略」が策定されました。児童手当の拡充や所得制限の撤廃，一部世帯を対象にした大学授業料の実質無償化などの経済的支援に加え，子育てしやすい環境整備に向け，育児休業給付の給付率の引き上げなどが盛り込まれています。

対策の成果と課題

　これらの対策により，保育サービスの利用定員は 1990 年の約 198 万人から 2023 年には約 305 万人にまで拡大し，育児休業制度も男女労働者の雇用継続と仕事と家庭の両立を支援する制度として拡充されています。

　また，男性の育児休業取得は促進され，2022 年度には過去最高の 17.13% の取得率を記録しています。しかし，女性の取得率 8 割と比べると差は大きく，政府の目標である 2025 年までに 50%，30 年までに 85% との差は依然として存在します。さらに，取得期間についても，女性は 9 割以上が 6 カ月以上である一方，男性は約半分が 2 週間未満と短期間が中心で，育児負担が女性に集中する「ワンオペ」状況が続いている傾向もあります。

　女性の 20 代後半から 30 代で労働力率（労働力人口÷15 歳以上人口×100）が落ち込む M 字カーブの解消が進みましたが，その実態は正社員として就業継続できているわけではありません。女性の正規雇用比率を年齢階級別に見ると，20 代後半でピークになり，その後，年齢を重ねるに伴い下降していきます（図 9-9）。このグラフの形状が「L」の字を回転させたように見ることから L 字カーブといわれます。L 字カーブは育児による働き方の制約が女性に集中していることを表しているという指摘もあり，出産後の女性の就労状況

第 4 節　これまでの少子化対策　　225

図 9-9 女性の労働力率と正規雇用比率

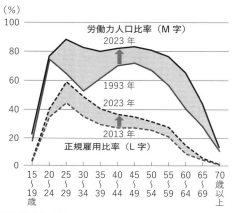

出所:総務省統計局「労働力調査」。

についてのさらなる改善が求められています。

少子化対策の規模

次に,日本政府による少子化対策の規模について見てみましょう。どれほどのお金が少子化対策に投じられているのでしょうか?

日本の少子化対策関係予算は 2010 年代に大きく増加しました。2012 年度には約 3.2 兆円だった予算が,22 年度には約 6.1 兆円へとほぼ倍増しています。また,OECD が定める基準によると,子育てや家族支援のための公的な支出である「家族関係社会支出」は 2019 年度に約 10 兆円と,国の経済活動の状況を示す GDP に対する比率で約 1.9% となっています。

日本の家族関係社会支出の対 GDP 比は,他の先進国と比較して低い水準にあります。図 9-10 は家族関係社会支出を国際比較したものです。国によって国民負担率などが異なることから,単純に比

図 9-10 家族関係社会支出（対 GDP 比）の国際比較

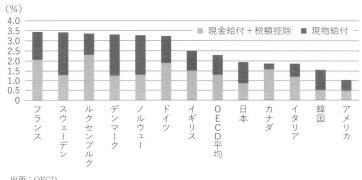

出所：OECD.

較をすることは適当ではないものの，日本は OECD 加盟国の平均を下回っています。フランスやスウェーデンなどのヨーロッパ諸国では，子育てや教育に関する支援が充実しており，3% を超えています。一方，出生促進策をとくに講じていないアメリカは 1% となっています。

興味深いことに，家族関係社会支出と出生率の間には正の相関関係があります。つまり，支出が多い国ほど出生率が高く，支出が少ない国では出生率が低い傾向にあるということです。これは，家族政策が出生率向上に寄与している可能性を示唆しています。

家族関係社会支出は，大きく現金給付，現物給付，税額控除の 3 つに分けられます。現金給付は，児童手当や育児休業給付のように，子どものいる家庭に直接お金が支給されるものです。一方，現物給付は，保育所や幼稚園の利用など，具体的なサービスが提供されるものを指します。税額控除とは扶養控除など税金の負担軽減を通じて提供される家族への経済的支援です。

各国によって，これらの支援の割合は異なります。単純化のため，

税額控除も現金給付の一部として考え，支出の内訳を見てみましょう。一般に，多くの国では現金給付の比率が現物給付よりも高く，OECD 平均では支出の 57％ が現金給付で，43％ が現物給付となっています。翻って，日本の場合，現金給付が 44％，現物給付が 56％ と，他国に比べて現物給付の割合が高くなっています。

5　何が求められているのか？

　日本政府は過去 30 年にわたって少子化対策に取り組んできましたが，依然として出生率の低下に歯止めがかかっていません。これまで見てきたように，少子化の原因は多岐にわたり，複雑で互いに影響し合っています。そのため，なにか 1 つの政策で問題を解決できるというものではありません。複数の政策を組み合わせて総動員する必要があります。

▷　現金給付の限界と質の向上

　経済学の研究では，児童手当や育児休業給付などの現金給付策は必ずしも出生率を上昇させるわけではないことが指摘されています。ノーベル経済学賞受賞者であるゲイリー・ベッカー教授の理論によれば，親は子どもの「量」とその「質」の両方を気にかけます。現金給付が増えると，親は子どもの教育により多く投資できるようになります。私立学校を選択したり，習い事をさせるなど，子どもの「質」向上を目指すことが可能になります。その結果，児童手当や税制優遇などは子どもの数を増やすよりも，子ども 1 人ひとりによりよい教育や機会を提供することにつながる可能性があります。

保育支援と育児休業制度の拡充

費用対効果が高いとされる少子化対策には，保育支援や育児休業制度の拡充があります。これらの支援は，母親がキャリアを継続することを可能にします。逆に，保育施設が不十分な場合，母親は仕事を中断せざるをえず，高収入の人ほど子どもを持つことの機会費用が高くなり，出生率が低下することが知られています。また，育児休業制度の拡充は，子どもを持つコストを軽減し，結果的に出生率を上げる効果が期待されます。

男性の家事・育児参加

また，その因果関係についてはまだ明確にされていませんが，男性の家事・育児参加も出生率と正の関係を持つことが知られています。男性の家事・育児参加により，女性に偏っている家事・育児の負担が軽減されることは少子化対策に有効だと考えられています。

2023年度の男性の育児休業取得率は約30%と過去最高を記録しましたが，それでも女性の取得率84.1%と比べると大きな差があります。また，日本では男性が家庭内で行う家事や育児の割合は約15%にすぎません。これに対してヨーロッパの国々では，家事や育児の3割から4割程度を男性が担っています。

この差の一因に男性の長時間労働があげられます。また，社会的な規範も影響していると考えられています。日本には「男性は仕事，女性は家庭」という伝統的な性別役割分担の意識が根強く残っており，男性の育児参加を妨げているといわれています。家事と育児の分担に関する男女格差は，先進国の中でも日本ではとくに大きいのが現状です。この根本的な問題を解決しないかぎり，男性の育児休業取得を促進する努力も表面的なものにとどまりかねません。

第5節 何が求められているのか？　229

社会の意識改革

　さらに，所得が増えない経済構造の是正も少子化対策には不可欠です。経済的に若者が将来に希望が持てない状況が，結婚や出産を避けさせる一因となっています。重要なのは，「安心して子育てができる環境」をつくることです。これには経済に関する政策が重要であることはいうまでもありませんが，国民が「子どもは社会の財産である」という意識を持つことも大切です。政府はこのような意識の醸成に努めるべきです。

求められるグランドデザイン

　しかし，少子化対策が成功しても，人口減少を反転させることは容易ではありません。また，新しい世代が社会の生産活動に貢献しはじめるまでには20年ほどの時間がかかります。海外から大量の労働者を受け入れないかぎり，短期間で労働力人口を急に増やすことはできません（外国人労働者については第10章で論じます）。

　これは，少子化対策が成功しても，高齢化を伴う人口減少は長期間にわたって日本社会に影響を及ぼし続けることを意味します。それゆえ，人口減少を前提として，国民が安心して暮らせる社会構築が求められています。これは，大きな挑戦です。現在の日本の経済や社会の多くの制度は，人口が増加していた時代につくられたものです。これらの制度を現在の人口動態に合わせて変革する必要があります。

　人口減少は必ずしも国の衰退を意味するわけではありません。人口が減少しても，強い経済を築き，国民が安心して暮らせる社会を築くことは容易ではありませんが，不可能ではありません。

　日本は急速に高齢化しています。高齢者が社会活動から退役し，社会への依存人口として負担となる一方，少子化により若者が減少し，彼らへの負担が増加しつつあります。しかし，高齢者がさまざ

230　第9章　誰もが希望を持てる日本へ

まな形で積極的に社会活動に参加し，生産的な貢献をする新しい体制を構築できれば，経済社会のバランスは大きく変わります。

たとえば，高齢者がより長い期間労働に参加し，税や社会保障費を負担すれば，将来世代の負担は軽くなります。日本では高齢者の就業意欲が高いため，年齢にかかわらず働けるような環境を整えることで，引退後の貯蓄不足の心配が軽減し，身体的，精神的な健康を維持することにもつながります。高齢者の雇用をサポートするための技術開発，たとえば，ロボットやAIの活用が重要です。これらの技術が開発されれば，将来的に高齢化に直面する他国への輸出が可能となり，新たな産業を生み出す可能性すらあります。さらに，人々が安心して暮らせるような総合的な社会保障ないしは安心保障の仕組みも必要となるでしょう。

高齢化や人口縮小社会は，私たちに長期的な視点で社会を見つめ直し，早期に具体的な行動を起こすことを迫っています。これは，国民全員が真剣に取り組むべきテーマなのです。

◢◢◢ *Summary*　まとめ

- □　日本では急速に少子高齢化が進んでいます。人口構造の変化は日本の経済・社会に大きな影響を及ぼします。
- □　少子化の主要な原因は，未婚化と晩婚化であり，とくに未婚率の上昇が深刻です。結婚率の低下は，雇用の非正規化，経済的な不安定さ，価値観の変化などが影響しています。
- □　日本政府はこれまでに多くの少子化対策を実施してきましが，出生率の低下には歯止めがかかっていません。
- □　人口減少を前提として，国民が安心して暮らせる社会構築が求められています。

Exercise 演習問題

9.1　少子化はあなたの生活に具体的にどのような影響を与えるか，身近な例をあげながら説明してください。

9.2　日本政府が行っている少子化対策についてあなたの意見を述べてください。これまでの政策のどの点が効果的だったのか，またどの点で改善が必要だと思うかを説明してください。

9.3　他の先進国と比較して，日本の出生率の状況を分析してください。また，日本が参考にできる他国の少子化対策があれば，提案してください。

9.4　少子化問題を解決するためには，社会全体の意識改革が必要です。少子化を「1 人ひとりの問題」として捉えるために，どのようなキャンペーンや教育活動が効果的だと思いますか？　具体的なアイデアを考えて説明してください。

9.5　あなたが少子化対策の担当者だとしたら，どのような新しい政策や取り組みを提案しますか？　現実的で効果的なアイデアを考えて具体的に説明してください。

人々の可能性と活力を生かす社会へ

第10章 Chapter

労働市場改革

Quiz クイズ

日本の労働生産性（労働1単位当たりの付加価値）は OECD 加盟 38 カ国中，何位でしょうか？
- a. 1〜3 位
- b. 4〜10 位
- c. 11〜20 位
- d. 21〜30 位
- e. 31 位以下

(©iStock / coffeekai)

Chapter structure 本章の構成

1	生産性向上がカギ	生産性とは？　日本の労働生産性
2	どうやって生産性を上げるのか？	ミクロレベルとマクロレベル　労働市場の流動性
3	変わりつつある日本の雇用	雇用は生産の派生需要　長寿化と日本人のライフコース
4	硬直的な日本の労働市場	転職者数と転職者比率
5	労働市場を流動的にするには？	労働移動を妨げない制度・政策　流動的な労働市場での人材マネジメント　人的投資
6	外国人労働者問題	外国人労働者数　技能実習制度　育成就労制度

Answer クイズの答え

d., e. 1時間当たりの労働生産性は30位なので，d が正解。労働者1人当たりの労働生産性は31位なので，e が正解。

Introduction はじめに

日本経済が直面する最大の課題，それは人口構造の変化です。今後，人口が減少し，高齢化が進むなかで，国民が安心して暮らせる社会を築くためには，強い経済が必要です。つまり，経済が成長することが求められます。

では，経済を成長させるにはどうすればいいのでしょうか？ マクロ経済学によれば，経済成長には大きく3つの要因があります。それは，生産性向上，労働力の成長，そして資本の増加です。

日本では，人口が減少するため，労働力の増加を期待するのは難しい状況です。しかし，働く人々の能力や経営の効率化，新技術の導入などによって生産性が向上すれば，経済成長は可能です。

また，資本の増加，つまり投資の促進も経済成長の重要な要素です。とくに，省力化投資や AI，デジタル技術の分野への投資には，今後の成長を支えるうえで期待が寄せられています。

持続的な経済成長と経済的豊かさを実現するためには，生産性の向上が重要です。そこで，本章では，どのようにすれば生産性を向上させることができるのかを考えていきましょう。結論を先取りすると，そのカギは労働市場にあります。

1　生産性向上がカギ

▷　生産性とは？

はじめに**生産性**とは何かを解説しましょう。生産性は，経済の成

234　第10章　人々の可能性と活力を生かす社会へ

長や企業の競争力を語るうえでは非常に重要な概念です。

　生産性とは，労働や資本など投下した資源（インプット）に対して，どれだけの成果（アウトプット）が生み出せたかを示す指標です。生産性にはさまざまな種類がありますが，ここでは，一般的な**労働生産性**に焦点を当てます。

　労働生産性とは，労働1単位当たりどれだけの生産量または付加価値が生み出されるかを表す指標です。数式で表現すると，

労働生産性＝生産量（付加価値）÷労働投入量

となります。労働投入量としては，労働者数を用いる場合と，労働者数と労働時間を掛け合わせたマンアワーを用いる場合があります。前者は1人当たりの労働生産性を測るものであり，後者は1時間当たりの労働生産性を測るものです。

　上の式より，分子である生産量あるいは付加価値が増える，あるいは分母の労働投入量が少なくなると，労働生産性が高くなることがわかります。言い換えれば，インプットに対するアウトプットの比率が高まれば，生産性が向上するということです。

日本の労働生産性

　では，日本の労働生産性はどのような状況にあるのでしょうか？2022年のデータによると，日本の1時間当たりの労働生産性は52.3ドル（購買力平価換算）で，OECD加盟38カ国中30位となっています（図10-1）。これは，データが取得可能な1970年以降で最も低い順位です。

　OECD加盟国の中で1時間当たりの労働生産性が最も高かったのはアイルランドの154.1ドル，次いでノルウェーの149.9ドル，ルクセンブルクの124.0ドルです。G7に注目すると，最も生産性が高いのはアメリカの89.8ドル，次いでドイツの87.2ドルとなっ

第1節　生産性向上がカギ　**235**

図 10-1 労働生産性の国際比較（1 時間当たり労働生産性，2022 年）

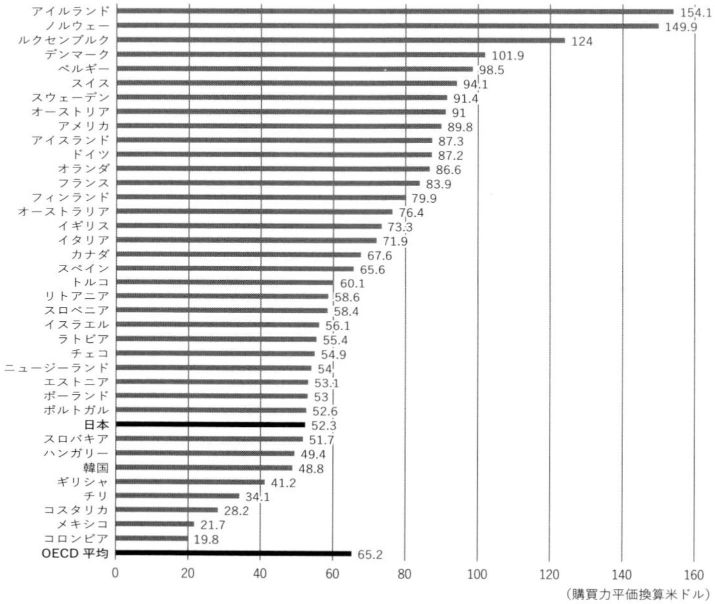

アイルランド	154.1
ノルウェー	149.9
ルクセンブルク	124
デンマーク	101.9
ベルギー	98.5
スイス	94.1
スウェーデン	91.4
オーストリア	91
アメリカ	89.8
アイスランド	87.3
ドイツ	87.2
オランダ	86.6
フランス	83.9
フィンランド	79.9
オーストラリア	76.4
イギリス	73.3
イタリア	71.9
カナダ	67.6
スペイン	65.6
トルコ	60.1
リトアニア	58.6
スロベニア	58.4
イスラエル	56.1
ラトビア	55.4
チェコ	54.9
ニュージーランド	54
エストニア	53.1
ポーランド	53
ポルトガル	52.6
日本	**52.3**
スロバキア	51.7
ハンガリー	49.4
韓国	**48.8**
ギリシャ	41.2
チリ	34.1
コスタリカ	28.2
メキシコ	21.7
コロンビア	19.8
OECD 平均	**65.2**

（購買力平価換算米ドル）

出所：日本生産性本部。

ており，日本は最も低い順位となっています。日本の 1 時間当たりの労働生産性はアメリカの約 58% しかありません。なお，2000 年には日本の 1 時間当たりの労働生産性はアメリカの約 71% でした。

　労働生産性は就業者 1 人当たりでも測ることができます。2022 年の日本の 1 人当たり労働生産性は 8 万 5329 ドルで，OECD 加盟 38 カ国中 31 位となっています。アメリカの 1 人当たり労働生産性は 16 万 715 ドルで，日本はその約 53% にしかありません。また，日本はかつて韓国よりも労働生産性が高かったのですが，2018 年に逆転され，22 年には韓国の 9 万 2508 ドルに対して，1 割弱低くなっています。

労働生産性は産業ごとに大きく異なります。大きく製造業と非製造業に分けてみると，製造業の1人当たり労働生産性は9万4155ドルで，アメリカの6割弱に相当します。日本の製造業は2000年にはOECD諸国でもトップクラスの生産性を誇っていましたが，2000年代に入ると順位が低迷し，15年以降は16位から19位で推移しています。

　一方，サービス業の就業者1人当たりの労働生産性は製造業の約4分の3となっています。日本のGDPに占める製造業の割合は約2割で，経済活動の大部分はサービス業によって行われていることから，サービス業の労働生産性の低さが，日本全体の労働生産性を押し下げる要因となっています。

2　どうやって生産性を上げるのか？

　経済の生産性は，ミクロレベルとマクロレベルの両方で向上します。ミクロレベルの生産性向上とは，個々の企業がより多くの付加価値を生み出すことです。たとえば，新しい技術を導入したり，従業員のスキルを向上させたりすることで，企業はより生産的になります。

　一方，マクロレベルの生産性向上は，経済の新陳代謝が進むことで起こります。これは，低生産性の企業が市場から撤退し，高生産性の企業が新たに参入することで経済全体の生産性が高まることを指します。

　ミクロレベルとマクロレベルの両方で生産性を高めると期待されているのが，**流動的な労働市場**です。労働市場が流動的であれば，労働者と企業が柔軟にパートナーを変更でき，**適材適所**が実現されやすくなります。これにより，労働者の持つスキルや特性が企業の

図10-2 労働市場の流動性（勤続年数）と生産性の関係

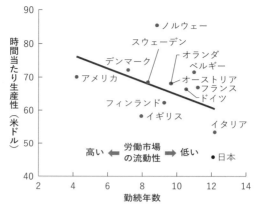

出所：OECD, OECD Stat, 労働政策研究・研修機構「データブック国際労働比較」より作成。

ニーズと一致しやすくなり，労働者や企業の生産性向上につながります。

たとえば，皆さんが会社に入社したものの，その仕事が自分に合っていないと感じたとしましょう。労働市場が流動的であれば，転職先を探すのが比較的容易になり，結果として自分に合った仕事を見つけやすくなります。また，企業も適切な人材を確保しやすくなります。これが適材適所の実現です。

一方で，経済は常に変化しています。成長する企業や産業が登場する一方で，衰退する企業や産業もあります。ここで重要なのは，ヒト，モノ，カネといった経済資源が，衰退する部門から成長する部門へとスムーズに移動できることです。労働市場の流動性が高いほど，こうした**労働力の再配分**が円滑に行われ，経済全体の生産性の向上が期待されます。

実際のデータを見てみると，労働市場が流動的な経済ほど生産性が高いことが確認できます。図10-2のように，労働市場の流動性

の度合いを表す勤続年数と労働生産性を比較すると，勤続年数が短いほど，つまり，労働市場が流動的であるほど，労働生産性が高いという傾向が見られます。

労働市場が流動的であることに対する懸念として，解雇が容易になり雇用が不安定化するため，労働者にとってはよくない状況が生まれるという意見があります。しかし，実際には逆で，個人が最適なキャリアを実現するためには，労働者に多くの雇用機会を与える流動的な労働市場の方が望ましいといえます。

流動的な労働市場とは，単に労働力の移動が活発な市場というだけでなく，労働者が移動する自由が十分にある市場のことです。労働市場が流動的だからといって，人々が必ずしも頻繁に転職をしなければならないというわけではありません。長期安定の雇用を望む人もいるでしょう。そのような働き方が可能で，労働者がそれを望むのであれば，流動的な労働市場はそれを否定するわけではありません。

流動的な労働市場では，労働者が自分のライフスタイルやキャリアプランに応じて働き方を自由に変えることが可能です。自分のスキルや経験を生かし，適切な職場で働くことができるため，労働者に多くのメリットがあります。つまり，流動的な労働市場とは躍動的な労働市場ともいえるのです。

3 変わりつつある日本の雇用

雇用は生産の派生需要

日本の雇用は好むと好まざるとにかかわらず変わらざるをえません。実際，日本の雇用，働き方，そして労働市場は大きな変革を迫られています。

なぜでしょうか？　それは**雇用は生産の派生需要**だからです。これは，生産があることで雇用が生まれるという経済学の考えです。商品やサービスの提供には労働が必要なので，雇用があって初めて生産ができるように思えますが，経済学では逆に，まず生産があり，それが雇用を生み出すと考えます。たとえば，景気が悪化して生産が落ち込むと，残業時間の削減やリストラなど，雇用に直接的な影響が出ることからも，この関係は理解しやすいでしょう。

　雇用が生産の派生需要であるため，経済や社会構造が変化して生産に影響が出ると，それに伴って雇用も変わるのが自然な流れです。第 1 章でも述べたように，日本は人口構造の変化，テクノロジーの進歩，そしてグリーン化というメガトレンドの変化に直面しています。これらの変化は，雇用や働き方に大きな影響を与えます。

長寿化と日本人のライフコース

　ここでクイズを 1 つ。「女の子は 2 人に 1 人，男の子は 4 人に 1 人」。この割合は何を示しているのでしょうか？　答えは，90 歳まで生きる人の割合です。厚生労働省「令和 5 年簡易生命表」によれば，2023 年に生まれた日本人のうち，90 歳まで生きる人の割合は，女性は 50.1%，男性は 26.0% となっています。

　平均寿命を見てみると，1990 年には男性 75.92 歳，女性 81.9 歳でしたが，2023 年には男性 81.09 歳，女性 87.14 歳と大きく伸びています。さらに，2070 年には男性 85.89 歳，女性 91.94 歳にまで延びると予想されています。また，100 歳以上の人口も大幅に増加しており，1963 年には全国でわずか 153 人だった 100 歳以上の人口が，2023 年には 9 万 2139 人に達しています。100 歳以上人口は今後さらに増加する見込みです。

　これらのデータは，**長寿化**が進み，人生 100 年時代が到来していることを示しています。なぜこのような話をするかというと，長寿

240　第 10 章　人々の可能性と活力を生かす社会へ

図 10-3　3 ステージのライフコース

化という大きな潮流が今後の働き方や労働市場に大きな影響を与えるからです。

　典型的なライフコースを考えてみましょう。多くの方が，高校や大学を卒業したら就職し，定年退職まで働き続け，その後余生を楽しむという人生の流れを想像するのではないでしょうか。実際，日本の代表的なライフコースは「教育→仕事→引退」の3つのステージで成り立ってきました（図10-3）。学校を卒業した後は，1つの企業やその関連会社で勤め上げ，退職後は年金や貯蓄を頼りに余生を送るというパターンが一般的でした。

　終身雇用や年功賃金といった日本的雇用慣行は，このライフコースに見事にマッチしていました。一度正社員として雇われれば，職を失う心配は少なく，雇用は安泰であり，年功賃金によって給料が年齢とともに増加するため，家族構成の変化にも柔軟に対応できました。日本的雇用慣行は日本経済の成長や競争力の源泉とみなされ，世界的にも高く評価されました。

　しかし，今後はどうでしょうか？　長寿化は，従来の3ステージの人生モデルを再考させます。退職後の期間があまりにも長くなったからです。

第3節　変わりつつある日本の雇用　　241

たとえば，65歳で退職し，90歳まで生きるとしたら，引退後の期間は25年間にもなります。給与所得がないなかで，金融資産を取り崩しても，その期間を年金だけで生活するのは容易ではありません。総務省「家計調査報告」(2023年)によれば，世帯主が65歳以上の無職世帯の消費支出額は月額約25万円です。夫婦2人で90歳まで生きると仮定すると，65歳から25年間，老後資金として約7600万円が必要となります。年金だけではカバーできないので，現役時代に十分な貯蓄をしなければなりませんが，必要な金額が大きいため，現役時代の生活が圧迫されかねません。

　問題は，人生が長くなったにもかかわらず，働く期間が変わっていないことです。長寿化社会では，以前よりも長期にわたって働く可能性が高くなります。働く期間が長くなると，テクノロジーの進歩やグリーン化といったメガトレンドの変化に直面する機会も増えます。これにより，既存の職が失われ，新しい職が登場するなど，経済を牽引する企業の顔ぶれが変わる可能性が高いのです。

　私たちは日常生活で，スマートフォンやインターネット，SNSの利用などが当たり前になっています。現在，世界をリードするGAFAと呼ばれる米巨大IT企業(グーグル，アマゾン，メタ[旧フェイスブック]，アップル)の製品やサービスなしでは生活が考えられない状況です。しかし，これらの企業は，アップルを除いて1990年代半ば以降に創業したものであり，登場からまだ30年もたっていません。過去30年間で私たちの生活や社会経済環境に大きな変化があったことを考慮すると，今後も新たな企業や産業が世界を牽引し，私たちの生活や働き方に大きな影響を与えることは容易に想像できます。

　たとえば，最近では生成AIが目覚ましい進歩を遂げています。生成AIは職や労働市場に新たな影響を与える可能性があり，その影響に関する研究が進んでいます。AIはまだ発展途上の技術であ

図 10-4 ライフコースの変化

るため，その影響には大きな不確実性がありますが，最新の研究によると，AI の導入は広範な職種に影響を及ぼし，とくに高学歴・高収入の職業に影響を与えやすいことが示されています。

　こうした変化に，労働者も企業も社会も柔軟に対応していく必要があります。このような環境下では，個人が職業人生を1つの企業や関連企業で過ごすのは難しくなります。むしろ，キャリアの中で何度か職を変える可能性が高くなります。

　従来の「教育→仕事→引退」という3つのステージを順に進む生き方は変化するでしょう。たとえば，大学卒業後に就職したのち，新たなスキルや知識を身につけるために大学院に進んだり，別の分野を学んだりすることで，教育のステージに戻ることも考えられます。また，一定期間働いた後に休憩をとり，その後再び，教育や仕事に戻るといった，生涯にわたって3つのステージを行き来する生き方も考えられます（図10-4）。

　このように，経済や社会環境の大きな変化のなかで，個人が最適なキャリアやライフコースを実現するためには，働き方や雇用のあり方を柔軟にする必要があります。つまり，流動的な労働市場こそが，長寿化社会においてすべての世代に適応した働き方を可能にするカギなのです。

第 3 節　変わりつつある日本の雇用

4 硬直的な日本の労働市場

　日本の労働市場は流動的なのでしょうか？　さまざまなデータは日本の労働市場が硬直的であることを示しています。

　労働市場の流動性を測るものとしてよく使われるのが転職率です。図 10-5 は転職者数と転職者比率の推移を示しています。**転職者**とは「就業者のうち前職のあるもので，過去 1 年間に離職を経験したもの」です。また，転職者比率とは就業者数全体に占める転職者数の割合を指します。

　転職者数は，世界金融危機時には大きく減少しましたが，その後は再び増加し，新型コロナウイルス感染症によるパンデミック前の 2019 年には過去最高の 353 万人に達しました。2020 年から 2 年連続で減少しましたが，22 年には再び増加に転じ，23 年の転職者数

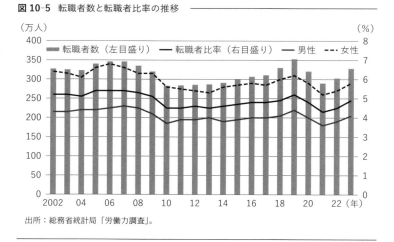

図 10-5　転職者数と転職者比率の推移

出所：総務省統計局「労働力調査」。

は328万人となっています。

転職者比率も転職者数と同様の動きを示しています。2019年の転職者比率は5.2%でしたが，21年には過去最低の4.3%まで低下し，23年には4.9%に回復しています。男女別に見ると，女性の転職者比率は男性よりも高く，平均（2002〜23年）では男性が4.1%に対して女性は5.9%となっています。

労働市場が流動的とされるアメリカと比較してみましょう。アメリカでは，学校を卒業後に数年間転職を繰り返した後，比較的長期間同じ職場で働くことが一般的です。アメリカ労働統計局によると，アメリカの労働者は生涯で平均11回転職し，そのうちの半分は18歳から24歳の若い時期に行われます。

アメリカでは，「ジョブ・ツー・ジョブ・トランジション」(Job to Job Transition) と呼ばれる，失業を経由しない転職が活発です。2000年代後半の世界金融危機後，この転職率（ジョブ・ツー・ジョブ・トランジション・レート）は低下しましたが，それでも月平均2%（年平均で約26%）となっており，日本の転職率（年平均5%弱）がアメリカに比べてはるかに低いことがわかります。

また，平均勤続年数を見ると，2022年時点で日本は12.3年に対して，アメリカは4.1年となっており，日本の勤続年数はアメリカの約3倍の長さとなっています。他の先進国と比較しても，日本の勤続年数（とくに男性）は長くなっています。

5 労働市場を流動的にするには？

労働市場を流動的にするにはどうすればいいのでしょうか？ また，流動的な労働市場では何が求められるのでしょうか？

▭▷ 労働移動を妨げない制度・政策

　労働市場を流動化させるには，労働移動が不利になるような制度・政策を撤廃し，労働市場の競争機能を生かす必要があります。

　日本企業の制度は長期雇用を前提としているものが多く，結果として雇用を固定化し，転職が不利になるような構造になっています。この制度を支えているのが日本の税制や公共政策です。これらの制度や政策は，かつては上手く機能していた日本的雇用慣行を支えるためにつくられたもので，雇用慣行と国の制度・政策が補完的な関係にあります。したがって，国が制度・政策を変更することで，企業の雇用慣行も変化することが期待できます。

　社会保障や税制は転職に中立的になるように改革する必要があります。たとえば，退職所得税制は長期勤続を優遇する一方，転職に不利な仕組みとなっています。また，雇用調整助成金など企業への過度な支援は経済の新陳代謝を弱め，成長の阻害要因となります。労働移動を妨げない雇用安定策へのシフトが求められます。

　また，**年収の壁**問題にも対応する必要もあります。年収の壁とは，収入が一定の額を超えると，税金や社会保険料の負担が発生する現象を指します。既婚女性の中には，税や社会保険料負担を避けるために，労働時間を調整し，年収を一定以下に抑えている人がいます。

　年収の壁には「税の壁」と「社会保険の壁」の2種類があります。税の壁には，年収が約100万円を超えると住民税が，103万円を超えると所得税が生じるものがあります。また，年収が150万円を超えると，家族の配偶者控除が減少し，結果的に税負担が増えます。

　社会保障の壁には，106万円と130万円の2つの段階があります。厚生年金保険および健康保険において，会社員の配偶者等で一定の収入がない人は，被扶養者（**第3号被保険者**）として，社会保険料の負担が発生しません。しかし，こうした第3号被保険者が年収130万円以上となると，配偶者の扶養から外れ，社会保険料の負担

が発生します。

配偶者のいる女性の税引き前の給与分布のデータを見ると，年収103万と130万円で壁が存在していることがわかります。働き方に中立になるように年収の壁に対応することも欠かせません。

さらに，解雇ルールを明確化し，企業にとって雇用が弾力的となるように，その雇用調整コストを低くすることも必要でしょう。解雇規制は，解雇の抑制を通じて労働者の雇用不安を緩和し，労働者にセーフティネットを提供するものですが，その厳格化は企業の新規採用にブレーキをかけることがあります。これは，解雇が難しい状況では，企業が新規の採用に慎重になるからです。

多くの実証研究が，厳格な解雇規制は雇用の創出や消失を減らし，労働市場の流動性を低下させることを示しています。さらに，過剰な雇用保護は，起業家精神やベンチャー創業にマイナスの影響を与えるという指摘もあります。

日本の解雇規制は，国際的な基準と比較して厳格といえるのでしょうか？ OECD の「雇用保護指標」によると，日本における労働者の雇用保護水準は必ずしも高いものではありません。しかし，日本では**整理解雇の4要件**と呼ばれるものがあり，実際の解雇は厳しいものになっています。

日本では法律上は「解雇自由」が原則となっていますが，**整理解雇**（不況や経営不振などの理由で人員削減のために行う解雇）には，次の4つの要件を満たす必要があります。

①人員整理が避けられない経営上の理由が存在すること

②解雇を回避するためあらゆる努力（希望退職者の募集，出向・配置転換など）が行われていること

③解雇対象者の選定基準が客観的，合理的で，その運用も公正であること

④解雇手続きが妥当であること

これらの条件を1つでも満たさないと，整理解雇は解雇権の濫用として無効になります。

業績が悪化して雇用調整が必要な企業であっても，将来を見据えて新規採用を行いたいと考えるのは当然です。しかし，新規採用は，上記の2つ目の要件に抵触するため，日本では長期的な経済停滞のなかで，若者が採用されない事態が発生しました。

雇用関係が一度成立すると容易に解雇できない状況では，とくに将来の見通しが不透明なときに，企業は新規採用に慎重になり，その結果，雇用が減少することがあります。企業経営が厳しいときには，解雇予告期間を置いたうえで退職割増金を支払ったり，転職支援を行ったうえで解雇ができるように検討することが求められます。

また，企業が従業員に金銭を支払い雇用契約を解消する**解雇の金銭解決**も検討すべきでしょう。解雇の金銭解決というと，解雇が無効と判断された場合に，関係が悪化した会社への復帰が難しいことから，労働者が金銭解決を求めて雇用契約を解消することが議論されますが，ヨーロッパ諸国では，雇用主が金銭解決を申し立てる場合もあります。

会社都合の解雇が厳格に規制されていることは，労働市場の流動化を阻害するだけでなく，労働者を自己都合退職に追い込むケースも生じさせます。解雇ルールを明確化し，意欲と能力を持つ若者が活躍できるよう環境を整えるべきです。雇用の固定化は，雇用全体の縮小を招き，結果的に労働者に不利益をもたらす可能性があります。もちろん，経営者の一方的な判断で，適切な補償もなく従業員が辞めさせられる状況は防止しなくてはなりません。

▷ 流動的な労働市場での人材マネジメント

労働市場が流動化すると，それに伴い人材マネジメントのあり方も変わる必要があります。流動的な労働市場では，労働者の能力評

価と成果に基づいた賃金体系が欠かせません。流動的な労働市場では，賃金が企業内だけでなく，市場全体の影響を受けます。そこで，年功序列から労働成果に基づく賃金体系への変革が求められます。

　これまでの年功序列型の賃金体系では，優秀な若手が能力に見合った報酬を得られず，他の企業や業界へ移籍してしまいます。年齢や勤続年数に関係なく実績を評価することで，労働者のモチベーションが向上し，優秀な人材や即戦力人材を確保できるようになります。これにより，企業や組織の業績向上も期待できます。また，企業や組織の業績に応じて人件費を最適化することも可能になるでしょう。

　労働成果に応じた報酬は，世界のスタンダードです。グローバル競争において優秀な人材を確保するためにも不可欠です。高賃金を支払うことで人件費が高まるように見えますが，生産性の高い労働者に対して適切な賃金を支払うかぎり，企業は損をしません。

　日本企業で一般的な年功序列型の賃金体系では，労働者の生産性と賃金が一致せず，勤続年数が長くなると生産性が賃金に見合わなくなります。これでは企業は高齢者を雇うインセンティブを持たず，高齢化が進む日本では大きな問題となります。

　労働成果に見合う賃金体系ならば，企業は年齢に関係なく労働者を雇うインセンティブを持つようになり，その結果，すべての世代が雇用機会に恵まれることになります。職場で異なる経験やスキル，さまざまな世代の人々が互いに補完しながら働くことで，生産性が向上することは既存研究でも指摘されています。また，高齢者の活用は，日本経済の活力を維持・発展させるだけでなく，社会保障費の抑制など国の財政問題の改善にもつながります。

　労働成果に見合った賃金体系を整えるためには，まず労働者の評価が重要です。これまで，日本の企業では，勤続年数や社内派閥などが昇格，昇給に大きく影響してきましたが，今後は，適切かつ公

平な評価基準を備えた人事評価制度により，労働者の理解と納得，そして努力を引き出す必要があります。透明性のある客観的な評価が昇進や昇給につながれば，労働者のエンゲージメント（働きがいや会社への信頼度）は高まり，評価制度への信頼性も増すと考えられます。

労働成果に基づく報酬システムが確立されれば，テレワークなどの新しい働き方も活用しやすくなると考えられます。多くの労働者がテレワーク時に公平・公正な評価を受けるか不安を感じています。公正な人事評価制度を整備することで，こうした不安が解消され，テレワーク業務も進めやすくなると考えられます。

▷ 人 的 投 資

労働移動が活発化し，労働市場が流動的になると，労働者が市場でその価値を保つためにスキルアップが必要となります。また，長寿化に伴い，私たちはこれまで以上に長い期間働く時代が到来しています。長い職業人生の間には，技術進歩や脱炭素化により，経済や社会構造が劇的に変わり，求められるスキルや能力が変化することが予想されます。若いころに習得した知識やスキルだけでは長い職業人生を送ることは困難であり，変化に適応するためにも，労働者はスキルや能力をアップデートし，学び続けることが重要となります。

しかし，企業による**人的投資**は減少傾向にあります。企業は職場の内外で，従業員の能力や知識を高める訓練を行っています。職場内の業務を通じた訓練は **OJT**（On-the-Job Training），職場の外部で行われる訓練は **OFF-JT**（Off-the-Job Training）と呼ばれます。たとえば，新しいプロジェクトに参加し，先輩社員から指導を受けることは OJT，外部のセミナーに参加したり，研修を受けたりすることは OFF-JT にあたります。1980 年代には増加傾向にあった企業が

250　第 10 章　人々の可能性と活力を生かす社会へ

図 10-6 人的資本投資類/GDP 比率の国際比率

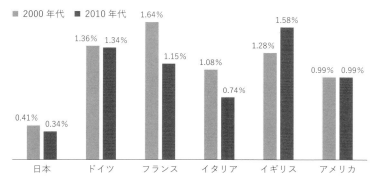

出所：宮川努・滝澤美帆（2022）「日本の人的資本投資について——人的資源価値の計測と生産性との関係を中心として」RIETI Policy Discussion Paper Series 22-P-010。

支出する教育訓練費は，1990年代以降は減少し，今やピーク時の半分以下に落ち込んでいます。他の先進国と比較すると，日本の人的投資への投資額の低さが際立っています（図10-6）。

こうしたなか，業務に役立つスキルや知識を学び直す**リスキリング**や職を離れて大学で勉強をし直す**リカレント教育**の重要性が高まっています。また，流動的な労働市場では，人的投資の軸足は企業から労働者にシフトするため，自己啓発がますます重要になります。しかし，海外と比べると，勤務先以外で学ぶ機会を持ったり，自己啓発活動を行ったりする日本人の割合は低いのが現状です。労働者の自己啓発投資を促す政策が求められています。

6 外国人労働者問題

日本では人口減少が進み，労働力不足が深刻な課題となっていま

図 10-7　外国人労働者数の推移

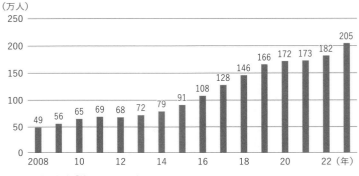

出所：厚生労働省「外国人雇用状況」。

す。そのため、**外国人労働者**に労働市場を支えてもらうことが期待されています。実際に、多くの企業が人手不足を補うために外国人労働者に依存しており、この傾向は今後も続くと予想されています。

　外国人が人口に占める割合は、2024年（1月1日時点）に約2.7％でしたが、国立社会保障・人口問題研究所の予測では、70年には9人に1人が外国人になる見通しです。これは、今後外国人が日本の人口の下支えをするという構図を示しています。

　外国人労働者の数は増加傾向にあり、2023年には約205万人と過去最高を更新しました（図10-7）。コロナ禍で一時的に流入が止まりましたが、再び増加しています。国別では、ベトナム人が最も多く、次いで中国人、フィリピン人が続いています。就労している産業は、製造業、卸・小売業、宿泊・飲食サービスなど、人手不足が深刻な労働集約的な業種が多くなっています。

　日本には移民法がなく、外国人労働者の入国時に永住許可を与えていません。これまで日本は、専門的・技術分野の外国人材を短期滞在を前提に受け入れる一方で、単純労働者の受け入れには慎重で

した。しかし，2019年に人手不足対策として新たな在留資格**特定技能**が設けられ，事実上，単純労働者の受け入れに大きく舵を切りました。

　さらに，政府は2027年までに30年近く続いてきた**技能実習制度**を廃止し，新たに**育成就労制度**を導入する予定です。技能実習制度は，外国からの実習生が日本で技術を習得し，母国に持ち帰り産業発展に貢献するというものでした。しかし，実際には日本の労働力不足を補う手段となっており，多くの課題を抱えていました。新しい育成就労制度では，人材育成や確保を目的とした在留資格が設けられ，外国人労働者が3年で一定の専門性を持つ特定技能の水準まで技術を習得することを目指しています。外国人材の活用に向けた政策が転換点を迎えているのです。

　外国人労働者の受け入れにはさまざまな問題があります。日本の雇用慣行や言語・文化の違いから，法令違反や労働条件に関するトラブルが生じています。とくに，外国人技能実習生や留学生が安価な労働力として劣悪な労働環境に置かれるケースが問題となっています。外国人労働者の労働・生活環境の整備と保障が必要です。

　また，世界中で高度人材の獲得競争が激化しており，日本はその魅力を高める必要があります。IMDの「世界人材ランキング2023」によれば，日本は64カ国・地域中54位に位置しています。外国人から就労先として選ばれる国となるためには，賃上げを含めた待遇改善を続けるとともに，長期就労を前提として外国人と共生する社会を実現していく必要があります。

　外国人労働者の受け入れは，日本経済にとって重要な要素となっています。しかし，外国人労働者の権利を守り，適切な労働環境を提供することも重要です。外国人労働者が日本社会の一員として温かく迎えられ，日本人もそれを喜べる環境を築くことが必要です。ダイバーシティの観点からも，異なる文化や価値観を持つ人々を受

け入れるために，偏見・差別のない社会を構築することが不可欠です。

⫶⫶⫶ *Summary* まとめ ⫶⫶⫶

- □ 日本経済の成長には生産性の向上が欠かせません。生産性とは，労働や資本など投下した資源に対して，どれだけの成果が生み出せたかを示す指標です。日本の労働生産性は OECD 加盟国の中で下位に位置しています。
- □ 労働市場の流動化は，適材適所の実現と労働力のスムーズな再配置により生産性向上に寄与します。また，日本経済・社会を取り巻く環境が変化するなかでは，労働者が自分のライフスタイルやキャリアプランに応じて働き方を自由に変えることができる流動的な労働市場が望ましいと考えられます。
- □ 流動的な労働市場を構築するには，活発な労働移動を妨げる制度や政策を改革することが必要です。また，流動的な労働市場に適したマネジメントが求められます。

⫶⫶⫶ *Exercise* 演習問題 ⫶⫶⫶

10.1 活発な労働移動以外に，生産性を向上するにはどのような方法があるかを論じてください。

10.2 流動的な労働市場を構築するためには何が必要かを，労働者，企業，政府，それぞれの立場に立って説明してください。

10.3 長寿化，テクノロジーの進歩，グリーン化が進むなかで，人々の働き方はどのように変わると考えられますか？ また，あなた自身はどのようなライフコースを歩んでいきたいですか？ 考えを述べてください。

将来にわたっての安心を

第 11 章 Chapter

財政健全化

Quiz クイズ

イギリスとカナダの中央銀行は，世界各国政府のデフォルトに関するデータベースを共同で作成していますが，それに基づくと 1960 年から 2022 年の間に政府の財政破綻は何件発生したでしょうか？

- **a.** 10 件未満
- **b.** 10〜20 件未満
- **c.** 20〜30 件未満
- **d.** 30 件以上

Chapter structure 本章の構成

1 財政の持続可能性とは？	財政の持続可能性の定義　債務不履行（デフォルト）
2 政府債務のダイナミクス	債務比率はどのように決まるのか？　経済成長率と金利の関係　プライマリーバランスの現状
3 日本の財政は持続可能か？	財政規律派の見解　積極財政派の見解　政府債務のシミュレーション分析

Answer　クイズの答え

d. 政府の財政破綻は 151 件発生しています。なお，自国通貨建て債務の財政破綻は 36 件発生しています。

Introduction　はじめに

「日本政府の借金が膨れ上がり，国の財政が深刻な状況にある」と聞いたことはありませんか？　実際，日本政府の債務残高は GDP の 2 倍以上に達しており，先進国の中では突出しています（第 4 章参照）。果たして，日本の財政は本当に大丈夫なのでしょうか？

この問題は，決して他人事ではなく，私たちの生活に直結しています。もし国の財政が行き詰まると，私たちの日常生活には大きな影響が出るでしょう。たとえば，道路や橋の修繕が遅れ，公立学校や病院の運営が困難になるかもしれません。ゴミの収集が滞り，災害で壊れたインフラの復旧が遅れるといったことも考えられます。私たちの暮らしが一変する可能性があるのです。

もう少し具体的に考えてみましょう。たとえば，公立学校では予算削減の影響で新しい教材が購入できず，授業の質が低下するかもしれません。近くの病院が経費削減のためにスタッフを減らし，診察までに長時間待たされることになるかもしれません。さらに，年金が減額されたり，介護サービスが縮小されたりすると，老後の生活が不安定になることも考えられます。これらは決して絵空事ではなく，財政が厳しくなると現実に起こりうる問題なのです。

実際，2008 年に財政破綻した夕張市では，医療機関の機能が縮小し，行政サービスが大幅に低下しました。税金も公共料金も引き上げられ，市民の生活がいっそう厳しくなりました。このような事態が全国で起きると想像すると，その影響の大きさに不安を感じずにはいられません。

財政は，年金，医療，介護といった社会保障や教育，安全保障な

どを支える基盤です。この基盤が揺らぐと，私たちの生活そのものが大きく影響を受けることになります。私たちの老後，子どもたちの未来，地域社会の安全・安心が脅かされることを考えると，その重大さがわかるでしょう。

　では，日本の財政は持続可能なのでしょうか？　実は，この問題については意見が2つに分かれます。一方では「日本の財政は非常に厳しい状況にある」という見解があり，もう一方では「それほど問題ではない」という考え方も存在します。どちらの見解が正しいのでしょうか？　そして，もし財政が厳しい状況にあるとすれば，どう解決すればいいのでしょうか？

　本章では，日本の財政の持続可能性について，これらの疑問について考えていきます。

1　財政の持続可能性とは？

　そもそも，**財政の持続可能性**とは何でしょうか？

　簡単にいうと，「政府が今の支出や税などの政策を将来にわたって継続できるかどうか」ということです。しかし，この定義にはさまざまな解釈があり，経済学者の間でも完全に一致した見解があるわけではありません。

　ここでは，財政の持続可能性を評価している欧州委員会（EC：EU〔欧州連合〕の執行機関）や国際通貨基金（IMF）がどのように考えているかを見てみましょう。

　EC は，財政の持続可能性を次のように定義しています。「政府が支払い能力を失わず，また約束した支出を削減することなく，今の支出や税の水準を長期的に維持できる能力」。つまり，政府が借金を返せなくなったり，約束した年金や医療費の支払いを減らした

第1節　財政の持続可能性とは？　**257**

りすることなく，今のままの支出や税の水準を続けていけるかどう
かということです。

　一方，IMF は，「今の財政政策を続けていると，いずれ政府が借
金を返せなくなるような場合，その財政政策は持続可能ではない」
としています。つまり，政府が借金を返すためになんらかの対策を
とらねばならない場合，その対策が現実的でないなら，その財政政
策は長く続けられないということです。

　財政が持続可能であるためには，単に借金を返せるかどうかだけ
でなく，今の財政運営を長期的に続けられるかどうかが重要です。
単に**債務不履行（デフォルト）**が起きるだけでなく，高いインフレ
や通貨の価値が大きく下がる（通貨危機）ことが起きると，財政は
持続不可能になります。実際，財政破綻を主題としたラインハート
とロゴフの著書『国家は破綻する』では，債務不履行以外にも，ハ
イパーインフレや金融危機などが財政破綻としてカウントされてい
ます。

　では，財政の持続可能性はどのように評価すればいいのでしょう
か？

　経済学の研究では，将来の政府債務が最終的に返済できるのであ
れば，財政は持続可能だと考えます。これを「横断性条件」と呼び
ます。少し専門的な言い方をすると，横断性条件とは将来の政府債
務の割引現在価値（将来の政府債務を現在から未来までの金利で割り引
いた価値）がゼロに近づくこと（収束すること）をいいます。これは
理論的には重要ですが，現実の政策判断では使いにくいものです。

　政策の現場でよく使われるのは，政府債務の対 GDP 比が一定の
値に収束するかどうかという考え方です。これは，政府の債務が増
えても，それ以上に経済が成長すれば，財政は持続可能だという考
え方です。具体的には，借金が増えても国全体の収入（GDP）がそ
れ以上に増えていれば，その借金は長期的に見て大きな問題になら

258　第 11 章　将来にわたっての安心を

ないということです。

どちらの方法でも共通しているのは、政府の債務があまりにも速いペースで増え続けると、持続可能ではないとみなされる点です。

2 政府債務のダイナミクス

▷ 債務比率はどのように決まるのか？

では、政府債務の対 GDP 比（債務比率）がどのように決まるのかを見ていきましょう。政府債務の対 GDP 比の変化は、以下の式で表されます（詳細な導出はウェブサポートを参照してください）。

債務残高の変化＝債務残高×（金利－経済成長率）
－プライマリーバランス

ここで、**プライマリーバランス**とは、社会保障や公共事業をはじめさまざまな行政サービスを提供するための経費（政策的経費）を、税収等で賄えているかどうかを示す指標です。具体的には、「プライマリーバランス＝税収等－政策的経費」となります。

たとえば、2022 年度の一般会計予算（当初予算ベース）で考えてみると、政策的経費とは歳出総額から国債費の一部を除いた 83.7 兆円、税収等は歳入総額から公債金を除いた 70.7 兆円となり、プライマリーバランスは 13 兆円の赤字になっています。

この債務残高の変化に関する数式からわかるように、政府債務の持続可能性は、プライマリーバランス、そして金利（r）と経済成長率（g）の差から決まります。

まず、金利と経済成長率が等しい場合を考えましょう。この場合、債務残高の変化はプライマリーバランスによって決まります。つまり、プライマリーバランスが赤字（マイナスの値）だと債務残高が増え、黒字（プラスの値）だと債務残高が減ります。

金利が経済成長率よりも高い場合はどうでしょうか？　この場合，プライマリーバランスが黒字にならないかぎり，政府債務の対GDP比は長期的に増加し続けていく，つまり，発散してしまいます。

従来の議論では，金利は経済成長率よりも高いと想定されていました。これは，政府債務比率を安定化させるためには，政府がプライマリーバランスの黒字を計上しなければならいことを意味します。

ここで，債務残高が安定する状況を考えてみましょう。債務残高が安定するということは，今期の債務残高が前期の債務残高と同じになるということです。つまり，債務残高の変化がゼロになる場合です。上の式で，債務残高の変化がゼロだとすると，

プライマリーバランス＝（金利－経済成長率）×債務残高

となります。金利が経済成長率より大きいときには，債務残高がプラスであるかぎり，プライマリーバランスは黒字でなければならないことがわかります。また，債務残高が大きくなるほど，必要な黒字が大きくなります。

近年注目されているのは，経済成長率が金利を上回る場合です。この場合，プライマリーバランスが赤字でも債務が増えない可能性があります。上のプライマリーバランスの式からわかるように，債務比率を安定させるためには，プライマリーバランスを黒字にする必要はありません。むしろ，赤字でも構わないのです。この点は，政府債務が増税によって返済されなければならないという従来の考え方に一石を投じるものです。

経済成長率と金利の関係

では，実際の経済成長率と金利の関係はどうなっているのでしょうか？

図 11-1　成長率と金利の関係

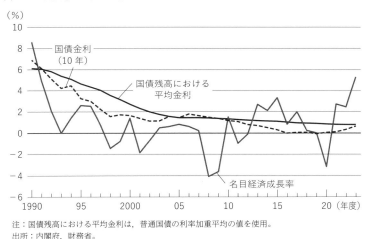

注：国債残高における平均金利は、普通国債の利率加重平均の値を使用。
出所：内閣府、財務省。

　一般に、名目経済成長率が高いときには名目金利も高く、名目経済成長率が低いときには名目金利も低くなる傾向があります。これは、経済が成長しているときには投資や消費のために資金を借りようとする企業や個人（資金需要）が増えるためです。ただし、経済成長率と金利の大小関係は、景気の状況や金融政策などにも左右されます。

　図 11-1 は、1990 年代から現在にかけての名目経済成長率と国債の平均金利の推移を示しています。これを見ると、緩和的な金融政策が実施された 2010 年代にはほとんどの時期で、名目経済成長率が平均金利を上回っていますが、それ以前の時期には、全体として平均金利が名目経済成長率を上回っていることがわかります。

　平均的に見ると、政務債務の金利は成長率を上回っているので、政府債務比率を安定させるためには、政府はプライマリーバランスの黒字を計上しなければいけないと考えるのが自然でしょう。

一方で，近年では経済成長率が金利を上回る状況が続いているので，財政の持続可能性についてそれほど心配しなくてもよいという声もあります。しかし，名目経済成長率が名目金利を上回る状況がこの先も続く保証はありません。金利と経済成長率の関係には不確実性が伴います。このため，財政の持続可能性を議論する際には，この不確実性を考慮することが重要だといえます。

▷ プライマリーバランスの現状

次に，プライマリーバランスはどうなっているのかを確認しましょう。プライマリーバランスの対 GDP 比は，景気が良くなれば税収が増えてその比率が高く（あるいはマイナス幅が小さく）なり，景気が悪くなれば比率が低くなる（あるいはマイナス幅が大きくなる）という傾向があります。

図 11-2 をご覧ください。日本のプライマリーバランス（対 GDP 比）は，長い間赤字が続いていることがわかります。プライマリーバランスがマイナスで推移しているということは，国債の償還や利払い分を除いても支出が収入を上回っていることを意味します。つまり，日本政府は行政サービスを提供するために必要な費用を税収等で賄えておらず，毎年新たに借金をしている状態が続いています。

日本政府は 2002 年に「経済財政運営と構造改革に関する基本方針 2002」で，**財政健全化**の目標を「国・地方を合わせたプライマリーバランスの黒字化」とし，2010 年代初頭に黒字化を目指すとしました。しかし，その後，目標は延期され，2015 年までに黒字化，さらに 20 年までに黒字化を目指すとされましたが，いずれも達成されませんでした。最新の目標では，「経済財政運営と構造改革に関する基本方針 2018」において，2025 年度に黒字化を目指すこととなっています。つまり，2002 年にプライマリーバランスの黒字化目標を掲げてから，今日までその目標は達成されていないの

262 第 11 章 将来にわたっての安心を

図 11-2 プライマリーバランス（対 GDP 比）の推移

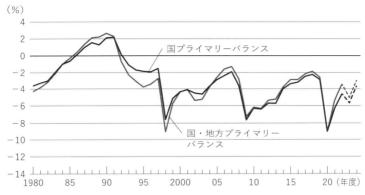

注1：1980年度から93年度までは，93 SNA ベース。1994年度以降は，08 SNA ベース。
注2：2001年度以前の国プライマリーバランス，国・地方プライマリーバランスは SNA ベースのプライマリーバランス。2002年度以降の国プライマリーバランス，国・地方プライマリーバランスは内閣府「中長期の経済財政に関する試算」（2024年1月22日）（復旧・復興対策及び GX 対策の経費及び財源の金額除く）ベースであり，単年度限りの特殊要因を除いていることに留意。
出所：財務省「日本の財政関係資料（令和6年4月）」。

です。

3　日本の財政は持続可能か？

　では，日本の財政は持続可能なのでしょうか？　この問いに対してはさまざまな見解があり，どの立場をとるかによって意見が大きく異なります。たとえば，「日本の財政は厳しい状況にあり，財政健全化を進めるためにプライマリーバランスを黒字化し，積み上がった債務残高を削減すべきだと」いう意見があります。一方で，「財政赤字は必ずしも問題ではなく，むしろ政府がお金を積極的に使って経済を活性化させるべきだ」という意見もあります。これら

の議論の背後には，**財政規律派**と**積極財政派**という２つの大きな立場があります。それぞれの立場がどのような主張をしているのかを見ていきましょう。

▷ 財政規律派の見解

　財政規律派は，政府の債務残高が多いことを問題視します。彼らの立場は，公的債務は必ず返済しなければならず，将来返済できなくなれば財政は破綻すると考えます。これは，前述の財政の持続可能性の条件（横断性条件や債務比率の安定化）と整合的です。財政規律派は，政府が慎重な財政運営を行い，債務を返済するための計画を立てるべきだと主張しています。また，国債や通貨の信認の確保を図ることをはじめ，さまざまなリスクに備えた財政運営が不可欠であると考えています。

　財政健全化を進めるためには，歳入を増やすか，歳出を減らすか，その両方を行う必要があります。

　まず，歳入を増やす手段としては，経済成長による税収の自然増があります。経済が成長すれば，個人の賃金や所得，企業の収益も増え，それに伴い税収も増えます。これは国民に直接的な負担をかけずに税収が増やせるため，望ましい方法だといえます。しかし，経済成長だけに頼るのはリスクが伴います。もし経済が期待どおりに成長しなければ，税収も増えず，財政健全化が遠のいてしまう可能性があります。

　次に，税収を増やす方法として増税があります。増税は国民や企業に負担をかけますが，適切に実施されれば税収を安定して増加させられるため，財政健全化に寄与します。ただし，増税が経済にマイナスの影響を与える可能性もあるため，増税のタイミングや対象を慎重に選ぶことが重要です。

　歳出の抑制も重要です。どの歳出を削るのか，具体的なルールや

264　第 11 章　将来にわたっての安心を

社会的な合意がないため，調整が難しいですが，とくに社会保障費の抑制がカギとなります（社会保障費は歳出全体の約3分の1を占めています。第4章参照）。高齢化が進む日本では，社会保障費の増加が見込まれており，これを抑制するための改革が必要です。ただし，これは国民の痛みを伴うため，国民の理解と協力が不可欠です。

　多くの経済学者や国際機関は財政規律派の立場にあります。たとえば，IMFは2024年に行われた日本との定期的な協議において，財政の持続可能性を確保するためには，歳入と歳出の両方で**財政再建**が必要だと述べています。具体的には，歳入面では，消費税率の引き上げ，高所得者に対する課税強化，社会保険料の増額，歳出面では，医療費の抑制，中小企業支援の見直しなどが提案されています。

> #### 積極財政派の見解

　次に，積極財政派の見解を見てみましょう。

　世界的には，2008年の世界金融危機以降，積極財政論が一部の主流派のマクロ経済学者からも支持されるようになっています。金融危機は多くの国で深刻な経済停滞を引き起こし，これを克服するためには政府の積極的な財政出動が必要だという認識が広まりました。

　とくに，世界的なマクロ経済学者であるオリヴィエ・ブランシャール氏の2019年の全米経済学会での講演は大きな注目を集めました。彼は，アメリカでは第2次世界大戦後，経済成長率が金利を上回っている時期が多く，こうした状態が続くならば，財政政策を積極的に活用すべきと論じています（前節の経済成長率と金利の関係の議論をご参照ください）。もっとも，ブランシャール氏は，金利が経済成長率を下回る状況（$r<g$という状況）が常に成り立つとは限らず，その関係が逆転するなどの不確実性があることに注意が必要で

あるとしています。

　日本では，リフレ派と呼ばれるグループや**現代貨幣理論**（MMT：Modern Monetary Theory）を支持するグループが積極財政派として知られています。

　リフレ派の**リフレ**とはリフレーションの略で，デフレでもなく，急激に物価が上がるインフレでもない，ゆるやかな物価上昇の状態を指します。リフレ派は，デフレからの脱却を最優先し，金融政策や財政政策を活用してリフレーションを目指します。

　彼らの考えは，デフレを脱却すれば，日本経済は本来の実力を取り戻し，高い経済成長が実現できるというものです。この成長によって税収も大幅に増え，増税を行わずとも財政健全化が達成できると考えています。リフレ状況にするためには，さらなる国債発行や財政出動も許容する姿勢をとりますが，デフレ脱却と景気拡大を達成した後には，財政健全化に取り組む必要があるとしています。

　MMTは，アメリカ発の新しい経済理論であり，日本でも一部の人々から近年注目を集めています。MMTの基本的な考え方は，「自国通貨建ての国債を発行する政府は，過度なインフレが起きないかぎり，いくらでも国債を発行して政府支出を行える」というものです。自国通貨建てで国債を発行できる国は，必要な資金を自らつくり出すことができるため，デフォルトすることはありません。日本銀行が通貨を発行できるので，資金が尽きることはなく，財政破綻は起きないという考え方です。MMT派は，財政赤字を気にせず国債発行・政府支出を拡大すればよいと主張します。

　しかし，MMT派の考えには落とし穴があります。確かに，自国通貨建ての国債を発行できる国ではデフォルトは起きませんが，財政の持続可能性は単にデフォルトしないことだけではありません。無制限の国債発行は，通貨の信頼を損ね，インフレを引き起こす可能性があります。MMTではインフレにならないかぎり，財政赤字

266　第11章　将来にわたっての安心を

を増やしても問題ないと主張しますが、現実的にそれが実行可能かどうかは大いに議論の余地があります。なお、MMT を政策立案の際の根拠として採用している先進国はありません。

政府債務のシミュレーション分析

　財政の持続可能性を考える際には、「政府は常に予算制約を守るべきだ」や「財政赤字には制約はない」といった先入観に縛られず、現実の経済指標に基づいて評価することが重要です。経済成長率や国債金利、人口動態などを具体的に考慮し、定量的な分析を行うことで、政府債務の将来的な動向を見極めることができます。

　IMF や EC、アメリカの議会予算局（CBO）などでは、将来の財政状況をシミュレーション分析によって定量的に評価しています。具体的には、経済成長率や金利、人口などの経済や社会の諸変数の値を仮定し、それに基づいて財政に関連する諸変数を予測するのです。一方で、学術研究では、経済と財政の相互関係を考慮した理論モデルを使用して数量分析をするのが主流です。これらの研究の多くは、日本の財政の持続性に対して懸念を示しています。

　日本では、内閣府が「中長期の経済財政に関する試算」を作成し、今後 10 年間程度のマクロ経済と財政に関する見通しを年 2 回の頻度で公表しています。また、財務省の審議会である財政制度等審議会では、EC の中長期の財政の持続可能性の手法を用いた分析結果が示されています。さらに、内閣府は 2024 年に 2060 年度までの長期財政推計「中長期的に持続可能な経済社会の検討に向けて」を公表しました。

　ここでは、内閣府が 2024 年に公表した 60 年度までの長期経済試算を見てみましょう（表 11-1）。内閣府は、生産性の向上、労働参加の拡大、出生率の上昇の程度の違いにより、3 つのシナリオ（成長実現、長期安定、現状投影）を想定し、それぞれのシナリオに基づ

第 3 節　日本の財政は持続可能か？　**267**

表 11-1 長期経済試算のシナリオ

	成長実現 シナリオ	長期安定 シナリオ	現状投影 シナリオ
TFP 上昇率（%）	1.4	1.1	0.5
65〜69 歳の労働参加率（%）	78	78	57
出生率	1.8	1.64	1.36
年平均の実質成長率（%）	1.7	1.2	0.2

注：TFP とは全要素生産性（Total Factor Productivity）の略称。
出所：内閣府「中長期的に持続可能な経済社会の検討に向けて」。

き，財政・社会保障の姿を試算しています。

このうち，「現状投影シナリオ」は低成長を前提としたシナリオであり，2025 年度から 60 年度の実質成長率が 0.2% 程度とされています。「長期安定シナリオ」は中成長シナリオで，2025 年度から 60 年度における実質成長率が 1.2% 程度とされています。「成長実現シナリオ」は高成長シナリオで，実質成長率は 1.7% 程度とされています。

現状投影シナリオでは，政府債務の対 GDP 比は長期的に上昇し，発散の経路をたどります（図 11-3）。長期安定シナリオでは，中短期では債務比率は低下しますが，2048 年に反転し，上昇しはじめます。成長実現ケースでは，債務比率は低下の経路をたどります。

内閣府の試算によれば，平均的に実質成長率を 1% 超で維持し，医療と介護の改革が着実に進めば，大規模な増税をせずともプライマリーバランスの黒字を長年にわたり維持でき，債務比率が安定的に低下していくことが示されています。

しかし，このシナリオは，あくまで実質成長率を 1% 超で維持できることや，国民の負担を増やさずに医療・介護改革が成功することを前提としています。「現状投影シナリオ」が示すように，経済

268 第 11 章　将来にわたっての安心を

図 11-3　公債等残高対 GDP 比の予測

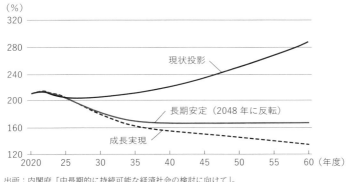

出所：内閣府「中長期的に持続可能な経済社会の検討に向けて」。

が低成長を続ける場合には，債務残高の対 GDP 比は上昇します。さらにいえば，現実には現状投影シナリオですら達成できない可能性もあります。その場合，財政の持続可能性を維持するためには，大きな改革が必要になります。

　財政の長期推定を行う際には，その前提条件が非常に重要です。高めで楽観的な経済成長率を前提にすると，財政の見通しも楽観的となり，的確な予測を得られません。重要なのは，前提条件や予測結果の妥当性をしっかりと検証することです。

▷　楽観視できない日本の財政

　多くの経済学者が長年にわたり日本の財政の持続可能性に懸念を示してきました。しかし一方で，「財政危機は起きていないのだから，本当に問題なのだろうか？」という声も聞かれます。

　多くの研究は世界金融危機後の低成長と悪化した財政収支を背景に行われ，その状況下で，財政の持続可能性を懸念する結論は妥当だったといえるでしょう。しかし，その後，成長率は徐々に回復し，

コラム4 日本財政の長期展望　　日本の財政の長期展望に関する興味深い分析があります。2024年3月にNIRA総合研究開発機構が公表したもので，金利と経済成長率が長期的に等しくなるという前提に基づき，日本の債務残高（国・地方の純債務残高）を推計しています。

下図に示されたとおり，現実的な想定（ベースライン）では，長期的に日本の債務残高が発散し，財政が維持できなくなります。これは，プライマリーバランスの赤字が続くためです。そこで，この研究では，プライマリーバランスがゼロ近傍で長期にわたって継続するケース（PBゼロシナリオ）も考えています。プライマリーバランスを長期にわたってゼロにするためには，増税や支出削減が不可欠です。この分析では，2026年度から60年度まで毎年対GDP比で0.12％に相当する増税が行われると想定されており，これは消費税が2060年度に19〜20％程度に達するペースです。PBゼロシナリオでは長期的に債務残高比率が安定します。言い換えれば，財政が持続可能となります。この分析では，穏やかな金利環境を期待できれば，現在の財政に置かれた状況に対して，現実的な負担で対処していくことが可能であることが示されています。

図　国・地方の純債務残高の推計

2014 年と 19 年には消費税率の引き上げも実施され，財政状況は一定程度改善しました。これらの財政健全化への取り組みが，日本の財政を持続可能なものとしてきたのです。

しかし，その後のコロナ禍により，債務は再び大幅に増加しました。現状を踏まえ，財政の持続可能性を再検証することが不可欠です（コラム 4 参照）。

幸いにも，これまで財政危機は起こっていませんが，それが現在の債務が維持可能であることを保証するものではありません。過去の国際的な事例を見ても，財政危機は突然訪れることが多く，油断は禁物です。

さらに，財政危機を回避できたとしても，政府が巨額の債務を抱えていること自体が問題です。現在の国家予算では，歳入の約 3 分の 1 が新たな国債発行によるもので，歳出の約 4 分の 1 が国債の元利払い，約 3 分の 1 が社会保障費に充てられています。高齢化が進む日本では，社会保障費の増加は避けられません。しかし，借金が増え続ければ，国債費はさらに膨らみ，教育や公共投資など将来への投資に資金を回すことが困難になります。これは将来世代に大きな負担を残すことになります。

過去数十年間，日本はリーマン・ショック，コロナ・ショックなど，およそ 10 年ごとに深刻な景気後退を経験しています。これらの危機と危機の間の景気拡大期に，確実に財政再建を進めることが，持続可能な財政を実現するために重要だといえます。

*** **Summary** まとめ ***

□ 「財政の持続可能性」の定義は一意ではありませんが，政府が借金を返せなくなったり，約束した支出を減らすことなく，現在の支出や税の水準を長期的に維持できることを指します。

□　政府債務の動向は，金利と経済成長率の差，およびプライマリーバランスによって決定されます。

□　日本の財政の持続性については大きく 2 つの立場があります。1 つは財政規律派であり，高い債務残高を問題視し，財政の健全化を求めます。もう 1 つは積極財政派で，財政赤字は問題とせず，積極的な財政出動を求めます。

□　財政の持続性について定量的に分析している多くの研究は，日本の財政の持続可能性に懸念を示しています。

//// Exercise 　演習問題 ////

11.1 　財政の持続可能性とは何ですか？ もし，財政が持続可能でなくなると，私たちの生活はどうなると思いますか？ 具体的に述べてください。

11.2 　政府債務の対 GDP 比が変化する要因について説明してください。

11.3 　日本の財政は持続可能だと思いますか？ その理由も含め具体的に論じてください。持続可能でないと考える場合は，どうすればいいのかについても論じてください。

人々の可能性を引き出す

第12章 Chapter

教育改革

Quiz クイズ

世界大学ランキング（2024年）でトップ200に日本の大学は何校入っているでしょうか？

- a. 1校
- b. 2校
- c. 5校
- d. 10校
- e. 15校以上

授業のデジタル化
（© 時事）

Chapter structure 本章の構成

1 日本の教育の現状と課題	義務教育の評価　義務教育の課題　高等教育の評価　大学が直面する課題
2 テクノロジーの進歩と教育	さらば黒板とチョーク!?　世界で進むエドテック　日本でのエドテックの状況　技術進歩と教育の未来
3 グローバル化と教育	日本人の海外留学の現状　国際機関での日本人の活躍
4 これからの教育	リベラルアーツ

Answer　クイズの答え

c.「タイムズ・ハイヤー・エデュケーション 2024」より。

Introduction　はじめに

　教育の重要さはいうまでもありません。教育は，個人が自立し，幸せな人生を送るための基盤であり，国家の発展にも欠かせないものです。長寿化が進み，テクノロジーが急速に進展する現代社会では，どのように学び続けるかがますます重要になっています。また，「教育は国家 100 年の計」といわれるように，教育は最大の国家戦略でもあります。

　日本は教育によって大きな成長を遂げてきました。明治時代には，世界に先駆けて国民皆教育を実現し，近代化を果たしました。戦後は，質の高い工業労働力を育てる**規格大量生産型**の教育により高度経済成長を支えました。このように，日本の教育は多くの成果を上げてきました。

　しかし，今日ではその教育システムが「時代遅れ」だといわれています。少子高齢化，環境・エネルギー問題など，日本は世界に先んじて多くの課題に直面し，もはや明確な「答え」が存在しない時代に突入しました。従来のように，一方的に知識を詰め込む**知識注入型**の教育では，問題発見・解決の能力が育たず，こうした複雑な問題には対応できないと指摘されています。

　さらに，世界では AI やビッグデータなどの最先端技術を活用し，教育のあり方が大きく変わりつつあります。たとえば，**エドテック**という言葉を聞いたことがあるでしょうか？　これは，教育とテクノロジーを組み合わせた造語です。新技術を活用して，個々の学習者に最適な教育が提供されるようになっています。また，グローバル化が進むなかで，世界と対等に渡り合うための新しい教育が求められています。しかし，日本の教育はこうした変化に十分に対応で

274　第 12 章　人々の可能性を引き出す

きていないのが現状です。

本章では、日本の教育の現状や課題、そして世界の教育動向を学びながら、これからの教育のあり方について一緒に考えていきましょう。

1　日本の教育の現状と課題

まず、日本の教育の現状と課題を確認しておきましょう。データからは、日本の義務教育は世界トップクラスですが、高等教育の評価はそれほど高くないことがわかります。

義務教育の評価

「PISA」という言葉をご存じでしょうか？　これは OECD が行う世界的な学力調査のことです。PISA は Programme for International Student Assessment の略で、日本語では「学習到達度調査」といいます。この調査は、15歳の生徒を対象に、読解力、数学的リテラシー、科学的リテラシーの3分野を中心に、義務教育修了時点で学んだ知識を実生活にどの程度応用できるかを測るものです。

PISA は 2000 年に始まりましたが、日本は 2003 年の調査で順位が急落しました（図 12-1）。これは「PISA ショック」と呼ばれ、これをきっかけに文部科学省は全国学力テストの復活や学習内容の充実など、**脱ゆとり教育**を本格化させました。

最新の 2022 年の調査では、日本は読解力で3位、数学的リテラシーは5位、科学的リテラシーは2位と、3分野すべてで世界トップクラスの成績を収めています。一方、日本の生徒は自律学習に対する自信の指標が OECD 加盟国中最下位となっています。変化の激しい社会を生き抜くには、子どもたちが自律的に学び、目標を達

図 12-1 PISA スコアの推移

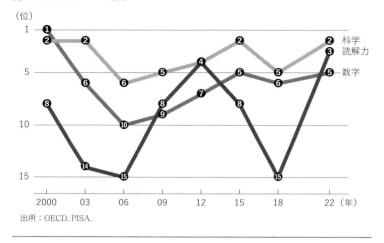

出所：OECD, PISA.

成する力を育てる指導が学校現場に求められます。

義務教育の課題

PISA スコアから見ると，日本の義務教育は世界トップクラスですが，課題も抱えています。以下，日本の義務教育が直面している主要な課題をあげてみましょう。

(1) 教師不足

まずは，教師不足の問題です。教師不足とは，学校に配置されるべき教員数が足りないことを指します。たとえば，病気休暇や産休で生じた欠員を埋めるための非正規講師が見つからない場合，教師不足が発生します。公立小中学校の約 20 校に 1 校で教師不足が発生しており，とくに小学校の教師不足が深刻となっています。

この問題の背景には，大量の教員が定年退職を迎えたことや，それに伴い若い世代の教員が増えたことがあります。20 代や 30 代の教員が増えると，産休・育休を取得する教員も増加します。また，

精神的なストレスなどから病気休職をとる教員も増えているため，教師不足がさらに深刻化しています。

一方で，新卒の教員採用試験の受験者数は一定数を維持しており，教職の人気は決して低下していないことがわかります。とはいえ，質の高い教員を確保するためには，教員の魅力をさらに高める取り組みが必要です。

(2) 学級サイズ

次に学級サイズの問題です。日本では，小学校の学級サイズは35人以下，中学校では40人以下と定められています。長期的には学級サイズは小さくなっていますが，国際的に見ると日本の学級サイズは他の先進国よりも大きくなっています。OECDによれば，2021年の小学校の1クラス当たりの平均生徒数は，OECD平均が20.5人に対し，日本は27.1人となっています。

学級サイズを縮小すれば教育効果が高まるという意見もありますが，経済学の研究によると，学級サイズの縮小が学力に与える影響は必ずしも大きくないとされています。また，学級サイズの縮小には多くの教職員が必要となり，地方公務員である教職員の人件費が増えるため，大きな財政負担が伴います。費用対効果をしっかりと検討する必要があります。

(3) 教員の長時間労働

日本の教員は海外と比べて労働時間が非常に長いことが指摘されています。2018年の「OECD国際教員指導環境調査」によると，日本の教員は1週間当たり小学校で54.4時間，中学校で56.0時間働いており，いずれも調査対象の国・地域で最も長くなっています。とくに中学校では部活動の指導に多くの時間を費やしており，授業やその準備，教育相談に充てる時間は全体の約6割にすぎません。他の国では教員の仕事時間の平均約9割がこれらの時間に充てられているのと対照的です。

日本はこれまで教員の業務を支援する外部人材の導入を進めてきましたが，十分な効果が出ているとはいえない状況です。長時間労働の解消は進まず，教員が職能開発に充てる時間は週に0.6〜0.7時間と諸外国と比べて短く，教員の指導力向上やスキルアップの機会が不足しています。

　日本の義務教育は現在，大きな転換期を迎えています。新学習指導要領の導入やデジタル端末の普及などにより，教育現場は大きく変わりつつあります。こうした変化のなかで，教員の能力を最大限に発揮するための環境整備が求められます。また，質の高い教員を確保するためには，教員の処遇見直しや働き方改革が必要です。日本の未来を担う子どもたちに，よりよい教育を提供するために，私たち全員がともに考え，取り組むべき課題となっています。

▷ 高等教育の評価

　次に，日本の高等教育について考えてみましょう。世界の大学ランキングを見ると，日本の大学の位置づけがあまり高くないことがわかります（表12-1）。イギリスの教育専門誌『タイムズ・ハイヤー・エデュケーション2024』は，108の国・地域の1904校について，研究の質，国際性，産業界への貢献度など5つの分野で大学を総合的に評価しています。

　ランキングの首位は，イギリスのオックスフォード大学です。次いでアメリカのスタンフォード大学がランクインし，上位10校はすべて英米の大学が占めています。イギリスとアメリカ以外では，スイスのチューリッヒ工科大学が11位に入っています。また，アジアのトップは，中国の清華大学で12位です。

　日本の大学はどうでしょうか。東京大学が29位，京都大学が55位と，トップ100に2校がランクインしています。さらに，東北大学が130位，大阪大学が175位，東京工業大学（現・東京科学大学）

278　第12章　人々の可能性を引き出す

表 12-1 世界大学ランキング（2024 年）

順位	大学名	国・地域
1	オックスフォード大学	イギリス
2	スタンフォード大学	アメリカ
3	マサチューセッツ工科大学	アメリカ
4	ハーバード大学	アメリカ
5	ケンブリッジ大学	イギリス
6	プリンストン大学	アメリカ
7	カリフォルニア工科大学	アメリカ
8	インペリアル・カレッジ・ロンドン	イギリス
9	カリフォルニア大学バークレー校	アメリカ
10	イェール大学	アメリカ
11	チューリッヒ工科大学	スイス
12	清華大学	中国
⋮	⋮	⋮
29	東京大学	日本
⋮	⋮	⋮
55	京都大学	日本

出所：Times Higher Education World University Rankings 2024。

が 191 位に位置しています。

　世界のトップ 100 に入っている大学数を国別で比較すると，アメリカが 36 校で最も多く，次いでイギリスが 11 校，ドイツが 8 校となっています。日本以外のアジアでは，中国が 7 校，香港が 5 校，韓国が 3 校，シンガポールが 2 校となっています。

　日本の大学は，国際性や研究成果全般に関する指標では評価が低い傾向にあり，依然として国際競争力における難題に直面している

第 1 節　日本の教育の現状と課題　　**279**

図 12-2 18 歳人口の推移

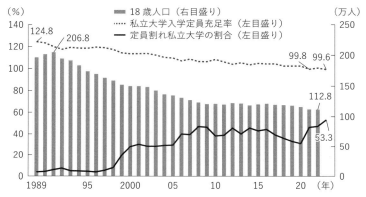

注：18 歳人口は，各年 10 月 1 日時点。入学定員充足率は，入学者数／入学定員。定員割れ大学は，入学定員充足率が 100％未満の大学。
出所：総務省「人口推計」，日本私立学校振興・共済事業団「令和 4（2022）年度私立大学・短期大学等入学志望動向」。

と指摘されています。

大学が直面する課題

日本の大学が直面している大きな課題の 1 つは，少子化です。

図 12-2 は 18 歳人口の推移を示しています。1990 年代初頭には 200 万人を超えていた 18 歳人口が，2022 年には約 113 万人まで減少しました。そして，今後さらに減少することが予測されています。

これまで大学進学率が上昇したために，18 歳人口が減少し続けるなかでも，大学進学者数は増加傾向にありました。しかし，今後は大学進学率が上昇しても，18 歳人口の減少に伴い大学進学者数は減少することが見込まれています。文部科学省の推計によると，2050 年の国内の大学入学者は 49 万人となり，22 年に比べて 13 万人も下回ることになります。入学定員が現状のままであれば，2 割

が埋まらなくなる計算です。

　私立大学にとって，授業料や入学金は収入の7割を占めるため，定員割れは大学の経営悪化に直結する問題です。すでに3分の1の私立大学が赤字経営となっています。近年では，定員を充足させるために実質無試験で学生を入学させ，大学の教育理念が形骸化し，教育の質が担保されていないといったさまざまな問題が指摘されています。

　このような厳しい環境変化のなかで，国立大学も含めて大学は，組織改革，他大学との連携，定員規模の適正化などについて，より積極的・戦略的に経営判断をしていくことが求められています。

2　テクノロジーの進歩と教育

▷　さらば黒板とチョーク！？

　「学校の授業の様子を教えてください」と聞かれたら，どのように答えますか？　教室の黒板の前に立つ教師，教科書とチョークを使った授業風景を思い浮かべるのではないでしょうか。この教室に同学年の生徒たちが集まり，同じ内容を学ぶ画一的な教育スタイルは，18世紀の産業革命後に始まり，日本も明治5年（1872年）の学制発布を経て全国で同様の教育を取り入れました。

　しかし，100年以上続いたこの風景は，デジタル技術の進歩により大きく変わりつつあります。2020年代に入るとノートパソコンやタブレット端末が急速に普及し，とくに新型コロナウイルス感染症の影響もあって，これらのデジタルデバイスが教育現場に配布されるようになりました。また，2024年度には一部の教科でデジタル教科書の無償配布も始まりました。

第2節　テクノロジーの進歩と教育　　**281**

世界で進むエドテック

　世界では，教育にデジタルテクノロジーを導入する**エドテック**が急速に進展しています。エドテックとは，エデュケーション（教育）とテクノロジー（技術）を組み合わせた造語で，AI やビッグデータなどの新しい技術を活用した教育のあらゆる取り組みを指します。

　エドテックの代表例には**MOOC（ムーク）**があります。これは，Massive Open Online Course（大規模オンライン公開講座）の略称で，有名大学が無償でインターネットに公開するオンライン講座です。機械学習から日本史まで幅広い科目を学ぶことができ，テストや課題など条件を満たした学習者には修了証も発行されます。

　MOOC は 2012 年にアメリカで始まり，その後，ヨーロッパやアジアにも広がりました。2021 年時点では，世界の約 1000 校の大学が 2 万近くの講座を提供し，2 億人以上が利用しています。ハーバード大学やマサチューセッツ工科大学などの名門大学も MOOC を行っています。海外の名門私立大学は学費が高く，富裕層の進学が有利になっていますが，MOOC は出身地や家庭の経済力に関係なく，意欲次第で学べる仕組みを実現しました。

　アダプティブ・ラーニング（適応学習）もエドテックの一分野として注目を集めています。これは，学習者 1 人ひとりの理解度や習熟度に応じて教材を提供する技術です。

　従来の授業では，教師がクラス全員に同じ教材を使用して同じ講義を行っていましたが，教室にはその科目が得意な生徒もいれば，そうでない生徒もいます。同じペースで同じ内容を学ぶのでは，得意な生徒には簡単すぎて退屈，一方で不得意な生徒には難しすぎて理解が追いつかないという問題がありました。アダプティブ・ラーニングは，こうした問題を解決することが期待されています。

　コンピュータやタブレットを使用し，アダプティブ・ラーニング

282　第 12 章　人々の可能性を引き出す

対応の教材を使用すれば，それぞれの生徒のレベルに応じた学習が可能です。また，学習者の履歴や問題の正答率などのデータをもとに AI が最適な教材を提供することもできます。実際に，学習者が間違えた原因を AI が解析し，それを克服するための問題を提示するサービスもすでに活用されています。アナログの世界では家庭教師や個人教授でなければ不可能だった個別最適化が，ICT（情報通信技術）を駆使したエドテックによって低コストで提供できるようになっているのです。

日本でのエドテックの状況

エドテックを進めるうえで，重要なのが学校の IT 環境整備です。日本の状況はどうでしょうか？ 日本政府は，小中学校の児童・生徒に 1 人 1 台のパソコン配備と校内の通信環境整備などを柱とする「GIGA スクール構想」を推進しています。GIGA は，Global and Innovation Gateway for All（すべての児童・生徒のための世界につながる革新的な扉）を意味します。

OECD が実施した生徒を対象とした ICT 活用調査（「学習到達度調査（PISA2022）」）では，日本の ICT 活用環境が高く評価されています。パソコンやタブレット端末，教育用学習ツールの利用しやすさをまとめた指標によると，日本は調査に参加した加盟国 29 カ国中 5 位に位置しています。「ネット接続できるデジタル機器が十分にある」という問いには約 8 割が肯定的に回答し，インフラ面では世界トップクラスです。

しかし，「学校のインターネットは十分に速い」と答えた生徒は約 5 割にとどまり，課題が残っています。文部科学省が 2023 年末に実施した調査でも，全国の公立小中高校のうち，推奨されるインターネット通信速度を満たしている学校は 2 割にとどまっていることがわかりました。

また，ICT 整備環境の評価は高い一方で，その環境を生かしきれていないことも課題となっています。国語，数学，理科の授業でデジタル機器をどのくらい利用するかを聞いたところ，すべてまたは半数以上の授業で利用するとの回答割合は国語で 15.2% でした。加盟国平均は 27.3% で，日本は 10 ポイント以上低い結果となりました。数学や理科でも加盟国平均より 8 ポイントほど低い数値が見られました。デジタル技術を駆使した授業に不慣れな教員が多いことが一因とされています。

▷　技術進歩と教育の未来

　技術進歩は教育の「やり方」を変えるだけではありません。技術進歩は働き方にも大きな影響を与え，それに伴い教育の「あり方」も変えると考えられています。

　オックスフォード大学のカール・フレイ教授とマイケル・オズボーン教授の研究によると，技術進歩によりアメリカ国内の労働者の約半分が仕事を機械にとって代わられるリスクが高いとされています。

　最近では，生成 AI が職に与える影響も注目されています。AIは発展途上の技術であり，その影響には大きな不確実性が伴いますが，最新の研究によると，AI の導入は広範な職種に影響を及ぼし，とくに高学歴，高収入の職業に影響を与えやすいことが指摘されています。また，歴史を振り返ると，新技術は人々から特定の職を奪いつつも新しい職業を生み出してきました。世界経済フォーラムによると，現在の子どもたちが将来就く職業の 65% は現時点で存在しないと予測されています。

　重要なのは，こうした変化に適応できる力を身につけることです。技術進歩により新しい職業が既存の職業に取って代わる時代には，労働者は知識や技術をアップデートし続ける必要があります。また，

新たに誕生する仕事には従来とはまったく異なるスキルが求められる可能性が高いでしょう。では，そのスキルはどのように習得すればいいのでしょうか？

　新しい学び方と教育の提供が必要です。人々は生涯にわたり学習し，自己啓発を行うことが重要となります。しかし，海外と比べると，勤務先外で学ぶ機会を持ったり，自己啓発を行ったりする日本人の割合は低くなっています。パーソル総合研究所が世界18カ国・地域の主要都市の人々の働く実態や働く意識などを調べた調査によると，勤務先以外での学習や自己啓発に関して，「とくに何も行っていない」と答えた日本人の割合は52.6％で，世界平均の18％を大きく上回っています。

　教育機関側も従来どおりの教育を提供するだけでは不十分です。日本は大学や大学院に通う成人の割合が低く，生涯教育が普及していません。

　OECD諸国における大学・大学院への25歳・30歳以上の入学者の割合を見ると，「学士課程または同等レベル」に入学する25歳以上の学生の割合は，日本は1.4％でOECD平均の15.9％を大きく下回っており，その順位はOECD諸国の中で最低です。また，「修士課程または同等レベル」に入学する30歳以上の学生の割合は9.6％とOECD平均25.8％の4割弱にとどまっています。

　日本の成人の学習率の低さの背景には，成人学習の機会が柔軟でないこと，教育内容が市場のニーズに沿っていないといった教育提供側の課題があります。また，日本の成人の学ぶ意欲が高くないことも，教育需要側の問題として指摘されています。

　社会人が一度仕事に就いた後でも必要なタイミングで再び教育を受け，仕事と学びを繰り返す**リカレント教育**が注目されています。なお，リカレント教育と並んで社会人の学び直しとして注目されているのが**リスキリング**です。リスキリングとは，新しい職業に就く

ために，あるいは現職で必要とされるスキルの大幅な変化に適応するために，必要なスキルを獲得する，または習得させることを指します。

急速な社会のデジタル化によって，既存の職業が新しい職業に置き換わる時代には，生涯にわたって新しいスキルを学び続けることが必要となります。これは，大学が生涯学習に取り組む絶好のチャンスでもありますが，すべての大学がこうした新しい教育を担えるわけではありません。今後，個々の大学の力量がこれまで以上に問われることは間違いありません。生涯教育の出発点でもあるべき大学教育が，良質なオンライン教材を取り込んだハイブリッド教育や，そこから得られるビッグデータを AI で解析して学習の向上を促すイノベーションを起こさなければ，変化が加速する時代に追いついていけません。

3 グローバル化と教育

グローバル化の進展により，今や国内にいたとしても世界に目を向けざるをえない時代となりました。近所のスーパーやコンビニで外国語が飛び交い，職場の隣の席には外国人が座っている。あるいは，日本国内で働いていても，海外のクライアントやパートナーとのビデオ会議が日常となっています。このように，世界中の人々と交流することが当たり前になっています。こうしたグローバルな時代にあって，国際的な視野と競争力を持つ人材，世界と対等に渡り合える人材が求められています。国内にいても。世界を見据えた視点を持つことが重要になっています。

グローバルな視点を身につけるために有益なのが海外留学です。異なる文化や価値観を肌で感じ，さまざまなバックグラウンドを持

286　第 12 章　人々の可能性を引き出す

図12-3 日本人の海外留学者数の推移

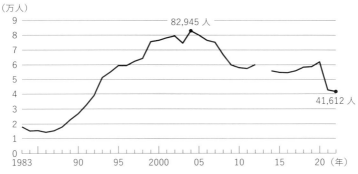

注：2012年統計までは，外国人学生（受入れ国の国籍を持たない学生）が対象だったが，2013年統計より，高等教育機関に在籍する外国人留学生（勉学を目的として前居住国・出身国から他の国に移り住んだ学生）が対象となったため，比較ができなくなっている。
出所：文部科学省。

つ人々と交流することで，視野が大きく広がります。日本国内の均質的な社会に閉じ込もっていては得られない経験が，留学を通じて得られるのです。留学は，多様なバックグラウンドを持つ異質な人々とぶつかり合うなかで，自分自身の世界観を磨く絶好の機会です。

日本人の海外留学の現状

日本人の海外留学者数を確認しましょう。

文部科学省がOECD等のデータをもとにまとめた日本人留学者数の推移（図12-3）を見ると，1990年代から2000年前半にかけて日本人の海外留学者数は増加していました。しかし，2004年に8万2945人でピークに達した後，減少に転じ，その後，約6万人で横ばい状態が続いていましたが，新型コロナウイルス感染症の影響で大きく減少しました。ただし，このデータは，留学期間が1年未

満の学生や交換留学プログラムの参加者が含まれていない可能性が
あり，主に長期留学に関するものとなっています。

　次に，日本学生支援機構の「日本人学生留学状況調査」を見てみ
ましょう。この調査では，短期留学を含む日本人留学生の数が示さ
れています。この調査によると，2009 年度には 3 万 6302 人だった
留学生数が，19 年度には 10 万 7346 人と約 3 倍に増加しました。
しかし，コロナ禍の 2020 年度に大きく減少し，22 年度には 5 万
8162 人に回復したものの，コロナ禍前の半数程度にとどまってい
ます。

　さらに，人口 1000 人当たりの派遣留学生数を見てみると，日本
は約 0.5 人であるのに対して，韓国は 2.0 人，フランスは 1.6 人，
ドイツは 1.5 人，中国は 0.7 人となっており，日本は他国に比べて
低い水準にあります。

　日本と海外では，若者の留学意識にも差があります。内閣府が実
施した 7 カ国対象の調査では，「将来外国留学をしたい」と回答し
た日本の若者は 32.3% で，諸外国では 5 割を超えるなか，最も低
い数値でした，また，「外国留学をしたいと思わない」と答えた割
合が 5 割を超えたのは日本だけでした。

　留学をしない理由として，文部科学省の「学生の海外留学に関す
る調査 2022」では，経済的理由が最も多くあげられています。次
いで，治安の心配や語学力不足などが理由となっています。一方，
留学経験者のうち 8 割以上が「もう一度留学したい」と考えており，
半数以上が「留学は仕事の役に立っている」と感じています。

　日本政府は官民協同で「トビタテ！　留学 JAPAN」キャンペー
ンを実施し，2013 年以降，8000 人以上を留学生として派遣してい
ます。留学経験者は，異文化理解や意見の主張力の向上，「飛び込
む勇気」や「自分軸の認知」を得たと感じており，多様な観点で成
長を実感しています。しかし，こうした留学支援制度の認知度は依

288　第 12 章　人々の可能性を引き出す

図 12-4　国連関係機関の日本人職員数の推移

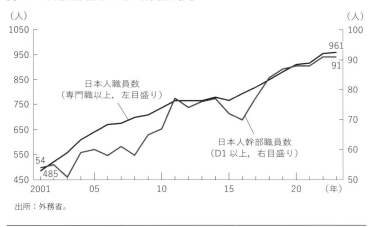

出所：外務省。

然として低く，さらなる普及が望まれます。

国際機関での日本人の活躍

　国際人材の話が出たので，国際機関で働く日本人職員についても触れておきましょう。日本は，国連をはじめとする国際機関に対して資金提供や政策的貢献を行うだけでなく，日本人職員の活躍を通じた広い意味での人的貢献も果たしています。

　図 12-4 が示すように，国連関係機関の日本人職員数は増加傾向にあります。2022 年末には専門職以上の日本人職員が 961 人に達し，過去最高を記録しました。2001 年には 485 人だったことからも，大幅な増加が見てとれます。また，日本人幹部職員数も増加傾向にあります。

　しかし，これでもまだ十分とはいえません。G7 諸国では専門職以上の職員数は 1000 人を超えており，また，日本人職員数は国連事務局が各国の人口や分担率に応じて算出する「国籍別の望ましい

職員数」を大きく下回っています。

　国際機関で働く日本人職員は，グローバルな課題を解決し，日本と国際機関，さらには国際社会との「架け橋」として重要な役割を果たしています。国際機関での日本人のプレゼンスが高まれば，国益にもつながります。日本は，国際社会での存在感を高めるためにも，国際機関で働く日本の人材のプレゼンスを高めるための支援をさらに強化する必要があります。

4　これからの教育

　技術進歩やグリーン化などメガトレンドが変化するなか，教育の重要性はこれまで以上に増しています。「人生 100 年時代」には，テクノロジーの進歩に対応して，生涯に数回，キャリアアップやキャリアチェンジをする必要が出てきます。たとえば，生成 AI の普及やグリーン化に伴う産業構造の変化などに適応する必要があるでしょう。若いころに学んだ知識やスキルだけでは，長い人生を歩んでいくのに十分ではありません。

　個人は知識やスキルを常にアップデートし続けることが求められます。教育機関もそうしたニーズに対応し，若者だけでなく，中高年の学び直しも含め，生涯にわたる教育の提供が必要です。前述のように，日本の大学は中高年の受け入れにおいて他の先進国に遅れをとっていますが，これは逆にいえば，大きな「伸びしろ」があるということです。最先端の技術を活用して，場所や時間に制約されずに学べる環境を提供することが求められています。

　では，個人はどのように学んでいくべきなのでしょうか？　それこそ，唯一の答えがない問題ですが，いくつかの重要なポイントがあります。

まず，問題意識，深い思考力，解決能力を養うことです。先進国が直面する課題はこれまでに経験したことがないものばかりです。たとえば，日本は世界で最も高齢化が進んだ国ですが，この課題をどう解決していくかには，事前に用意された答えがありません。こうした問題を解決するには，まず問題を認識し，次にそれを深く考え，そして解決策を導く能力が必要となります。こうした能力は，従来のように答えが用意された教育では身につきません。何かを覚えるのではなく，質問，議論，体験，実験，問題解決演習を通じた学習が求められます。

　次に，教養とグローバルな視点を身につけることも重要です。グローバル化が深化した社会では，ビジネス・パートナーが必ずしも日本人とは限りません。むしろ，多様な国の人々と一緒に仕事をする機会が増えていくでしょう。国際人として，自分を理解し，他人を理解する心を持つことが求められています。多様な文化，歴史，宗教，価値観などについての知識と理解が必要です。これが，いわゆる**リベラルアーツ**です。

　この人物がいなかったら，日本の夜明けはなかったかもしれないといわれる江戸時代後期の儒学者，佐藤一斎は，その著書『言志四録』で次のように述べています。

　　少にして学べば，即ち壮にして為すことあり。壮にして学べば，即ち老いて衰えず。老いて学べば，即ち死して朽ちず

　これは現代の言葉に訳すと，「若い時に学んでおけば，大人になった時に，社会にとって重要なことをなすことができる。大人になってからも学び続ければ，老いても衰えることはない。そして，老いても学び続けるならば，死んだ後でもその功績は朽ちることなく残り続ける」という意味です。

　これからの時代，私たちは生涯を通じて学び続けることが求められています。世の中の課題を自分事として捉え，解決に向けた力を

身につけることが，未来を切り開き，自分自身と社会を豊かにするための最強の武器となるのです。

◢◢◢ Summary　まとめ ◢◢

☐　「教育は国家百年の計」といわれるように，教育は最大の国家戦略です。日本の教育システムは歴史的に大きな成果を上げてきましたが，経済・社会環境が変わるなかで，教育のあり方が問われています。

☐　技術進歩が，教育のあり方を変えつつあります。世界では，教育にデジタルテクノロジーを導入する「エドテック」が急速に進展，また，新技術に適応するためにも生涯学習の重要性が増しています。

☐　従来の「事前に答えが用意された」教育ではなく，議論，体験，問題解決演習などを通じて，問題意識，深い思考力，そして解決策を導く能力を養うことが重要となっています。

◢◢

◢◢◢ Exercise　演習問題 ◢◢◢

12.1　日本の教育システムが時代遅れとされる理由は何ですか？　また，どのような変革が必要だと思いますか？　あなたの考えを述べてください。

12.2　日本の義務教育の強みと弱みについてまとめ，どのような改善が必要かを論じてください。

12.3　教育は格差を是正するために重要です。教育はどう格差を是正しうるのか，また，そのためにどのような政策が必要となるかについて考えてください。

292　第 12 章　人々の可能性を引き出す

ブックガイド

　本書は，読者の皆様が日本経済をより身近に感じ，「自分ごと」として捉えていただけるよう構成されています。まず，日本経済の現状や課題をわかりやすく紹介し，次に，それらをどのように解決していけばいいのかという流れで，展開されています。

　日本経済に関する優れた教科書や参考書はすでに数多く存在します。本書をきっかけに，日本経済についてさらに深く学びたいと感じられた方のために，以下，おすすめの文献を紹介します。

▷ **日本経済についての教科書**

- 浅子和美・飯塚信夫・篠原総一編『新　入門・日本経済』有斐閣，2024年
- 小峰隆夫・村田啓子『最新　日本経済入門（第6版）』日本評論社，2020年
- 野口悠紀雄『日本経済入門』講談社，2017年
- 藤井彰夫『シン・日本経済入門』日本経済新聞出版，2021年。
- 宮川努・細野薫・細谷圭・川上淳之『日本経済論（第2版）』中央経済社，2021年
- 八代尚宏『日本経済論・入門——戦後復興から「新しい資本主義」まで（第3版）』有斐閣，2022年
- 脇田成『日本経済のパースペクティブ——構造と変動のメカニズム』有斐閣，2008年

これらの書籍は，本書と同程度のレベルでありながら，本書でカバーしきれなかったトピックや異なる視点から日本経済を理解するのに役立つ優れたものです。日本経済を多角的に学ぶことで，より深い洞察が得られるでしょう。

　また，各種データや学術界，政策の現場で広く知られている研究成果を豊富に取り入れ，日本経済の実態を知るのに適した書籍として，以下をおすすめします。

293

- 橘木俊詔『日本の構造——50の統計データで読む国のかたち』講談社，2021年
- 宮本弘曉『101のデータで読む日本の未来』PHP研究所，2022年

さらに，海外の学部や大学院（修士）で使用されている教科書（日本語版）として，

- 伊藤隆敏・星岳雄（祝迫得夫・原田喜美枝訳）『日本経済論』東洋経済新報社，2023年

があります。国内外の研究者による豊富な日本経済に関する学術研究の成果に基づき，マクロ経済学を長年リードしてきた日本を代表するふたりの経済学者によって執筆されています。アメリカの大学で教えられているグローバル・スタンダードな日本経済論です。

各トピックに関連する文献

本書の各章で扱ったトピックについて，さらに深く学びたい方のために，章ごとに関連文献のリストを提供します。興味のあるトピックに応じて，ぜひ参照ください。

Chapter 1　衰退途上国
- 島田晴雄『盛衰——日本経済再生の要件』東洋経済新報社，2012年
- 島田晴雄『日本経済 瀕死の病はこう治せ！』幻冬舎，2018年
- 星岳雄／アニル・K・カシャップ『何が日本の経済成長を止めたのか——再生への処方箋』日本経済新聞出版社，2013年
- 宮本弘曉『一人負けニッポンの勝機——世界インフレと日本の未来』ウェッジ，2023年
- 吉野直行『これから日本経済の真実を語ろう』東京書籍，2012年

Chapter 2　安いニッポン
- 伊藤元重『世界インフレと日本経済の未来——超円安時代を生き抜く経済学講義』PHP研究所，2023年
- 伊藤隆敏『インフレ目標政策』日本経済新聞出版社，2013年
- 岩田規久男『インフレとデフレ』講談社，2012年
- 植田和男『ゼロ金利との闘い——日銀の金融政策を総括する』日本経済新聞社，2005年
- 塩路悦朗『やさしいマクロ経済学』日本経済新聞出版社，2019年

- 中藤玲『安いニッポン──「価格」が示す停滞』日経 BP, 2021 年
- 福田慎一『失われた 20 年を超えて』NTT 出版, 2015 年
- 福田慎一『21 世紀の長期停滞論──日本の「実感なき景気回復」を探る』平凡社, 2018 年
- 宮尾龍蔵『非伝統的金融政策──政策当事者としての視点』有斐閣, 2016 年
- 吉川洋『デフレーション──“日本の慢性病”の全貌を解明する』日本経済新聞出版社, 2013 年
- 吉野直行・山上秀文『金融経済──実際と理論（第 3 版）』慶應義塾大学出版会, 2017 年
- 渡辺努『物価とは何か』講談社, 2022 年

Chapter 3　働き方が問題だ

- 玄田有史編『人手不足なのになぜ賃金が上がらないのか』慶應義塾大学出版会, 2017 年
- 島田晴雄『日本の雇用──21 世紀への再設計』筑摩書房, 1994 年
- 宮本弘曉『労働経済学』新世社, 2018 年

Chapter 4　日本の借金は世界一

- 『図説 日本の財政』財経詳報社
- 財務省「日本の財政関係資料」
- 財務省「これからの日本のために財政を考える」
- 財務省「日本の『財政』を考えよう」
- 土居丈朗『入門財政学（第 2 版）』日本評論社, 2021 年
- 西村幸浩・宮崎智視『財政のエッセンス』有斐閣, 2015 年
- 畑農鋭矢・林正義・吉田浩『財政学をつかむ（第 3 版）』有斐閣, 2024 年
- 宮本弘曉『日本の財政政策効果──高齢化・労働市場・ジェンダー平等』日本経済新聞出版, 2023 年

Chapter 5　格差拡大の真実

- 阿部彩『子どもの貧困 II──解決策を考える』岩波書店, 2014 年
- 岩田規久男『「日本型格差社会」からの脱却』光文社, 2021 年
- 大竹文雄『日本の不平等──格差社会の幻想と未来』日本経済新聞社,

2005 年

- サエズ，エマニュエル／ガブリエル・ズックマン（山田美明訳）『つくられた格差——不公平税制が生んだ所得の不平等』光文社，2020 年
- 橘木俊詔『日本の経済格差——所得と資産から考える』岩波書店，1998 年
- 橘木俊詔『21 世紀日本の格差』岩波書店，2016 年
- ピケティ，トマ（山形浩生・守岡桜・森本正史訳）『21 世紀の資本』みすず書房，2014 年
- 森口千晶「日本は『格差社会』になったのか——比較経済史にみる日本の所得格差」『経済研究』68 巻 2 号，169～189 頁，2017 年
- 山田昌弘『新型格差社会』朝日新聞出版，2021 年

Chapter 6　国民生活は安心なのか？

- 池上直己『医療・介護問題を読み解く』日本経済新聞出版社，2014 年
- 池上直己『医療と介護　3 つのベクトル』日本経済新聞出版，2021 年
- 小塩隆士『社会保障の経済学（第 4 版）』日本評論社，2013 年
- 小塩隆士『18 歳からの社会保障読本——不安のなかの幸せをさがして』ミネルヴァ書房，2015 年
- 鈴木亘『だまされないための年金，医療，介護入門——社会保障改革の正しい見方・考え方』東洋経済新報社，2009 年
- 八代尚宏『社会保障を立て直す——借金依存からの脱却』日本経済新聞出版社，2013 年

Chapter 7　日本企業はどこへ？

- 伊丹敬之『漂流する日本企業——どこで，なにを，間違え，迷走したのか？』東洋経済新報社，2024 年
- 浦田秀次郎・小川英治・澤田康幸『はじめて学ぶ国際経済（新版）』有斐閣，2022 年
- 齊藤誠『教養としてのグローバル経済——新しい時代を生き抜く力を培うために』有斐閣，2021 年
- 内閣府『経済財政白書』
- 内閣府「日本経済／経済の回顧」

Chapter 8　地球が直面する問題

- ウェルズ，デイビッド・ウォレス（藤井留美訳）『地球に住めなくなる日──「気候崩壊」の避けられない真実』NHK 出版，2020 年
- 環境省『環境白書・循環型社会白書・生物多様性白書』
- 経済産業省「脱炭素成長型経済構造移行推進戦略（GX 推進戦略）」等の資料
- ゲイツ，ビル（山田文訳）『地球の未来のため僕が決断したこと──気候大災害は防げる』早川書房，2021 年
- 小西雅子『地球温暖化は解決できるのか──パリ協定から未来へ！』岩波書店，2016 年
- 山本良一『気候危機』岩波書店，2020 年

Chapter 9　誰もが希望を持てる日本へ

- 阿部正浩編著『少子化は止められるか？──政策課題と今後のあり方』有斐閣，2016 年
- 岩田一政・日本経済研究センター編『人口回復──出生率 1.8 を実現する戦略シナリオ』日本経済新聞出版社，2014 年
- 河合雅司『未来の年表──人口減少日本でこれから起きること』講談社，2017 年
- こども家庭庁『こども白書』
- 国際経済交流財団編著『日本の人口減少問題への処方箋を考える』国際経済交流財団，2024 年
- 内閣府『少子化社会対策白書』
- 内閣府『高齢社会白書』
- 山口慎太郎『子育て支援の経済学』日本評論社，2021 年
- 吉川洋『人口と日本経済──長寿，イノベーション，経済成長』中央公論新社，2016 年

Chapter 10　人々の可能性と活力を生かす社会へ

- 大内伸哉・川口大司編著『解雇規制を問い直す──金銭解決の制度設計』有斐閣，2018 年
- 大内伸哉・川口大司『法と経済で読みとく雇用の世界──これからの雇用政策を考える（新版）』有斐閣，2014 年
- 大竹文雄・山川隆一・大内伸哉編『解雇法制を考える──法学と経済学

ブックガイド　**297**

の視点（増補版）』勁草書房，2004 年

- グラットン，リンダ／アンドリュー・スコット（池村千秋訳）『LIFE SHIFT——100 年時代の人生戦略』東洋経済新報社，2016 年
- 竹中平蔵・南部靖之編『これから「働き方」はどうなるのか』PHP 研究所，2010 年
- 野口悠紀雄『どうすれば日本人の賃金は上がるのか』日本経済新聞出版，2022 年
- 濱口桂一郎『ジョブ型雇用社会とは何か——正社員体制の矛盾と転機』岩波書店，2021 年
- 深尾京司・池内健太・滝澤美帆「質を調整した日米サービス産業の労働生産性水準比較」日本生産性本部『生産性レポート』6 巻，2018 年
- 深尾京司・牧野達治「サービス産業における労働生産性上昇の源泉——JIP データベースを用いた産業レベルの実証分析，1955-2015 年」，RIETI ディスカッション・ペーパー 21-J-018，2021 年
- 宮川努『生産性とは何か——日本経済の活力を問いなおす』筑摩書房，2018 年
- 宮本弘曉『51 のデータが明かす日本経済の構造——物価高・低賃金の根本原因』PHP 研究所，2022 年
- 宮本弘曉『一人負けニッポンの勝機——世界インフレと日本の未来』ウェッジ，2023 年
- 森川正之『生産性——誤解と真実』日本経済新聞出版社，2018 年
- 八代尚宏『日本的雇用慣行を打ち破れ——働き方改革の進め方』日本経済新聞出版社，2015 年
- 柳川範之『日本成長戦略 40 歳定年制——経済と雇用の心配がなくなる日』さくら舎，2013 年
- 山田久『失業なき雇用流動化——成長への新たな労働市場改革』慶應義塾大学出版会，2016 年

Chapter 11　将来にわたっての安心を

- 伊藤隆敏『日本財政「最後の選択」——健全化と成長の両立はなるか』日本経済新聞出版社，2015 年
- 小林慶一郎編著『財政破綻後——危機のシナリオ分析』日本経済新聞出版社，2018 年
- 齊藤誠『財政規律とマクロ経済——規律の棚上げと遵守の対立をこえ

て』名古屋大学出版会，2023 年

- 佐藤主光『日本の財政 —— 破綻回避への 5 つの提言』中央公論新社，2024 年
- 土居丈朗編『日本の財政をどう立て直すか』日本経済新聞出版社，2012 年
- 楡井誠・宇南山卓・片桐満・小枝淳子「人口減少下の日本経済と財政の長期展望 —— 2060 年の家計の姿を描く」NIRA 総合研究開発機構，2024 年
- 深尾光洋『財政破綻は回避できるか』日本経済新聞社，2012 年
- ブランシャール，オリヴィエ（田代毅訳）『21 世紀の財政政策 —— 低金利・高債務下の正しい経済戦略』日本経済新聞出版，2023 年
- ラインハート，カーメン・M. ／ケネス・S. ロゴフ『国家は破綻する —— 金融危機の 800 年』日経 BP 社，2011 年

Chapter 12　人々の可能性を引き出す

- 教育新聞編『FUTURE EDUCATION! —— 学校をイノベーションする 14 の教育論』岩波書店，2020 年
- 経済産業省「未来人材ビジョン」
- 財政制度等審議会「我が国の財政運営の進むべき方向」
- 佐藤学『第四次産業革命と教育の未来 —— ポストコロナ時代の ICT 教育』岩波書店，2021 年
- シュライヒャー，アンドレアス著，経済協力開発機構（OECD）編（鈴木寛・秋田喜代美監訳，小村俊平ほか訳）『教育のワールドクラス —— 21 世紀の学校システムをつくる』明石書店，2019 年
- 白井俊『OECD Education2030 プロジェクトが描く教育の未来 —— エージェンシー，資質・能力とカリキュラム』ミネルヴァ書房，2020 年
- 橘木俊詔『日本の教育格差』岩波書店，2010 年
- 橘木俊詔『教育格差の経済学 —— 何が子どもの将来を決めるのか』NHK 出版，2020 年
- 中室牧子『「学力」の経済学』ディスカヴァー・トゥエンティワン，2015 年

索　引

＊太字の数字は本文で重要語句としてゴシック体で掲載されている語句のページ数を示す。

● アルファベット

AI（人工知能）　20, 21
　　生成――　242, 284
CGPI　→企業物価指数
CPI　→消費者物価指数
DX（デジタル・トランスフォーメーション）　**179**
EV　→電気自動車
FRB（連邦準備制度理事会）　43
GAFA（GAFAM）　160, 242
GDP（国内総生産）　**5**, **6**, 175, 197
　　1人当たり名目――　**7**, **8**
GDP デフレーター　**30**
GIGA スクール構想　283
GPIF　→年金積立金管理運用独立行政法人
GX（グリーントランスフォーメーション）　**198**, 200-203
ICT（情報通信技術）　283, 284
IoT（モノのインターネット）　20, 21
IPCC（気候変動に関する政府間パネル）　**193**, 195, 196
IT（情報技術）　**176**
IT 革命　**176**
IT 人材　**179**
IT 投資　177
IT バブル　59
L 字カーブ　**225**
M＆A（合併・買収）　**180**
MMT　→現代貨幣理論
MOOC（ムーク）　**282**

M 字カーブ　**79**, **225**
OFF-JT　**250**
OJT　**250**
PISA（学習到達度調査）　275

● あ　行

赤字国債　→特例国債
空き家　219
アダプティブ・ラーニング（適応学習）　**282**
育児休業　225, 229
育成就労制度　**253**
医師誘発需要　**151**
遺族年金　**139**
一億総中流　114, 126
一般会計予算　**89**, **90**
一般歳出　**92**
一般政府の債務　**96**
医療サービス　151
医療制度　149
医療費（国民医療費）　145, 147, 148
イールドカーブ・コントロール　→長短金利操作
インターバンク市場　**44**
インバウンド観光　183
インフラ　104, 219
インフレ（インフレーション）　13, 28, **29**, 33, 142, 266
インフレ期待　**35**
インフレターゲット　**47**
インフレ率（物価上昇率）　13, 14, 31, 36

300

失われた 20 年　**70**
失われた 30 年　39
売りオペ　**44**
エドテック　**274, 282**, 283
エネルギー基本計画　**201**
エネルギー政策　205
エネルギーミックス　**201**
エンゲージメント　250
エンゼルプラン　223
円高不況　41
エンパワーメント　**77**
温室効果ガス　**192**, 196-198

● か 行

買いオペ　**44**
開　業　**165**
開業率　**165**, 166
会計年度　**89**
　――独立の原則　**89**
解雇規制　247
外国人介護職員　156
外国人労働者　**252**, 253
解雇の金銭解決　248
介護費用　154
介護報酬　**156**
介護保険　**152**, 153
介護離職　**157**
介護労働者　155
概算要求　**89**
外部性　151, **195**
　正の――（外部経済）　151
　負の――（外部不経済）　151
皆保険制度　**145**
格差社会　**114**
学習到達度調査　→PISA
学生納付特例制度　141
格付け　**100-102**
核燃料サイクル政策　203
核のゴミ問題　**203**
家計所得　129

家族関係社会支出　226, 227
合併・買収　→Ｍ＆Ａ
貨幣供給量　35, 43
貨幣数量説　35
カーボンニュートラル　**23, 195**, 200
カーボンプライシング　**203**, 204
借換債　**102**
為替レート　51, **52**
官製春闘　69
機会格差　**116**
機会費用　**168**, 222
企　業　**161**, 162, 168
　――の海外進出　180
　――の資金調達　172
企業統治　→コーポレートガバナンス
企業統治指針　→コーポレートガバナン
　ス・コード
企業物価指数（CGPI）　**29**, 30
企業別労働組合　**66**, 68
気候変動　22, **191**, 195
　――に関する政府間パネル　→IPCC
技術進歩（テクノロジーの進歩）　4,
　20, **122, 123**, 284
基礎的財政収支　→プライマリーバラン
　ス
基礎年金　→国民年金
期待インフレ率　35
技能実習制度　**253**
技能偏向的技術進歩　122
希望出生率　**214**, 224
逆選択　**152**
教　育　123, 274
　規格大量生産型の――　**274**
　知識注入型の――　**274**
教育格差　124
共同貧困　12, **129**
均衡点　**32**
金融緩和（政策）　31, 41, **43, 45**, 47
　包括的な――　47
金融政策　**43, 45**

索　引　**301**

伝統的な—— 44
金融政策決定会合 **43**
金融引き締め政策 **43**
金　利　106, 259-262
グリーン化　5, **23**, 24
グリーントランスフォーメーション
　　→GX
グリーンフィールド投資 **180**
グリーンフレーション **199**
グロス債務　→総債務
グローバル化　123, 286
経　済
　　——の安定化　107
　　——のサービス・ソフト化 **176**
　　——の新陳代謝 **165**, 168
経済安定化装置　→ビルトイン・スタビ
ライザー
経済格差　115
経済成長　125, 234
経済成長率　70, 259-262
経済対策　108
経常収支 **182**, 183
経常利益 **169**, 171
現金給付　227, 228
健康寿命 **82**
原子力発電所　202
建設国債 **97**
現代貨幣理論（MMT）**266**
現物給付　227
公開市場操作 **44**, 46
高額療養費制度 **147**
後期高齢者医療制度 **146**
合計特殊出生率（出生率）212-214,
223, 227
公衆衛生 **136**
厚生年金 **140**
公的医療保険制度 **145**, 146
公的年金 **139**, 140
公的扶助 **136**
高等教育　278

高年齢者雇用安定法 **83**
高齢化　15, 16, 111, 127, 148, 153, 230
高齢化率 **216**
高齢者　18, 71, 81
国　債　16, 88, **97**, 94, 102, 104, 105
　　——の価格 **98**
　　——の利回り **98**, 100, 106
国際収支 **182**
国債費　16, **91**, 92
国民医療費　→医療費
国民健康保険 **146**
国民生活基礎調査　126
国民年金（基礎年金）**140**, 141, 144
コストカット型経済 **160**
コストプッシュ・インフレーション
34, 35
固定資産／固定負債 **185**
こども家庭庁 **224**
こども未来戦略　225
コーポレートガバナンス（企業統治）
178
コーポレートガバナンス・コード（企業
統治指針）**178**
雇　用　43, 72, 239
雇用調整助成金　246
コール市場 **44**
混合診療 **149**

● さ 行

債　券 **97**
歳　出　15, **89**, 90, 95
財　政　256
　　——の硬直化 **92**
　　——の持続可能性　15, **105**, **257**, 258,
262, 266, 267, 269
再生可能エネルギー **200**, 201
財政危機　15, 271
財政規律派 **264**, 265
財政検証 **144**
財政健全化 **262**, 264

財政再建　**265**, 271
財政乗数　**109**-111
財政政策　**107**-109, 265
　　反循環的な——　**108**
　　ルールに基づく——　**108**
財政破綻　**106**, 107, 256, 258
財政法　97
歳　入　15, **89**, 92
再分配所得　**118**
債務残高　259, 260, 270
債務不履行（デフォルト）　**106**, 258,
　　266
裁量的財政政策　**108**
サービス収支　**182**, 183
36協定（サブロク協定）　**85**
産　業　**174**
　　——の空洞化　**180**
産業革命　21
　第4次——　**20**
産業構造　174
産業別労働組合　68
暫定予算　**90**
参　入　**165**
シェアリングエコノミー　**177**
時間外労働　85, 86
自己啓発　251, 285
自己資本　**172**
資産格差　116
資産効果　41
次世代育成支援対策推進法　224
失業者　63, 64
失業率　**64**
実質金利　**38**
実質実効為替レート　**52**, 53
実質賃金　**57**
自動運転　21, 22
ジニ係数　**118**, 119, 126-128
社会福祉　**136**
社会保険　**136**
社会保険料　**139**

社会保障　108, **136**, 137, 218, 246
社会保障給付費　**137**, 138
社会保障・税一体改革　224
社会保障費　15, 91, 265
社内留保　**171**
終身雇用　**66**, 67, 69
出生率　→合計特殊出生率
純債務（ネット債務）　**96**
純資産　**184**
春　闘　**68**, 69
生涯所得　115
障害年金　**139**
償還期間　**99**
少子化　**210**, 213, 219, 280
少子化社会対策基本法　224
少子化対策　223, 224, 226, 228-230
少子高齢化　**71**, 137, 143, 155
乗数効果　**110**
消費者物価指数（CPI）　13, **29**, 30
情報技術　→IT
情報通信技術　→ICT
情報の非対称性　**151**
女性労働　78
所　得　11, 12
　　——の中央値　117, 130, 132
所得格差　**115**, 120, 122, 124-126
所得再分配　119, 125
所得再分配調査　126
所得占有率　**120**, 121
所得分布　116
ジョブ・ツー・ジョブ・トランジション
　　245
シルバー民主主義　**219**
新型コロナウイルス　13
人口オーナス　**218**
人口減少　18, 19, 210, 211, 218, 230
人口構造の変化　**4**, 17, 71, 143, 215,
　　217, 234
人口置換水準　**212**
人工知能　→AI

人口ボーナス　**218**
人事評価制度　250
人生100年時代　290
新卒一括採用　**70**
人的資本投資　**70**, **250**
診療報酬（制度）　**149**
スキルプレミアム　122
スタートアップ企業　**164**, 165
スチュワードシップ・コード　**179**
ステークホルダー　→利害関係者
3E＋S　**201**
生活保護　136
正規雇用者（正社員）　60, 75-77
政策金利　43-45
政策的経費　**259**
生産性　218, **234**, 235, 237, 238
生産の派生需要　**72**, 73, **240**
税　収　94
税　制　123
政府関係機関予算　**89**
政府債務　258, 259
　　――のシミュレーション分析　267
政府予算案　**90**
性別役割分担　72
整理解雇　**247**
　　――の4要件　**247**
積極財政派　**264**, 265
絶対的貧困　**130**
設備投資　171, 174
ゼロ金利政策　**45**, 46
専業主婦　72, 137
全国家計構造調査　126
全世代型社会保障改革　224
総供給　**32**
総債務（グロス債務）　**96**
総実労働時間　**83**
総需要　**32**
相対的貧困　**130**
相対的貧困率　**131**, 132
損益計算書　**185**, 186

ゾンビ企業　**167**, 168

● た　行

第1号／第2号被保険者　140, 142
第3号被保険者　140, 142, **246**
第1次／第2次／第3次産業　**174**
第一次所得収支　**182**-184
対外直接投資　**180**, 181
大企業　**162**, 163
待機児童　**223**
貸借対照表（バランスシート）　**184**
退　出　**165**
対内直接投資　**180**, 181
第二次所得収支　**182**, 183
ダイバーシティ　253
太陽光発電　199
脱炭素化　23, 199, 204, 205
脱ゆとり教育　**275**
他人資本　**172**
ダブルケア　157
短　観　163
短期金利　44
短期国債　99
短時間労働者　141
男女間賃金格差　80
炭素税　**203**, 204
地球温暖化　22, **191**-194
地球温暖化対策税　**204**
地方交付税交付金　92
地方債　96
中堅企業　163
中小企業　**162**, 163
長期金利　48
長期国債　99
長期雇用　246
長時間労働　85, 229
長寿化　**240**, 241
長短金利操作（イールドカーブ・コント
　ロール）　**48**
直接投資　**180**, 181

304

賃　金　4, 9-11, 56, **57-62**
賃金格差　76, 77
賃金カーブ　**67, 68**
賃金構造基本統計調査　58
積立方式　**142**
ディスインフレーション　**29**, 36
定　年　83
ディマンドプル・インフレーション　**34**, 35
デカコーン　165
デカップリング　**197**
適応学習　→アダプティブ・ラーニング
適材適所　**237**
テクノロジーの進歩　→技術進歩
デジタル赤字　**184**
デジタル化　**179**
デジタル教科書　281
デジタル・トランスフォーメーション　→DX
デフォルト　→債務不履行
デフレ（デフレーション）　13, 14, **29**, 36-38, 266
デフレ期待　**37**
デフレスパイラル　45
テレワーク　250
電気自動車（EV）　23, 199
転職者　**244**, 245
等価（可処分）所得　126, 131
当初所得　**118**
特定技能　**253**
特別会計予算　**89**
特例国債（赤字国債）　**97**, 98
共働き世帯　72, 128, 137

● な　行

内部留保　**172**, 173
日銀当座預金　**45**, 46
日経平均株価　4, 40
日本銀行　43
日本的雇用慣行　**66**, 69-73, 241, 246

ネット債務　→純債務
年　金　142, 143
年金積立金管理運用独立行政法人（GPIF）　**144**
年功賃金（年功序列型の賃金体系）　**66**, 67, 69, 83, 249
年収の壁　145, **246**

● は　行

廃　業　**165**
廃業率　**165**, 166
排出量取引　**203**
バブル経済　39, 41
　──の崩壊　40
バランスシート　→貸借対照表
パリ協定　**196**
晩婚化　**220**
パンデミック　13
ビジネスケアラー　**156**
非正規雇用者（非正社員）　60, **74-77**, 128, 137, 222
ビッグデータ　21
被保険者　**140**
被用者保険　**146**
ビリオネア　114
ビルトイン・スタビライザー（経済安定化装置）　**108**
貧　困　130, 134
貧困ライン　**130**
貧困率　131
　子どもの──　**132**, 133
不確実性　262
賦課方式　**142**, 143
負　債　**184**
物　価　4, 12, **29**, 32
物価上昇率　→インフレ率
不動産融資の総量規制　42
不平等　116
プライマリーバランス（基礎的財政収支）　**259**, 260, 262

索　引　**305**

プラザ合意　**41**
プラットフォーマー　**177**
プラットフォーム　**177**
プラットフォームビジネス　**177**
フリー・アクセス　**145**
ヘクトコーン　165
ペティ＝クラークの法則　**176**
ベンチャー企業　**164**
貿易収支　**182**,183
法人企業統計　163
法定準備金　**46**
法定労働時間　**85**
保　険　**139**
保健医療　**136**
保護主義　180
補正予算　**90**,109

● ま 行

毎月勤労統計調査　58
マイナス金利政策　**47,48**
マイナス金利付き量的・質的金融緩和
　　47
マグニフィセント・セブン　160
マクロ経済スライド　**143**
未婚化　**219**,220
民間給与実態統計調査　58
無形固定資産　**171**
無担保コール翌日物金利　**44**
名目金利　**38**
名目賃金　**57**
メガトレンド　5,**17**,290
モノのインターネット　→IoT
モラルハザード　**152**

● や 行

有形固定資産　**171**
有効求人倍率　**64**,65

有配偶出生率　220
ユニコーン　**164**
予　算　**89,92**

● ら・わ 行

利益剰余金　**172**,173
利害関係者（ステークホルダー）　**178**
リカレント教育　**251,285**
リスキリング　**251,285**
リフレ　**266**
リベラルアーツ　**291**
リーマン・ショック　171
流動資産／負債　185
量的緩和政策　**45**
量的・質的金融緩和　**47**
旅行収支　183
累進課税　108
連邦準備制度理事会　→FRB
労使交渉　68
労働移動　246
労働基準法　**85**
労働供給　75
労働組合　**68**,123
労働時間　83-85
労働市場　66
　流動的な――　237-239,243,248
労働需要　75
労働生産性　235-237
労働力　171
　――の再配分　**238**
労働力人口　218
労働力率　79,81,225
老齢年金　**139**
60年償還ルール　**102**
ワーク・ライフ・バランス　85
割引現在価値　258

306

【y-knot】
私たちの日本経済
The Japanese Economy

2024 年 12 月 25 日 初版第 1 刷発行

著　者	宮本弘曉
発行者	江草貞治
発行所	株式会社有斐閣
	〒101-0051 東京都千代田区神田神保町 2-17
	https://www.yuhikaku.co.jp/
装　丁	高野美緒子
印　刷	大日本法令印刷株式会社
製　本	牧製本印刷株式会社
装丁印刷	株式会社亨有堂印刷所

落丁・乱丁本はお取替えいたします。定価はカバーに表示してあります。
©2024, Hiroaki Miyamoto
Printed in Japan. ISBN 978-4-641-20013-5

本書のコピー，スキャン，デジタル化等の無断複製は著作権法上での例外を除き禁じられています。本書を代行業者等の第三者に依頼してスキャンやデジタル化することは，たとえ個人や家庭内の利用でも著作権法違反です。

JCOPY 本書の無断複写（コピー）は，著作権法上での例外を除き，禁じられています。複写される場合は，そのつど事前に，（一社）出版者著作権管理機構（電話03-5244-5088，FAX 03-5244-5089, e-mail:info@jcopy.or.jp）の許諾を得てください。